KB053375

물리학 발달을 위한 정신과학적 자극
_빛, 색채, 음향–질량, 전기, 자기

자연 과학에 대한 새로운 접근 I_광학

루돌프 슈타이너 강의 최혜경 옮김

1판 1쇄   2024년 1월 25일

펴낸이   [사] 발도르프 청소년 네트워크 도서출판 푸른씨앗

편집 백미경, 최수진, 안빛 | **디자인** 유영란, 문서영
번역 기획 하주현 | **홍보마케팅** 남승희, 김기원, 이연정

등록번호 제 25100-2004-000002호 등록일자 2004.11.26.(변경 신고 일자 2011.9.1.)
주소 경기도 의왕시 청계로 189-6 전화 031-421-1726
카카오톡 @도서출판푸른씨앗 전자우편 gcfreeschool@daum.net

 www.greenseed.kr   @greenseed-book

값 25,000원
ISBN 979-11-86202-74-6 (03420)

자연 과학에 대한
새로운 접근 I »광학

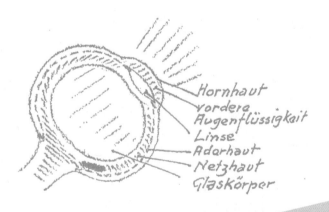

Hornhaut
vordere
Augenflüssigkait
Linse
Aderhaut
Netzhaut
Glaskörper

Rudolf Steiner

차례

1. 루돌프 슈타이너의 강의는 언제나 그를 따르던 사람들과의 공생을 기반으로 이루어졌고, 그들의 욕구와 강의 중에 생기는 요구 사항에 따라 결정되었다. 강의 대부분이 실은 청중들 사이에 존재하는 질문에 대한 답이었다. 그러니까 언제나 질문에 대답하고 대화하는 것으로 강의가 진행된 것이다. 비록 이렇게 순간의 상황에 완전히 들어 있기는 해도 루돌프 슈타이너는 청중이 강의를 통해 전체적인 조망을 얻을 수 있도록 배려했다. 그런데 이 물리학 연속 강의도 바로 그 덕분에 성사되었다. 몇 달 전에 개교한 발도르프학교(115쪽 각주1 참조) 교사진이 교장 격인 루돌프 슈타이너에게 요청한 것이 외적인 계기가 되어 이 강의가 이루어졌으니 말이다. 이 강의의 내용은 발도르프학교 교사들만 참석한 아주 작은 모임에서 생겨났지만 그 본질에 따라 자체적 범위를 훨씬 더 넘어선다.

2. 발도르프학교를 확립하고 사회 상황 자체를 정신에 상응하도록 변화시키기 위해 루돌프 슈타이너는 이 강의와 병행해서 여러 다른 방향으로 집중적인 활동을 펼쳤다. 그런 활동에는 발도르프학교 교사 회의, 교사진의 요구에 따른 '정신과학적 언어 고찰'에 관한 강의, 사회 과학적 공개 강의, 인지학 협회 회원들을 위한 강의, 당시 창립 중에 있던 기업 '데어 콤멘데 탁'을 위한 회의 등이 있다. 이 모든 일이 1919년 슈투트가르트의 성탄절 기간을 가장 생

산적인 시간으로 만들었지만 동시에 루돌프 슈타이너에게는 엄청난 혹사가 되었다는 것은 더 이상 말할 필요가 없을 것이다.

3. 이 강의는 여러 정황으로 보아 책으로 출판할 의도로 한 것은 아니다. 루돌프 슈타이너가 이 책의 근거가 되는 필사본과 그림을 검사하지 않았기 때문에 의미상 완벽하게 들어맞지 않는 부분도 있을 것이다. 이는 루돌프 슈타이너 강의록 대부분에 해당하는데, 강의 중에 한 실험을 자세히 묘사한다는 것이 어렵다는 점을 감안한다면 이 자연 과학 강의에 특히 더 해당한다고 말할 수 있다.

4. 서문 대신에 실은 '안건 토론을 열면서'는 이 자연 과학 강의의 의미와 성격을 함축적으로 명료하게 설명해 준다. 부록2에 실은 '6가지 질문에 대한 대답'은 이 강의 몇 달 전에 루돌프 슈타이너가 팩스로 부친 것으로 이 강의를 하게 된 계기가 된 것 중에 하나이기도 하다.

---

* 이 강의에는 공식 속기사를 부르지 않았다. 참석자들의 속기 필사본을 바탕으로 해서 타자기로 작성한 사본이 이 책의 근거다. 이는 1916년 이래 도르나흐뿐 아니라 다른 지역에서 한 대부분의 강의에서 공식 속기사로 활동한 헬레네 핑크Helene Finckh가 메모한 것이다. 이외에 본문이 생겨난 배후에 관해 더 상세히 알려진 바는 없다. 두 번째(1964년)와 현재의 발행본(1987년)은 이 본문 내용을 충실히 따랐다.

서문을 대신하여

안건 토론을 열면서[1]

1921년 8월 8일 / 도르나흐

---

1   이 안건 토론은 〈상반된 빛의 효과〉에 관한 라벨Gabriele Rabel 박사의 발표와
     관계한다. 이 발표 내용의 속기록은 적당 수준으로 복구하기에는 너무 짤막하
     게 요약되어 출판이 불가능하다.

1. 라벨[2] 박사가 굉장히 훌륭한 내용의 강연을 했습니다. 더 새로운 이 시도가 **괴테**[3] 색채학을 증명하는 데 이용될 것이라고 제가 언젠가 말한 적이 있는데, 라벨 박사가 저의 그 말로 강연을 마무리했습니다. 그 당시 라벨 박사는 친절하게도 자신의 논문 중에서 이와 같은 선상에 있는 논문 한 편[4]을 저에게 주었습니다. 그래서 제가 말했지요. 이런 방식으로 현대 물리학을 꿰뚫어 통과해 나온다는 사실은 괴테 색채학을 인정할 수밖에 없는 곳으로 차츰차츰 가는 길에 실제로 서 있는 것이라고.

2. 괴테 색채학과 ―다음과 같은 단어를 써도 된다면,― 반反괴테 색채학에 대해 찬성과 반대를 완전히 포괄하

---

2   가브리엘레 라벨Gabriele Rabel

3   요한 볼프강 폰 괴테Johann Wolfgang von Goethe(1749~1832)

4   가브리엘레 라벨의 〈색채 대립 혹은 스펙트럼의 화학적, 전기적 양극성_ 과학적 사진 19권〉(1919년)의 부록으로 출판

는 논쟁이 일어날 가능성은 오늘날 전혀 없습니다. 오늘날 물리학의 일반적 표상은 아직도 특정한 이론적 전제 조건에서 나온다는 것이 기정 사실입니다. 제가 한번은 어떤 물리학자와 괴테의 색채학에 관해 대화를 나눈 적이 있는데,[5] 그런 전제 조건에 따르면 그 물리학자가 말한 것이 실제로 맞습니다. 그는 단순하게 다음과 같이 말했습니다. "오늘날의 물리학자는 —그 사람은 자기가 당연히 그런 물리학자라고 생각합니다— 괴테의 색채학에서 정말로 아무것도 표상할 수 없습니다!" 너무 솔직해서 제가 재차 분명하게 확인하지 않을 수 없었습니다. 그런데 그 물리학자의 말은 사실 완전히 옳은 어떤 것입니다.

3. 우리가 반드시 명심해야 하는 사실이 있습니다. 물리학의 측면에서 괴테 색채학을 신중하게, 정말로 신중하게 받아들여야 하는 경우 일단 극복해야 할 특정 사항이 우리 앞에 놓여 있다는 것입니다. 오늘날의 물리학자들은 일단 다음과 같이 교육된다는 것이 사실 아

---

5 『독일 민족 문학』 소피 발행본 중 괴테 색채학 발행인인 살로몬 칼리셔 Salomon Kalischer(1845~1924). 『내 삶의 발자취』(GA28, 푸른씨앗, 2020) 520쪽을 참조하라.

닙니까? 물리학자가 빛이라 부르는 것을 실험할 때, 그가 주관적이라고 표현하는 것은 그 실험 영역에서 어떤 역할도 하지 못하게 해야 합니다. 빛의 현상에서 생기는 체험은 기껏해야 관찰 중인 사람에게 여기나 저기에 어떤 것이 일어나고 있다는 것을 알아볼 수 있도록 하는 데에만 이용될 뿐입니다. 그런데 이제 물리학자가 빛의 현상을 해석해서 그것을 색채 현상으로 확장한다고 합시다. 여기에서 물리학자가 빛의 현상을 해석하는 데 포함하는 것, 이것은 주관적인 체험과 완벽하게 독립된 본질의 것이라야 합니다.

4. 반면에 괴테는 자신의 사고와 관련해 완전히 다른 전제 조건에서 출발합니다. 바로 그래서 제가 1893년 프랑크푸르트에서 괴테의 자연관에 관해 말한 내용[6]이 특정한 의미에서 지금도 옳다고 생각합니다. 형태학 영역에서 괴테가 발표한 내용은 이야기를 하면 이해할 수 있습니다. 제가 그에 관한 강의도 한 번 했습니

---

6 1893년 8월 27일 강의. 『인지학의 방법론적 근거: 철학, 자연 과학, 미학과 영혼학에 관한 논설집. 1884-1901』(GA30, 도르나흐, 1961)에 〈괴테 유고국의 최근 발표에 따른 괴테의 자연관〉이라는 제목으로 실려 있다. 『내 삶의 발자취』(GA28) 519쪽을 참조하라.

다. 왜냐하면 변형론에 대한 괴테의 표상을 이미 오늘날 특정한 관계에서 만나기 때문입니다. 종의 기원에 대한 변형론과 연관해서, 비록 완전히 다른 양식이기는 해도 '**다윈-헤켈[7]주의**'에서 나오는 변형론과 연관해서 괴테의 표상을 만납니다. 적어도 이 주제에 있어서는 특정한 의미에서 여러 사조가 서로 맞물리는 영역이 이미 있다는 말이지요. 그런데 괴테의 색채학과 관계해서는 —사족을 붙이자면 괴테 색채학은 광학이 아닙니다— 상황이 전혀 그렇지 않습니다. 그런데 상황이 그렇지 않기 때문에 인지학에 근거해서 괴테 색채학에 대해 논의할 가능성이 있기는 합니다. 네, 인지학을 근거로 해서는 이야기할 수 있습니다. 하지만 오늘날 물리학자가 색채에 대해 이야기하는 것으로, 그러니까 물리학적 근거에서 도출한 것으로는 토론을 해봤자 지금으로서는 별 성과를 거둘 수 없습니다. 성과를 내기 위해서 먼저 필수적으로 이루어져야 할 일은, 괴테가 함축적으로 지니고 있으면서 색채학의 출발점으로 삼은 특정 기본 표상을 상세히 해설해서 사실상

---

7   찰스 다윈Charles Darwin(1809~1882)
     에른스트 헤켈Ernst Haeckel(1834~1919)

의 근간으로 삼을 수 있도록 하는 것입니다.

5. 이런 까닭에 제가 괴테 색채학에 관한 책들을 통해 말한 모든 것은 잠정적으로 세상에 한번 던져 넣어 본 것일 뿐입니다. 반대쪽에서 나온 표상 정도가 아니라 물리학이라고 하는 완전히 다른 쪽에서 나온 표상으로 어떤 결실을 맺는 —저는 **정말로 결실을 맺는 것**을 의미합니다— 논의를 한번 해보겠다는 주장이 전혀 아닙니다. 그런데 여러분이 실제로 완전히 확신해도 좋은 것이 있습니다. 제 앞에 강연을 한 연사가 그 확신을 위해 아주 많은 것을 가르쳐 주었습니다. 고맙게도 라벨 박사가 보여 준 모든 현상에서 괴테는 자신의 기본관이 인정되고 있다는 것을 알아보리라는 것입니다. 그리고 바로 이것을 저도 전적으로 대리하고자 합니다.

6. (이 실험이) 한편으로는 사실 정황으로 보아 맞는 말이기는 합니다. 그런데 스펙트럼의 한쪽에, 그러니까 여기에 긴 파장의 광선으로 불리는 것이 짧은 파장의 광선에 대조적으로 있으니 양자가 양극의 관계에 있다고 본다면, 이런 생각은 괴테가 그에 관해 말하는 것과 완전히 부합하지 않습니다. 양극성은 굉장히 추상적인 관계라 반대되는 여러 가지에 적용할 수 있습니다. 스

펙트럼의 양극성도 그렇습니다. 다만 여기에서는 사실 괴테가 말하는 양극성은 아닙니다… (속기 기록이 분명하지 않다) … 그런데 실험 구도를 좀 다르게 해서 오류를 피할 수 있을 것이라고 너무 믿는다면, 예를 들어서 광선 다발을 —이 용어는 **제가** 만들어 낸 것이 아닙니다. 그래도 이용할 권리가 있습니다— 점점 더 가늘어지게 해서 마침내 그 굵기가 완전히 없어지게 한 다음에도 '광선'이라고 말한다면, 그러면 폭이 넓은 광선 다발을 이용하는지, 아니면 가느다란 것을 이용하는지, 이 사이에는 실제로 아무 차이가 없습니다. 원칙적으로 아무 차이가 없습니다. 그런데 괴테가 작은 구멍을 통해서 자가 실험을 해 보니, —중점은 바로 다음의 것입니다— 거기에는 한 가지 기본적인 차이가 있다는 것을 알아냈습니다.

7. 현대 물리학은 배제하고 싶어하는 것이 프리즘에서는 배제될 수 없습니다. 이른바 '굵기가 없는 광선'을 실험 현장에 집어넣는 것은 불가능하기 때문이지요. 그런데 어두운 부분과 밝은 부분 사이에 선명한 경계를 주시하는 것은 가능합니다. 그 양자 사이에는 실제로 선명한 경계가 있습니다! 이 경계에 대해 말할 때 바로 괴

테의 실험에서 현대 물리학이 원하는 것을 특정한 방식으로 얻습니다. 괴테는 광선 다발이 아니라 이 경계를 가지고 실험을 했습니다. 그리고 이것이 중점입니다. 사람이 이론적으로 당연히 요구하는 것은, 괴테가 광선이나 광선 다발이 아니라 어두운 부분과 밝은 부분의 경계를 가지고 실험을 했다는 사실을 통해서 사실상 원칙적으로 채워집니다. 괴테는 그 경계에서 현상으로 일어나는 것에서 출발하고, 바로 거기에서 실험 구도를 만들어 내고자 했습니다. 그런데 오늘날 이 실험 구도를 괴테의 의미 그대로 실행하려고 하면, 괴테가 했던 것과는 완전히 다르게 되는 수밖에 없을 것입니다.

8. 바로 이 관계의 원리적인 실험이 슈투트가르트에 있는 우리 물리학 연구소에서 이루어지기를 기대합니다. 그렇게 함으로써 슈미델 박사[8]가 '은닉'이라 명명한 것도 특정한 의미에서 차단될 것이고, 정말 정확한 방식으로 그 경계를 가지고 실험하도록 배울 것입니다. 그러면 비로소 스펙트럼을 현상으로 이해해서 그 경계 현

---

8 오스카 슈미델Oskar Schmiedel(1887~1959)_ 화학자. 인지학계 회사인 〈벨레다〉의 대표를 장기간 역임했다.

상을 원초현상으로 처리하게 됩니다. 바로 이것이 우리가 다루어야 할 과정이 될 것입니다.

9. 그렇게 경계에서 일어나는 현상으로 일하다 보면, 슈미델 박사가 스펙트럼의 한 부분과 다른 부분 사이의 양극적인 관계라 명명한 것이 생겨납니다.

10. '양극성'은 괴테의 의미에서 보자면 너무 추상적으로 적용된 표현입니다! 온갖 가능한 자연 현상에 이 용어를 적용할 수 있습니다. 그런데 괴테가 끊임없이 실험을 하면서, —오늘은 시간이 충분히 허락되지 않아서 이에 관한 상세한 사항은 다룰 수 없겠습니다— 그 근본적인 대립에 접근합니다. 괴테는 그 대립이 빨간 자연과 파란 자연 사이에 있다고 가정합니다.[9] 여기에서 괴테는 빨간 빛과 파란 빛이라고 말하지 않는다는 것을 반드시 유의해야 합니다. 그런 것은 괴테의 의미에 모순이 될 수 있기 때문에 빨간 자연과 파란 자연이라고 말해야 합니다. 빛은 절대로 분화시킬 수 없습니다. 그리고 분화되어 나타나는 것은 빛에서 보이는 현상

---

9 여기부터 이어지는 몇 문장은 명확하게 읽어 낼 수 없다. '자연'이라는 단어는 뚜렷하게 보이고, 경우에 따라서는 '실체'도 읽을 수 있다. 이 외에 다른 단어들은 불명확하고 부분적으로는 판독이 굉장히 어렵다.

입니다. 괴테가 빛의 실체라고 명명한 것에 무無로서가 아니라 사실상의 실체로서 암흑의 실체를 대립시켰다는 것은 당연히 현대 물리학의 결과라는 것을 강조합니다. 괴테의 경우 상당히 복잡한 표상으로 드러나는 것을 저는 이제 간단하게 요약해 다음과 같이 암시할 수 있습니다. "색채 음영에서 빨간 부분과 마찬가지로 파란 부분도 혼합이 아니라 빛과 암흑의 역동적 상호 작용과 관계한다. 그런데 빨간 부분에서는 빛이 암흑 속에서 능동적으로 활동하면 빨강이 나오는 식으로 상호 작용한다." 간단히 말해 빛과 암흑의 공동 작용에 관한 문제라는 것입니다. 빨간색, 즉 빨간 영역과 관계한다면, 암흑 속에서 활동하는 빛과 관계하는 것입니다. 파란 부분은 밝음 속에서 활동하는 암흑의 능동성과 관계합니다. 바로 이것이 양극성에 대한 정확한 표현입니다.

11. 물론 현대 물리학자는 이런 표상으로 할 수 있는 것이 별로 없겠지요. 저는 그 점을 인정합니다. 그래도 괴테에게 빨강은 빛이 암흑 속에서 활동하는 것이고, 파랑은 암흑이 밝음, 즉 빛 속에서 활동하는 것을 의미합니다. 이것을 양극성이라 명명할 수 있습니다. 네, 이것이

양극성입니다. 괴테는 이것을 물리학적 색채 혹은 물리적 색채에, 즉 스펙트럼 색채에 적용합니다. 그리고 화학적인 색채에도 적용합니다. 괴테는 모든 것에 있어서 불확실하게 더듬거릴 수밖에 없다는 것을 잘 알고 있었습니다. 왜냐하면 개별적인 사항에 그 일반적인 원리를 적용하는 것은 절대 쉬운 일이 아니기 때문입니다. 제가 조금 전에 대략 암시한 것을 한번 보면, 색채가 등장하는 곳, 그러니까 색채가 보이는 곳 어디에나 질적인 것이 있습니다. 질적인 것이 있는 바로 그곳이 이 관계에서 미래에 언젠가는 결정이 내려질 지점입니다.

12. 사실 오늘날의 사람들은 굉장히 많은 현상을 체험한다고 말할 수 있습니다. 오늘 이 자리에서도 여러분한테 아주 많은 현상을 보여 주었는데, 그에 관해 일련의 강의를 해야 할 정도입니다. 그래도 어쨌든 고마운 일입니다. 왜냐하면 그 현상들이 괴테 색채학과 자연 과학의 전체 영역에서 어떤 위치를 차지하고 있는지 보여 주려는 의도에서 그렇게 했기 때문입니다. 그런데 오늘날 우리는 ―빛의 경우 광속의 표상에 대해 상대성 이론 등과 같은 것이 이론적으로 재고하는 것과는 완

전히 다른 방식으로— 어떻든 간에 정정되지 않으면 안 되는 것으로 현상을 체험합니다. 조금 전에 라벨 박사도 강조했는데, 물론 굉장히 완화된 모양이라 해도 물리학자들은 뉴턴[10]의 방사설로 다시 돌아가야 한다는 압박을 느낍니다. 상대적으로 단순한 현상에서 도출된 뉴턴의 이론과 현시대의 이론 사이에는 매우 큰 차이가 있습니다. 왜냐하면 통상적인 파동설의 표상을 따르면 예를 들어서 다음과 같은 것이 어떻게 가능한지 전혀 상상할 수 없다는 데에 오늘날의 사고방식이 근거하기 때문입니다. 금속에 자외선을 쐬면 전자電子가 반사되어 나옵니다. 이 전자를 연구해 보면 특정 강도가 있다는 것을 알 수 있습니다. 이 강도는, 자외선이 원래 나오는 곳에서 금속이 얼마나 떨어져 있는지 그 거리에 의존하지 않습니다. 자외선이 생겨나는 곳이 금속에서 아무리 멀어도 같은 볼트 강도를 얻습니다. 흔히 전제되는 바와 같이, 만약에 빛의 강도가 그대로라면 거리가 늘어나는 정도에 따라 심도는 당연히 감소해야 합니다. 그런데 금속에서 반사되어 나오는 전

---

10 아이작 뉴턴Isaac Newton(1642~1727)_ 영국 물리학자, 수학자, 천문학자

자의 경우에는 그렇지 않습니다. 그것의 강도는 거리가 아무리 멀어져도 전혀 감소하지 않습니다. 그 강도는 색채에 의존합니다. 전자의 주변에 색채가 있으면, 더 먼 거리에 있는 것과 같은 식으로 작용합니다. 바로 이 사실이, 우리가 빛이라 부르는 것에 대해 완전히 다르게 생각하지 않으면 안 된다는 생각을 하게 만듭니다. 오늘날에는 사람들이 양자 이론을 근거로 해서 자구책을 강구합니다. 양자 이론은 어떻게 말합니까? 중력은 어디에나 골고루 있습니다. 하지만 빛은 그런 중력처럼 지속적인 어떤 것으로 어디에나 있는 것이 아니고 원자적으로 확산된다고 합니다. 빛이 원자적으로 확산된다면, 어느 곳에서든 해당 양자가 있고, 그것이 또한 작용합니다. 이 경우에는 양자가 어떤 장소에 존재한다는 것에 관한 문제가 아닙니다. 여기서 중점은, 그것이 어쨌든 있기만 하다면, 전자 효과를 제거하면서 작용한다는 것입니다.

13. 이런 것들이 다시금 방사설로 되돌아가게 합니다. 뉴턴은 성분, 즉 실체가 어떻든 잴 수 있는 방식으로 확산하기는 해도 그 심도는 거리의 제곱으로 감소한다는 식으로 생각했습니다. 지금은 그것이 공간을 통과

하는, 더 정확히 말해 양자론의 의미에서 확산되는 전자기장으로 대체되었습니다. 사실 전자기장의 방출과 관계하는 것이지요. 그에 반해 제가 아직 젊었을 때만 해도 파동설이 대세였습니다. 파동설은 운동의 단순한 전진에 관한 것인데, 공간 속에 사실 아무것도 방사하지 않고 단순히 운동만 연속된다는 생각입니다. 객관적으로 존재하는 것에 대한 이런 표상이 특히 오늘날 —적어도 저는 그렇게 생각합니다— 변함없이 계속해서 회자되고 있습니다. 그리고 이에 대한 실험 모두 라벨 박사가 강조한 것을 가리키고 있습니다. 그러니까 파동설 자체가 일종의 모순을 품고 있기 때문에 단순히 파장이라는 가정으로는 일을 하기 어렵다는 것이지요. 이것이 중점입니다. 근본적으로 보아 파장 같은 것만 유일한 요소로 참작하게 만드는, 오랜 세월 동안 철저히 습관이 된 것이 있을 뿐입니다. 그런 표상은 단순하기 그지없습니다. 어떻든 간에 특정 파장에서 파동만, 특정 속도에서 진동만 객관적으로 고려합니다. 그러면서 스펙트럼에서 보라색과 빨간색 사이에 있는 것이 눈의 망막에 어떤 인상을 만든다고 말하지요. 빨간색 바깥에는 다른 종류의 진동이 있는데, 그것은 망막에 인상을 만들지는 않지만 질적으로는 아무 차이도 없다고 합니다. 물론 보라색의 바깥으로도 그와 똑같습니다. 몇몇 인물은 그런 생각에 반항했습니다. 몇몇 인물은 그런 생각을 흥미로운 방식으로 거부하기도 했습니다. **오이겐 드레허**[11]가 그중에 한 사람입니다. 그는 1880~90년대에 빛, 온기, 화학적 실체가 서로 극명하게 상이한 세 가지 실체라는 것을 증명하기 위해 무수히 실험했습니다. 이것은 일정 정도까지 증명됩니다. 근본적으로 보아 이 복합적인 질문 전체가 계속되고 있다는 것을 증명하는 것은 다름 아니라 오늘날의 상황 자체입니다. 일단 주관적인 것은 간과하고, 이른바 빛의 현상이라는 복합체로 총괄해서 존재하는 것에 도달하는 즉시… (속기 빈자리) … 괴테의 경우 본질적인 것은 오늘날 물리학이 자처하고 나서는 것을 그 당시에 이미 다루었다는 것입니다. 물론 괴테는 18세기 말 물리학의 부족한 상태에 따라 다루기는 했습니다.

---

11 오이겐 드레허Eugen Dreher(1841~1900)_ 드레허의 논문 〈현대 원자설과 분자설을 비판적 근거에서 고찰하다〉(할레, 1882) 67쪽을 참조하라. 퀴르쉬너의 『독일 민족 문학』의 일환으로 루돌프 슈타이너가 1884~1897년까지 발행한 『도입문, 주해를 단 괴테의 자연 과학 논설문』(GA1a-e, 총 5권, 도르나흐, 1975)의 5권 147쪽에 상세하게 실린 주석을 참조하라.

그래도 어쨌든 그가 그렇게 시작했습니다.

14. 오늘날 이 주제를 들여다보면, 당연히 모든 것이 엄청나게 흥미롭다고 말할 것입니다. 저도 젊은 시절에 파동설의 취급 방법을 실로 흥미롭게 여겼다고 고백합니다. 파동설은 탐닉이라 부를 수 있을 정도로 모양을 갖추었고, 극히 상세한 사항에 이르기까지 모두 정확하게 계산했기 때문입니다. 그런데 오늘날에는 젊은이들이 이 전위적인 파동설로 골치를 썩을 일이 전혀 없습니다. 왜냐하면 이론적인 역학을 근거로 해서 어떤 종류의 에테르 가설로 파동을 계산하는지, 아니면 전자기장의 효과 방식에서 출발하는지, 이에 따라 상당히 다른 형국이 되기 때문입니다. 모든 것이 좀 불확실한 모양을 띱니다. 4, 50년 전에만 해도 빛의 현상에서 모든 것을 곧이곧대로 정확하게 계산했는데, 오늘날에는 그럴 필요성을 더 이상 느끼지 않습니다. 그 모든 기교를 생각해 낸다는 것은 물론 대단히 흥미롭습니다. 그래도 그런 것은 계산의 결과에 불과하고, 그런 계산의 결과를 위해 기준이 되는 증명은 간섭 실험에서 보게 됩니다. 오늘날에는 간섭 실험이 다시금 새로운 해명을 필요로 하는 상태에 있습니다. 이 점을 오늘날의 물

리학도 인정합니다. 그리고 바로 이 점에 있어서 양자론이 이룬 것은 별로 많지 않습니다. 오늘날의 상황을 들여다보면, 발전한 것이 그리 없습니다. 진동수나 파동수 등 꽤 쓸 만한 숫자들이, 보조 숫자들이 점점 더 많아지기는 했습니다. 그 모든 것은 계산하기 편한 동전 같은 것이기는 합니다. 그런데 오늘날에는 아무도 그런 것의 근저에 실재적인 어떤 것이 있다고 말하지 못합니다. 이른바 빨간 광선과 파란 광선을 위한 진동수를 제시한다고 합시다. 이는, 빨간색과 파란색 사이에 존재하는 특정 관계를 표현하는데, 마치 두 가지 숫자 사이의 관계를 표현하는 식으로 합니다. 오늘날에는 심지어 다음과 같이 말할 수도 있습니다. "각각의 파동 숫자의 절대 가치보다는 각 숫자들의 관계가 훨씬 더 중요하다." 결국 양적인 것을 질적인 것 속으로 들여가는 것입니다. 오늘날 이미 다음과 같이 말해야 하는 길에 있습니다. "파장만 가지고는 일을 할 수 없다. 다른 어떤 것이 더 필요하다."

15. 이 다른 어떤 것이 괴테가 자신의 길에서 찾았던 것과 점점 더 비슷하게 됩니다. 물론 오늘날 아직은 분명하게 알아볼 수 없지만, 적어도 주제를 정확하게 알고 있

는 사람은 어떻게 물리학이 차츰차츰 그쪽으로 가고 있는지 확실히 알아봅니다. 그리고 이미 말했듯이, 괴테 역시 오늘 이 자리에서 우리가 실험한 현상들이 자신의 관조를 증명하는 것이라고 생각할 것입니다.

16. 오늘은 아직 기본적인 것이 마련되지 않아서 상세한 사항까지 다루기는 어렵겠습니다. 그래서 예를 들어서 식물에 관한 문제를 원리적으로 다루고 싶습니다. 실험을 하면서 '흡수하다'와 같은 표현을 이용해도 괜찮은지 아닌지, 저는 그런 것은 별로 다루고 싶지 않습니다. 존재하는 것의 단순한 표현으로 그 단어를 쓴다면 저는 반대하지 않겠습니다. 다만 주제를 단순화하기 위해 그 단어를 이용한다면 문제입니다. 이 방의 어딘가 광선이 떨어지고, 그 광선의 중간 어디쯤에 유리 조각을 대면 바닥에 빨간 면이 생깁니다. 그러면 사람들은 보통 유리가 다른 색들은 모두 꿀꺽 삼키고 빨간색만 통과시켰다고 말하지 않습니까? 이는 확인된 현상의 자리에 어처구니없는 것을 해명이라고 갖다 대는 것입니다. 실험을 하면서 우리는 완전히 현상 자체에 머물 수 있습니다. 그리고 그래야만 합니다. 비록 상당히 불완전한 표현이지만 이제 괴테의 말을 한번 들

어 봅시다. "암흑 속에서 밝기의 활동, 즉 빛의 활동은 빨간색의 근거다. 밝기, 즉 빛 속에서 암흑의 활동은 파란색의 근거다." 이 두 가지 색 사이에 음영으로서 있는 뉘앙스, 그러니까 초록색이나 주황색의 근거가 되는 것은 오늘 당장 다룰 수 없습니다. 지금은 일단 이 기본 현상에 관한 것만 다루겠습니다. 그런데 이 기본 현상에서 제가 대략적으로 암시한 것을 얻을 수 있습니다. 바로 여기에서 여러분은 실재로서의 암흑과 관계합니다. 여러분이 분명히 해야 할 사항이 한 가지 있습니다. 제가 이제 말할 것은 그에 대한 수많은 증명이 있기도 하고, 아주 피상적으로 관찰해도 분명히 알아볼 수 있는 것입니다. 바로 암흑 자체가 특정한 방식으로 밝기에, 즉 빛에 대립한다는 것입니다. 이 사실에서 주관적인 느낌을 받는 것은 자연스러운 일입니다. 그래도 이것은 객관적인 사실입니다. 이제 여기에서 그저 추상적인 것에 머물지 않고 구체적인 것을 다루고자 한다면, 자연스럽게 양극성을 인정하게 됩니다. 여러분이 이 밝음과 어둠이라 하는 양극을 고려하면, 차츰차츰 한 가지 표상에 도착합니다. 이 표상이, 어둠과 밝음 양자 모두에서 실체의 확산에 관해 같은 방식으로 말한다는 것은 특정한 의미에서 불가능하다는 것을 보여 줍니다. 오늘날까지 해 온 실험들은 이에 관해 아무것도 결정하지 못합니다! 이제 여러분이 밝음의 특성은 확산하는 데에 있다고 생각해 보십시오. —물론 이보다 많은 것이 있는데, 그것은 초감각적 관찰이나 반¥초감각적 관찰에 기인합니다. 그래도 일단 하나의 가능성으로, 하나의 가정으로 받아들이기 바랍니다— 그렇게 생각한다면, 어둠의 특성도 확산하는 것이라고 말할 수는 없겠지요. 어둠의 특성은 특정한 의미에서 무한한 어떤 것에 의해 흡수될 때와 비슷한 것이라고 표현할 수 있습니다. 벽이 까맣게 칠해진 방에서 확산이 일어난다고는 말하지 않을 테지요. 그런 방에서는 확산이나 방사 같은 것이 아니라 흡수 혹은 흡입의 효과가 일어납니다. 물론 흡수의 중심이 필요하기 때문에 그 효과가 일어나는 원인은 있어야 합니다. 이런 사소한 사항을 굳이 말해야 한다면, 흡입 효과의 가능성은 일단 캄캄한 공간 자체에 있다고 해야 합니다. 그와 대조적으로 밝은 공간은 확산의 효과와 관계하는 것이지요.

17. 바로 이 사실을 고수하면, 색채 표상이 점점 더 구체적

으로 됩니다. 그러면 여러분은 파란색에서 흡수하는 어떤 것을, —이 모든 것에 대해 실은 대략적으로만 말할 수 있을 뿐입니다— 빨간색에서 확산하는 어떤 것을 얻습니다. 초록색에서는 특정한 의미에서 그 중화를 얻습니다. 이제 한 단계 더 깊은 표상으로 내려갑시다. 여러분이 흡입 효과로 존재하는 것을 식물과 연관시켜 고찰해 보면, 색이 있는 것의 배후에 존재하는 흡입 효과를 얻습니다. 이 흡입 효과는 식물에 내재하는 특정 힘에 대립해 있으면서 식물의 전체적인 구성, 전체적인 조직 속에서 상호 작용합니다.

18. 결국 우리는 어떻든 색채 현상의 배후로 들어가지 않을 수 없다는 말이지요. 색채 현상에서 발견하는 것은 색채 효과 배후의 더 깊은 곳에 있는 것을 위한 증상적인 표현일 뿐입니다. 우리가 양극성을 추상적인 것으로 보지 않는다면, 그 특이한 양식에 동의하면서 그것을 주관적인 것으로 만든다면, 그래서 예를 들어 파란색을 볼 때는 근본적으로 우리 눈을 흡입 효과에 노출시키는 것이고, 빨간색을 볼 때는 압력 효과에 노출시키는 것이라고 생각할 수 있다면, 우리가 진정으로 양극성에 도착한 것입니다. 물론 이 흡입 혹은 압력 효과

는 기계적인 것이 아니라 내포적인 것으로 생각해야
합니다.

19. 우리가 이렇게 할 수 있다면, 역시 한 가지 표상이 생
    깁니다. 물론 이 표상은 다음과 같이 말하는 식의 표상
    에 비해 훨씬 더 복합적입니다. "빛 다발이 가는 중간
    에 유리 조각을 대면 그 뒤의 벽에 빨간 면이 생긴다.
    빨간색만 빼고 다른 색들은 모두 흡수된다." 우리는 이
    와는 완전히 다른 양식으로 인도될 것이고, 그러면 문
    제를 완전히 다르게 정의하게 됩니다. 이제 생겨나는
    요구 사항이란, 내 앞에 놓인 현상에서 그 중간에 놓인
    물질의 성질을 조사해야 한다는 것입니다. 이 성질을
    조사하는 데에서 시작하면, 이른바 양극화 현상의 완
    전히 다른 방법에 도착합니다. 그렇게 하면 특정 우회
    로를 거쳐서 아주 엄밀한 견해를 얻게 됩니다. 라벨 박
    사도 이 점을 언급했습니다. (라벨 박사를 바라보면서) 라
    벨 박사가 어떤 영국 물리학자의 이름을 거론했지요.
    그런데 사실은 그 사람뿐 아니라 일련의 물리학자들이
    이 현상에서 실제로 문제가 되는 섯을 이미 주목했습
    니다. 이 현상은 빛의 실체를 가리키는 것과 관련하는
    게 아니라, 빛에 대치된 물질에 관한 문제입니다. 물론

유기적인 물질, 이른바 식물이 특히 그 물질에 해당합니다.

20. 바로 이것에 점점 더 접근해야 합니다. 그래야 양극화 형태를 직접적으로 빛에 대입해 넣어 날조하는 식에서 벗어나게 됩니다. 이런 양극화 형태는 순수하게 기계적인 구식 파동설에서도 별문제 없이 작동했습니다. 그런데 오늘날의 상황에서는 그와 같은 방식으로 더 이상 정당성을 얻지 못합니다. 물리학자들도 양극화 형태의 과정만 보면서 그것을 빛에 대입해 날조하는 식으로는 더 이상 연구하지 않게 될 것입니다. 빛과 물질의 상호 작용을 주시하면서 거기에 나타나는 것을 통해서, 여러 현상 중에서도 특히 전자기장의 방사로 간주되는 것을 통해서 특정한 의미에서 물질의 근본 성향을 밝혀내는 식으로 연구하게 될 것입니다. 훨씬 더 흥미로워지기로는 어떻게 사람들이 차츰차츰 한 가지 관조를 벗어나는지 주시하면서 이 주제를 고찰할 때입니다. 에테르를 기계적으로 관찰하는 것에 너무 습관이 되었다는 데에 기인하는 관조 방식을 어떻게 벗어나는지 한번 주시해 보세요. 어떤 사람은 에테르를 고체로, 다른 사람은 용액으로 취급했습니다. …

(속기 누락) … 그러니까 한 가지 표상 양식에 습관이 되어서 그것을 절대 벗어나지 못하는 것이지요. … (속기 누락) … 파동설에 묶여 있으면, 반드시 그 저변에 어떤 것이 있다고 전제해야 합니다. … (속기 누락) … 바로 이와 관련해 한 가지 사실을 유의해야 합니다. 바로 괴테가 저변에 있는 그것을 조사하는 길목에 있었다는 것입니다. 괴테는 살아 생전에 그 파동설을 잘 알고 있었지만 별로 흥미롭게 생각하지 않았습니다. 그 대신 괴테가 관심이 있었던 것은, 제가 비록 아주 만족할 만한 정도는 아니지만 양극성을 구체적인 것으로 되돌리며 암시한 것입니다.

21. 색채의 감각적, 윤리적 효과에 이르기까지 괴테 색채론을 문장마다 꼼꼼하게 검토해 보면, 그가 원했던 것을 깊이 이해할 수 있게 됩니다. 그러면 특정한 의미에서 색채는 시야에서 사라지고, 영적, 정신적 성격, 도덕적 성격이라고 말하고 싶은 것이 등장합니다. 빨간색이나 파란색이 있는 곳에서 그 색채의 성격을 체험합니다. 거기에서 사람이 영적인 것으로 건너가게 됩니다. 그러면 괴테는 다음과 같이 말할 것입니다. "색채가 사라지고 완전히 다른 어떤 것이 등장하면, 거기에

서 비로소 색채의 본질과 관계하는 것을 경험한다."

22. 바로 거기에서 또한 인지학적 정신과학이 설명하는 고
차적인 인식의 길을 향하는 시작[12]이 등장합니다. 인
지학적 정신과학은 주체와 객체 사이의 분리를 굳이
따져 묻지 않는 상태로 이끌어 갑니다. 인지학적 정신
과학은 인식의 특정 단계에서 그런 분리를 더 이상 언
급하지 않고, 주체가 객체로 건너가서 살게끔 합니다.
바로 이 사실을 반드시 주지해야 합니다. 주체와 객체
사이에 절대적인 심연이 존재하는 한 만족할 만한 인
식론은 절대 있을 수 없습니다.[13] 사람을 충족시키는
인식론은, 근본적으로 보아 ―주체와 객체 등― 이런
분류가 인식론적으로 제시되는 것처럼 잠정적인 가정
인 경우에만 가능합니다. 예를 들어서 블랑[14]이 정의
하는 것과 같은 현대 물리학은 현상을 제시할 때 주체
를 완전히 배제하는 데에 그 목표를 두지 않습니까?

---

12 『고차 세계의 인식으로 가는 길』(GA10, 밝은누리, 2013)

13 루돌프 슈타이너의 인식론적 저술물 외에 특히 〈심리학적 근거와 인지학의
인식론적 위치〉, 1911년 이태리 볼로냐에서 열린 국제 철학 학회에서 한 강의,
『철학과 인지학, 논설 모음 1904~1923』(GA35)을 참조하라.

14 루이 블랑Louis Blanc(1811~1882)_ 프랑스 작가

가능한 한 인간은 참작하지 않고 완전히 객관적인 영역에서 현상을 보여 주려고 합니다. 루이 블랑은 다음과 같이 말했습니다. "물리학은, 화성인도 ―비록 그 존재가 우리와 완전히 다르게 조직되어 있다 해도,― 객관적인 세계라고 단언할 수 있는 것만 찾아보아야 한다." 이 말이 전적으로 맞기는 합니다. 다만 질문이 떠오릅니다. "순수하게 크기, 숫자, 무게에 따라서만 실험하는 물리학의 결과에 상응하는 어떤 것이 인간 자체의 내면에서 발견되는가? 더 고차적인 인식의 경우 인간 내면에 있는 것이 그런 실험 결과에 정말로 상응하는가?" 이제 우리가 해야 할 말은 다음과 같습니다. "그렇다! 바로 이것이 중점이다!" 현대 물리학자가 현상을 근거로 삼아 구성해서 얻는 분야, 특정한 의미에서 구성해서 얻는 그 분야를 우리는 아주 정밀하게 통과하고, 그렇게 통과하면서 체험합니다. 다만 이 분야를 잘 보면, 그 근저에 놓인 실체가 더 이상 물질적인 것이 아니라 정신적인 것입니다. 여기에서는 심지어 물리학의 공식을 특정 형태로 적용할 권리도 얻습니다. 그 공식에 실체적인 다른 것을 집어넣기만 하면 됩니다. 뉴턴은 잴 수 있는 물질 중에 한 종류를 방정식에, 그러니까 공식에 집어넣을 수 있다는 의견이었습니다. **호이겐스**Huygens[15]의 파동설은 파동의 숫자를 집어넣기만 합니다. 새로운 이론은 전자기장을 집어넣습니다.

23. 네, 이렇게 공식의 바다에 떠돌아다니는 것들이 있습니다. 그리고 이론이 생겨나는 과정에서 이미 이런 것들을 특정 방식으로 관대하게 취급하는 것이 대세입니다. 그러니 정신과학이 필요하다면, 우주 공간을 통과해 날아다니고 춤추는 방정식에 이제는 정신도 집어넣어야 하지 않겠습니까? 그런 것을 너무 거부하고 반항하면 안 됩니다. 뉴턴이 원했던 것이나 현대 물리학이 원하는 것이 아니라 바로 정신을 공식에 대입해야 합니다! 다만 그 전에 먼저 정신이 무엇인지 알아야 하겠지요. 그런데 정신은 어떤 이론이 아니라 고차적인 경험에 근거합니다.

24. 오늘 고맙게도 라벨 박사가 강의를 했는데, 저는 바로 그 내용을 통해서 사람들이 괴테 색채학을 점점 더 많이 올바르게 이해할 것이라고 믿어 의심치 않습니다.

---

15 크리스티안 호이겐스Christian Huygens(1629~1695)_ 네덜란드 물리학자, 수학자, 천문학자

그런데 슈타인 박사[16]가 제시한 질문은 오늘 이 자리에서 다룰 만한 여건이 되지 않는다는 생각입니다. 왜냐하면 전기의 본질에 관한 모든 것을 먼저 다루어야 하기 때문입니다. 그리고 이 주제는 사실 인지학적 영역에서 일단 논의될 수 있는 질문에 기인하기 때문입니다. 저는 물론 문제가 해결되었다고 말하는 것은 아닙니다. 거기에서 우리는, 오늘날 물리학의 영역에서 이론적으로 인정하도록 습관이 된 모든 것을 완전히 뒤집어엎는 개념이라 저는 말하고 싶은데, 어쨌든 그런 개념으로 들어가게 됩니다.

25. 비록 지금은 조금 벗어난 상태에 있다고 하는데, 전류와 그런 종류로 계산을 하던 시절이 그리 먼 옛날의 이야기가 아닙니다. 전류의 경우 사실은 거기에 흘러드는 어떤 것에 관한 문제가 아닙니다. ―이는 고차적인 인식의 결과인데, 그래도 제가 이야기하겠습니다― 여기에 철사가 하나 있다고 합시다. 도식적으로 암시하자면, 철사를 통해 이른바 전류가 흘러가는 게 아닙니다. 사실상 공백만 있을 뿐입니다. 그러니까 공백과 관

---

16 발터 요하네스 슈타인Walter Johannes Stein(1891~1957)_ 인지학자, 발도르프 학교 교사, 작가

계하는 문제입니다.

26. 그 실재를 —저는 지금 실재의 등급에 관해 말하고 있는데, 대부분의 사람들은 그 등급을 인정하지 않을 것입니다— 예를 들어서 여기는 +a라고 표시합시다. 그러면 이 철사 속의 실재는 −a로 표시합니다. 그러면 사람들이 보통은 언제나 흘러드는 것이라고 간주하는 것을 우리는 여기에서 흡입하는 것으로 얻습니다. 본질적으로 무엇에 관한 것인지 봅시다. 여기에 전기줄이 있다고 합시다. 그러면 이 전기줄은 사실 공간을 채우는 것으로서가 아니라 정신적으로 빈 공간을 보여 주는 것입니다. 이 사실이 우리를 곧바로 의지의 성질로 이끌어 갑니다. 슈타인 박사는 이것을 예감했습니다. 이것은 신경과 관계하는 문제이기도 합니다. 보통 사람들은 신경을 채워진 어떤 것으로 말합니다. 그런데 신경은 사실 텅 빈 홈통 같은 것입니다. 그것은 빈 관입니다, 그 관을 통해서 정신적인 것이 흡입됩니다. 정신적인 것이 그 관을 통과해 갑니다.

27. 그런데 이미 말했듯이 이 주제로는 너무 멀리 나가게 됩니다. 제가 언젠가 이 새로운 현상이 괴테 색채론의 발달 선상에 실제로 놓여 있다고 말한 적이 있습니다.

오늘 저는 그 말이 어느 정도까지, 아니 **어떤** 의미에서 그 말을 했는지 보여 주는 과제만 제시할 수 있었습니다.

첫 번째 강의

1919년 12월 23일

일반 자연 과학의 세 가지 연구 방향

그에 반대되는 괴테의 방법

수학의 위치

운동학과 동역학

퍼텐셜이 있는 중심력–퍼텐셜이 없는 외연적, 우주적 힘

1. 방금 읽은 것[1] 중에 몇 가지는 이미 30년도 더 되었지

---

1 강의를 시작하기 전에 발터 요하네스 슈타인이 『도입문, 주해를 단 괴테의 자연 과학 논설문』(GA1)에서 다음 문장을 읽었다.

☞이 책 22쪽 각주11을 참조하라. 『도입문, 주해를 단 괴테의 자연 과학 논설문』 제3장 279쪽을 참조하라.

"괴테 색채학을 모든 세부 사항에 이르기까지 변호할 마음은 전혀 없다. 내가 굳건하게 확립했다고 자부하고 싶은 것은 바로 그 원리다. 그런데 이 점을 고려한다 해도 괴테 시대에는 아직 알려지지 않았던 현상을 그 원리를 근거로 해서 그의 색채학에서 도출해 내는 것도 내 과제가 될 수 없다. 현대 자연 과학의 업적이 이룬 수준에서 색채학을 괴테가 의도한 대로 서술할 만한 수단과 시간이 생겨날 행운이 훗날 언젠가 있다면, 오직 그런 상황에서만 앞에 암시한 과제가 해결될 수 있을 것이다."

☞『도입문, 주해를 단 괴테의 자연 과학 논설문』 제1장 120쪽에서
"혈기왕성하게 활동하는 사상가와 과학자들, 특히 시야를 확장하는 데에만 주력하지 않고 우리 인식의 중심부를 직접적으로 주시하는 사람들이 저자의 서술에 조금만 더 주의를 기울이기를, 저자가 서술하고자 노력한 것을 더 완벽하게 만들기 위해 무리지어 따르기를."

☞『인간과 인류의 정신적 인도』(GA15, 밝은누리, 2012) 79쪽
"참으로 기이하게 들릴지언정 잔류된 이집트·갈데아적 정신들의 영향하에서 오늘날처럼 화학과 물리학을 가르치지 않고, 그리스도가 점차적으로 배열했던 의미에서 물질이 구축되었다고 가르치는 화학자들과 물리학자들이 미래에

요. 강의를 시작하기 전에 먼저 여러분이 염두에 두어야 할 몇 가지를 말하고 싶습니다. 일단 우리에게 허락된 짧은 시간 동안 제가 자연 현상의 관찰에 관해 말할 수 있는 것은 당연히 간접적인 설명이 될 수밖에 없다는 것입니다. 이번에는 정말로 시간이 별로 많지 않습니다. 그래서 이번에 일단 시작한 것을 머지않은 시점에 이 자리에서 계속해서 다루기로 하겠습니다.[2] 두 번째로는, 현재 마련된 것과 같은 강의를 해 달라는 의견이 제가 여기에 도착한 다음에야 저한테 전달되었다는 것입니다. 그래서 다음 며칠 동안 진행할 강의는 정말로, 정말로 아주 간략한 삽화 같은 것이 될 수밖에 없겠습니다.

2. 한편으로 저는 교사들에게 쓸모 있는 어떤 것을 주고 싶습니다. 그런데 제가 이 자리에서 이야기한 내용을 그대로 수업에 적용할 수 있는 식으로는 되지 않을 것입니다. 그렇기보다는 강의 내용이 특정한 학문적 기

생겨날 것이다! 화학과 물리학 법칙에 이르기까지 그리스도를 발견하게 될 것이다. 영적인 화학, 영적인 물리학, 그것이 미래에 도래할 것이다!"

2 1920년 3월 1일~14일까지 슈투트가르트에서 행한 『두 번째 자연 과학 강의』(GA321), 1921년 1월 1일부터 18일까지 슈투트가르트에서 행한 강의 『여러 자연 과학 분야와 천문학의 관계』(GA323)

본 방향으로서 여러분의 수업을 꿰뚫을 수 있도록 하는 식이 될 것입니다. 다른 한편으로는, 비록 오늘날 자연 과학이 적잖은 착오를 거치고 있다 해도 적어도 그 배후에 있는 올바른 것은 교육자에게 완전히 특별한 의미가 있다는 것입니다. 그리고 오늘 저는 바로 이 올바른 것의 관점에서 몇 가지 단서를 제시하겠습니다.

3. 슈타인 박사가 우리에게 상기시킨 말에 저는 다른 것을 덧붙이고 싶습니다. 1890년대에 프랑크푸르트 독일 문화 협회가 괴테의 자연 과학에 대한 강의[3]를 해 달라고 저를 초청한 적이 있습니다. 그 강의를 시작하면서 저는 괴테의 자연 과학 자체를 다루기보다는 유기적인 자연 과학에 대한 괴테의 관계에 관해 더 많이 이야기할 수밖에 없다고 말했습니다. 왜냐하면 오늘날의 물리학관이나 화학관에 괴테의 세계관을 들여간다는 것은 아직 완전히 불가능하기 때문입니다. 물리학자나 화학자는 오늘날의 물리학이나 화학에 들어 있는 모든 것으로 인해 괴테에서 나오는 것을 어쨌든 헛소리로 취급할 수밖에 없는 저지에 있기 때문이지요. 그들에

---

3 이 책 11쪽 각주6을 참조하라.

게 괴테의 세계관은 절대로 표상할 수 없는 어떤 것입니다. 그래서 제가 그 프랑크푸르트 강의에서 말했습니다. 물리학과 화학은 그 분야의 학자들이 자체적 연구를 통해서 자신들이 추구하는 과학적 기본 구조 자체가 얼마나 터무니없는 쪽으로 가고 있는지 어느 정도는 인정하는 쪽으로 움직일 때까지 기다려야 한다고. 그래야만 괴테의 생각이 물리학과 화학 분야에도 자리 잡을 수 있는 시대가 올 것입니다.

4. 이제 저는 실험적 자연 과학이라 부를 수 있는 것과 실험 결과에서 얻을 수 있는 의견에 해당하는 것, 이 양자 사이에 조화가 이루어지도록 노력해 보겠습니다. 오늘은 시작이니까, 이미 자주 말했듯이 이해하는 데 필요한 몇 가지 이론적인 기본 사항부터 다루겠습니다. 오늘 저는 먼 길 돌아갈 필요없이 항간에 널리 행해지는 자연 과학과 괴테의 보편적 세계관에서 얻을 수 있는 자연 과학관 사이의 대립을 진정으로 이해하는 것을 직접적인 목표로 삼아 이야기하고자 합니다. 그렇게 하려면 우선 자연 과학적 사고의 전제 조건을 이론적으로 조금은 알고 있어야 합니다. 오늘날 자연에 대해 일반적으로 생각하는 사람은 자신의 연구 영

역이 무엇인지 보통은 분명하게 정의하지 못합니다. 자연이 굉장히 불분명한 개념이 되어 버렸다고 저는 말하겠습니다. 바로 그래서 우리는 오늘날 사람들이 자연이라는 존재에 대해 지니는 의견이나 생각 같은 것에서 출발하지 않겠습니다. 그보다는 현재 자연 과학에서 자연이 어떻게 연구되고 있는지, 그것을 출발점으로 삼겠습니다. 제가 곧 그 성격을 이야기할 것인데, 그 연구 방식이 실제로 조금 변화 중이기는 합니다. 새로운 세계관의 여명 같다고 암시할 수 있는 것도 더러 있습니다. 그렇지만 전체적으로 보아서는 역시 조금 전에 도입하는 의미에서 이야기한 특성이 주로 지배합니다.

5. 현재의 자연 과학자들이 자연에 접근하기 위한 출발점으로 삼는 것에는 세 가지가 있습니다. 그 첫 번째는, 자연 관찰을 통해 자연 존재와 자연 현상에서 종과 종속이라는 개념을 얻으려 하는 것입니다. 자연 현상과 존재를 분류하려고 하는 것이지요. 외적, 감각적 경험으로서 인간에 주어진 것을 한번 생각해 보십시오. 개체로서의 늑대, 개체로서의 하이에나, 각각의 온기 현상, 각각의 전기 현상 등이 그런 것입니다. 이제 어떻게

자연 과학자가 그런 개별적인 현상들을 총괄해서 종과 종속으로 분류하는지, 어떻게 늑대나 하이에나라는 종에 관해 말하는지, 어떻게 특정한 자연 현상에 관해 말하는지, 어떻게 개별적인 것에 들어 있는 것을 총괄하는지 등, 이런 것들을 보면 이 첫 번째 길을 이해할 수 있습니다. 이에 대해 다음과 같이 말하고 싶다는 생각이 듭니다. "자연 연구에서 행해지는 이 중대한 첫 번째 활동, 이것은 어쩐지 비밀리에 행해지는 듯하다." 반드시 되짚어 검사해 보아야 할 어떤 것이 이 첫 번째 길에 있다는 것은 아무도 생각하지 않습니다. 자연 과학자가 정리하고 분류해서 획득한 일반적인 것이 개별적인 것과 어떤 관계에 있는가 하는 것은 아무도 궁금해하지 않습니다.

6. 오늘날 자연 과학 분야에서 활동하는 사람이 출발점으로 삼는 두 번째는 다음과 같습니다. 사전에 준비된 실험을 통해서, 혹은 실험이 끝난 후에 실험 결과를 개념으로 정리해서 그 실험에 부가함으로써 현상의 원인이라 부르는 것을 얻으려 한다는 것입니다. 이 원인에 대해서는 대부분 힘이나 질료를 의미하며 말합니다. 전기력, 자기력, 열이라고 말하지 않습니까? 그런데 그런

용어를 말하면서 대부분의 경우 더 포괄적인 것을 생각합니다. 빛의 현상이나 전기 현상 배후에 알 수 없는 에테르 같은 어떤 것이 있다고 합니다. 실험 결과를 근거로 해서 그 에테르의 성질을 밝혀 보려고 합니다. 여러분도 에테르에 대한 진술 모두 논란의 여지가 굉장히 많다는 것을 잘 알고 있습니다. 네, 여러분이 잘 알고 있다 해도 지금 한 가지 정도는 좀 자세히 들여다보아도 되겠지요? 현상의 원인으로 올라가고 싶어서 연구를 합니다. 그런데 연구를 하면서 알려진 것에서 일종의 알려지지 않은 것으로 들어가는 길을 찾습니다. 문제는, 이렇게 알려진 것에서 알려지지 않은 것으로 들어가는 자체에 실제로 어떤 정당성이 있는지, 이에 대한 질문은 하지 않는다는 것입니다. 우리가 어떤 빛의 현상이나 색채 현상을 지각한다고 합시다. 그러면 우리가 주관적으로 색채의 질이라고 말하는 것은 객관적인 과정이 우리에게 일으키는 효과라고 합니다. 파동으로서 세계 에테르 속에서 일어나는 객관적인 과정이 우리의 영혼에, 우리의 신경 기관에 일으키는 효과라는 것이지요. 그렇다면 무슨 권리로 그렇게 말하는지, 그에 대한 해명은 거의 하지 않습니다. 그러므로 우리는 일종의 이중성을 반드시 구분해야 합니다. 그 하나는 주관적인 과정입니다. 다른 하나는 에테르의 파동으로, 혹은 측정할 수 있는 물질과 그 파동 사이의 상호 작용으로 있는 객관적인 과정입니다.

7. 지금은 약간 흔들리고 있는 이 두 번째 관찰 방식이 19세기를 지배했습니다. 현상에 관해 말하는 양식과 방식을 고려하면 사실상 오늘날에도 어디에서나 볼 수 있습니다. 이 관찰 방식은 오늘날의 과학 전문 서적을 관통하고 있으며, 우리가 사물에 대해 말하는 방식과 양식에 꽉 들어박혀 있습니다.

8. 이른바 자연 과학자가 자연의 구조에 접근하기 위해 이용하는 세 번째 방법은 현상을 주시한다는 것입니다. 단순한 현상을 한번 보기로 합시다. 사람이 돌을 가지고 있다가 놓으면 예외 없이 아래로 떨어집니다. 혹은 노끈에 돌을 매달면 수직으로 떨어집니다. 이런 현상들을 모아서 총괄합니다. 그리고 이런 현상들에서 자연 법칙이라 명명하는 것에 이릅니다. "모든 천체는 그 표면에 있는 사물을 잡아당긴다." 이렇게 말한다면, 현상을 단순한 자연 법칙으로 고찰하는 것입니다. 천체에서 작용하는 힘을 중력이나 만유인력이라 부릅니

다. 그리고 그런 종류의 힘을 특정 법칙으로 표현합니다. 그런 법칙을 위한 범례가 예를 들어서 세 가지 케플러의 법칙입니다.

9. 이른바 자연 과학은 이 세 가지 방식으로 자연에 접근하려고 합니다. 이제 괴테식 자연관이 어떻게 이 세 가지 방식 모두에서 정반대되는 것을 추구하는지 비교해 보겠습니다. 괴테는 자연 현상을 다루기 시작하자마자 곧바로 자연 존재뿐 아니라 자연에서 일어나는 사실들을 종과 종속으로 분류하는 것은 최고도로 문제가 있다고 보았습니다. 괴테는 개별적이고 구체적인 존재와 사실을 경직된 종속 개념으로 이끌어 가는 것은 정당화될 수 없다고 생각했습니다. 그렇게 하기보다는, 하나의 현상이 다른 현상으로 차츰차츰 넘어가는 변화 과정을 추적하고자 했습니다. 한 존재의 모양이 다른 존재의 모양으로 차츰차츰 넘어가는 그 변화 과정을 따라가 보고 싶어 했습니다. 괴테가 관심을 가지고 연구한 것은 종과 종속적 분류가 아니라 변형입니다. 자연 현상의 변화뿐 아니라 지연의 개별적 존재의 변형을 연구한 것이지요. 그런데 괴테 이후 시대에도 자연 연구가 이른바 자연의 원인을 밝히기 위해서 해 온 것과 같은

의미에서는 역시 괴테의 표상 양식을 따르지 않습니다. 그리고 바로 이 점에서 괴테가 자연에 접근한 방식과 현재 자연 과학적 방식 사이의 원리상 차이를 알아본다는 것은 대단히 중요합니다.

10. 현재의 자연 과학이 실험을 한다고 합시다. 현상을 추적한 다음에 그것을 개념으로 표현하고, 현상의 배후에 이른바 원인으로 있는 것에 대한 표상을 형성하려고 합니다. 예를 들어서 주관적인 빛의 현상이나 색채 현상의 배후에는 에테르 속에서 일어나는 객관적인 파동이 있다고 하는 식입니다.

11. 괴테는 이런 방식의 자연 과학적 사고를 절대 이용하지 않습니다. 자연을 연구하면서 알고 있는 것에서 이른바 알려지지 않은 것으로는 절대 들어가지 않습니다. 괴테는 언제나 알고 있는 것 내부에 머물고자 합니다. 그렇게 하면서 일단은 그 알고 있는 것이 주관적인 것인지, 달리 말해 우리의 감각이나 신경, 혹은 영혼에 일어난 효과인지, 아니면 객관적인 것인지 이런 것에는 전혀 신경 쓰지 않습니다. 괴테는 인간 내면의 주관적인 색채 현상이라든가 저 바깥 공간에서 일어나는 객관적인 파동 같은 개념을 아예 만들지 않았습니

다. 그가 공간에 널려 있는 것으로서 보는 것, 시간상 예견하며 보는 것, 이 모든 것이 그에게는 완벽하게 단일적인 존재입니다. 모든 것이 단일적인 존재이기 때문에 괴테는 주관성이나 객관성에 대한 질문을 할 필요가 없었습니다. 자연 과학이 알고 있는 것에서 알려지지 않은 것을 결과로 도출해 내기 위해 이용하는 사고와 방식을 괴테는 전혀 이용하지 않았습니다. 눈에 보이는 사실, 즉 현상 자체를 총괄하는 데에 모든 사고를 집중하고 모든 방법을 동원했습니다. 그렇게 수많은 현상을 총괄해서 결국 원초 현상이라 부르는 것을 얻었습니다. 다른 한편으로 이 원초 현상은 괴테가 주관적인 것과 객관적인 것을 고려하지 않으면서 세계와 자연 고찰의 근거로 삼으려 한 것을 진술합니다. 그러니까 괴테는 일련의 현상 안에 머무르면서 그것들을 단순화할 뿐입니다. 그 다음에 단순한 현상으로서 조망이 가능한 것을 원초 현상으로 여깁니다.

12. 괴테는 자연 과학적 방법이라 부를 수 있는 모든 것을 도구로 보았을 뿐입니다. 그리고 현상의 영역 안에서 현상들을 분류한 다음에 그 도구를 이용해서 현상 자체가 비밀을 발설하도록 했습니다. 괴테는 어떤 것에

서도 이른바 알고 있는 것을 벗어나 알려지지 않은 것을 참고하지 않았습니다. 바로 그래서 괴테에게는 자연 법칙이라 불리는 것도 있을 수 없었던 것이지요.

13. 제가 다음과 같이 말한다면 자연 법칙을 얻는 것입니다. "행성은 태양을 공전할 때 특정 운동을 한다. 이 운동에서 공전과 공전 궤도가 설명된다." 괴테의 의도는 이런 법칙을 찾는 것이 아닙니다.[4] 괴테가 자신의 자연 연구 근거로서 말하는 것은 있는 그대로의 사실 자체입니다. 예를 들자면, 빛과 그 빛이 들어오는 길목에 있는 물질 사이의 상호 작용 같은 것입니다. 그 양자가 어떻게 상호 작용하는지, 이것을 괴테는 말로 표현합니다. 이것은 법칙이 아니라 있는 그대로의 사실입니다. 괴테는 이런 사실만 자연 고찰의 근거로 삼습니다. 알고 있는 것에서 알려지지 않은 것으로 올라가려 하지 않습니다. 법칙을 얻으려 하지도 않습니다. 근본적으로 보아 괴테는 일종의 이성적인 자연 묘사를 얻으려고 합니다. 단, 직접적이고 복합적인 현상을 묘사하는 것과 껍질을 벗기고 벗겨서 가장 단순한 요소만 보

---

4 이 책 352쪽의 비망록을 참조하라.

여 주는 것, 이 양자를 구분했습니다. 괴테는 이 둘 중에 후자를 자연 고찰의 근거로 삼았습니다. 이것이 자연 과학의 알려지지 않은 것 혹은 순수하게 개념으로 확립한 법칙적인 연관성을 대신합니다.

14. 우리가 괴테주의로 자연을 고찰할 때 자연에 있는 것과 그 고찰에 들어오려고 하는 것을 환하게 밝히는 것이 있습니다. 수학적 고찰에 대한 자연 현상의 관계를 괴테만큼 명료하게 조망하는 사람이 거의 아무도 없었다는 아주 기이한 사실이 바로 그것입니다. 사람들은 이 사실을 늘 부정했습니다. 괴테는 천재적인 수학자가 아니기 때문에 수학적 정의에 대한 자연 현상의 관계를 조망할 수 없었을 것이라고 합니다. 수학적 정의는 점점 더 애호되어 오늘날에는 자연을 고찰할 때 근본적으로 가장 확실한 것으로 취급됩니다. 그런데 문제는 이에 그치지 않는다는 것이지요. 최근 들어 자연 현상의 수학적 고찰 방식이, —수학적 자연 고찰이라고 하면 틀린 것입니다— 그러니까 수학적 정의를 통해 자연 현상을 고찰하는 것이 더 나아가 자연 자체를 표상하는 방식을 위한 기준이 되었다는 것이 중점입니다.

15. 이것이 무엇을 의미하는지 분명하게 알아야 합니다. 자연에 접근하는 일반적인 길로는 일단 세 가지가 있습니다. 이 세 가지는 인간이 실제로 자연에 접근하기 전에 적용합니다. 그 첫 번째는 산수입니다. 오늘날 우리는 자연을 고찰하면서 계산을 굉장히 많이 합니다. 수를 세고 계산을 합니다. 그런데 산수와 관련해 분명히 해야 할 것이 있습니다. 산수는 인간이 완전히 자신을 통해서 파악하는 어떤 것이라는 사실입니다. 우리가 수를 센다면, 무엇을 세고 있는지는 전혀 중요하지 않습니다. 산수를 할 때 우리는 일단 외부 세계와 아무 관계도 없는 것을 내면에 수용합니다. 바로 그래서 완두콩뿐만 아니라 전기자電機子도 셀 수 있습니다. 우리가 숫자와 계산 방법이 옳다는 것을 인정하는 양식은 산수를 하는 과정에서 나오는 결과와 완전히 다른 것입니다.

16. 두 번째도 역시 우리가 자연에 접근하기 전에 연습하는 것입니다. 그것은 기하학의 대상이 되는 것입니다. 무엇이 정육면체인지, 무엇이 정팔면체인지, 그런 물체의 각도가 어떤지 등은 자연까지 확장해서 관찰하지 않아도 결정할 수 있습니다. 우리 자신에게서 고안해

내는 것입니다. 대상을 그리는 것은 우리의 굼뜬 타성에 좋을 뿐입니다. 보기 좋게 그림으로 그리는 모든 것을 그냥 상상만 할 수도 있습니다. 그리고 그림처럼 어떤 대상을 가시화한 것을 보조로 삼기보다 그냥 상상만 하는 것이 심지어는 훨씬 더 유용합니다. 이 사실에서 기하학적 형태에 관해 정의해야 하는 것은 일단 외부 자연과 거리가 먼 영역에서 얻어진다는 결과가 나옵니다. 돌로 된 정육면체를 실제로 보지 않아도 우리는 정육면체의 정의를 압니다. 그런데 이 정의는 돌로 된 정육면체에 들어 있을 수밖에 없습니다. 요컨대 우리가 자연과 거리가 먼 것을 만들고, 그 다음에 그것을 자연에 적용하는 것이지요.

17. 세 번째가 있는데, 우리는 이것으로도 아직은 자연을 뚫고 들어가지 못합니다. 우리가 이른바 역학에서, 그러니까 운동학에서 하는 것입니다. 여기에서도 분명하게 알고 있어야 할 중요한 사항은 근본적으로 운동학도 사실상의 자연 현상과 거리가 멀다는 것입니다. 제가 다음과 같은 것을 표상한다고 합시다. 움직이는 대상을 보지 않고 그저 표상만 합니다. 대상물 하나가 여기의 점 a에서 점 b로 움직인다고 합시다. 저는 그냥

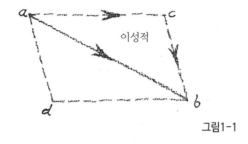

이성적

그림1-1

생각으로만 하지 않고 심지어는 다음과 같이 말도 하겠습니다. "이 사물은 **점 a에서 점 b**로 움직인다." 여기에 점 a에서 점 b로 가는 운동을 화살표로 표시했습니다. 그런데 이 운동은 두 가지 다른 운동을 조합한 것이라고 생각할 수 있습니다. 점 a에서 점 b로 가야 하는데, 똑바로 점 b를 향해 가지 않고 우선 점 c를 향해서 움직인다고 한번 생각해 보십시오. 점 c를 거친다 해도 어쨌든 결과적으로는 점 b에 도착합니다. 그러니까 점 a에서 점 b로 가는 운동을 a→b의 직선으로가 아니라, a→c→b라 하는 우회로로 표상할 수 있다는 것이지요. 달리 말해 a→b의 운동은 a→c의 운동과 c→b의 운동을 조합한 것이라고 할 수 있습니다. 이것을 표상하는데 자연 과정은 전혀 필요하지 않습니다.

a→b의 운동은 두 가지 다른 운동을 조합한 것이라고 생각만 하면 됩니다. 하나의 운동이든 두 가지 운동을 조합한 것이든 어쨌든 같은 결과가 나온다는 말이지요. 제가 이것을 표상하면, 이렇게 표상된 것은 순수하게 나 자신에게서 뽑아 낸 것입니다. 이렇게 흑판에 그리지 않고 말로만 설명할 수도 있습니다. 그래도 여러분은 해당 내용을 표상할 수 있을 것입니다.

18. 그런데 이제 여기 이 점 a에 있는 것과 같은 것이 자연에 정말로 있다고 합시다. 예를 들어서 곡식의 낟알 같은 것이 점 a에서 점 b로 가야 한다고 합시다. 그런데 한 번은 점 a에서 점 b로 직접 움직이고, 그 다음에는 점 a에서 점 c로, 다시 점 c에서 점 b로 움직인다고 합시다. 그러면 제가 조금 전에 말한 것이 정말로 일어나는 것이지요. 달리 말해 운동학에서는 내가 표상하는 운동이 자연 현상에 적용될 수 있는 것이라 그 진실이 자연 현상에서 증명되어야 한다는 것입니다.

19. 이제 우리는 다음과 같이 말할 수 있습니다. "산수, 기하학, 운동학은 자연 고찰의 세 가지 전 단계다." 이 세 가지에서 얻는 개념은 순전히 우리 자신에게서 뽑아냅니다. 그런데 이 개념이 자연에서 일어나는 것을 설

명하기 위한 기준이 됩니다.

20. 이제 잠시 기억 속으로 산책을 가기로 합시다. 사람마다 오래 전일 수도 있고 얼마 전일 수도 있는데 어쨌든 학교 다닐 적에 물리학 시간에 배운 것을 한번 기억해 보십시오. 그러면 언젠가 합력-평행 사변형법이라 부르는 것을 만난 적이 있을 것입니다. 점 a에 어떤 힘이 작용하고 있고, 이 힘이 점 a를 점 b로 끌어간다고 합시다. 그러니까 점 a에 곡식 낟알 같은 물질적인 어떤 것이 있고, 내가 그것을 특정 힘으로 점 a에서 점 b로 끌어가는 것이지요. 이제 주의하십시오. 제가 조금 전에 한 말과 지금 하는 말의 차이를 새겨듣기 바랍니다. 조금 전에는 운동을 말한 반면에 지금은 점 a에서 점 b로 끌어가는 힘을 말하고 있습니다. 점 a에서 점 b로 끌어가는 힘의 양을 5g[5]이라 하고 이것을 구간으로 표시하기로 합시다. (그림1-2를 그린다) 1g, 2g, 3g, 4g, 5g. 이렇게 다섯 구간이 있습니다. 5g의 힘으로 낟알을 점

---

5   **감수자** 힘의 양을 표현할 때 오늘날 학교에서는 N(뉴턴)과 g을 구분해서 가르친다. 실생활에서는 저울이 g으로 표시되므로 g을 사용하며, 과학적 계산을 할 때는 N을 사용한다. 이 강의가 이루어진 시기에는 아직 뉴턴 단위가 정립되지 않았을 수도 있다. 내용상 질량의 단위인 그램의 의미보다는 힘의 양을 표현하는 것으로 묘사되어 있어 크게 문제되지는 않는다.

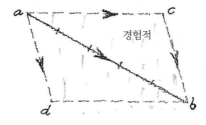

경험적

그림1-2

a에서 점 b로 끌어가는 것이지요. 이 전체 과정을 다르게 할 수도 있습니다. 특정 힘으로 먼저 점 a에서 점 c로 낱알을 끌어갑니다. 그런데 이렇게 점 a에서 점 c로 가면 점 b에 도착하기 위해서는 다른 길에서 계속해서 끌어가야 합니다. 여기에 점 c에서 점 b를 연결하는 선이 있는데, 이 방향으로 낱알을 끌어가야 하는 거지요. 동시에 이 거리에 해당하는 힘으로 끌어가야 합니다. 여기 점 a에서 점 b까지 5g의 힘으로 끌어간다면, 점 a에서 점 c로, 그 다음에 점 c에서 점 b로 끌어가는 힘이 얼마나 큰지 이 형태에서 계산해야 합니다. 그런데 이제 제가 점 a에서 동시에 점 c와 점 d로 끌어간다고 합시다. 그러면 점 a가 끌어져서 결국 점 b에 도착합니다. 얼마나 센 힘으로 점 c와 점 d로 끌어야 하는지 계산해 낼 수 있습니다. 단, 앞의 예(그림1-1)에

서 한 것과 같은 식으로는 계산할 수 없습니다. 그 경우에는 운동을 계산했고, 그 예에서 운동과 관계해서 발견하는 것은 표상으로 계산할 수 있습니다. 생각만으로 계산할 수 있다는 말이지요. 그런 반면에 어떤 것을 실제로 끌어가는 것이라면, 달리 말해서 실제로 힘을 써야 하는 경우라면, 그 힘을 어떤 방식으로든 측정해야 합니다. 여기에서는 자연 자체에 접근해야 합니다. 표상에서 사실상의 세계로 건너가야 합니다. 이 차이를 분명히 하십시오. 여러분이 운동 평행 사변형과 —여기에는(첫 번째 그림) 이 점(d)을 보충해야 평행 사변형이 되겠지요— 힘의 평행 사변형 사이의 차이를 더욱더 명확하게 할수록, 표상 안에서 확립되는 모든 것과 표상이 멈추는 곳에 있는 것 사이의 차이를 더욱 명확하게 알아볼 수 있습니다. 운동은 표상할 수 있습니다. 힘은 그렇게 할 수 없고, 외부 세계에서 측정해야 합니다. 그러니까 외적인 실험을 통해 여기의 이 두 방향으로, 즉 점 a에서 동시에 점 c와 점 d로 끌어가면 합력-평행 사변형의 법칙에 따라 점 a의 물체가 점 b로 움직인다는 것을 증명해야만 그렇다고 정의할 수 있습니다. 앞의 예에서와 같이 표상을 통한 증명은 여기에 있을 수 없습니다. 반드시 외적으로 측정해야 합니다. 바로 그래서 다음과 같이 말할 수 있습니다. "운동 평행 사변형은 단순히 이성적으로 얻을 수 있다. 힘의 평행 사변형은 외적인 경험을 통해서, 즉 경험적으로 얻을 수 있다." 여러분이 운동 평행 사변형과 힘의 평행 사변형을 분명하게 구분할 줄 알면, 운동학과 동역학의 차이를 분명하게 알아봅니다. 동역학은 단순히 운동에 관한 문제가 더 이상 아닙니다. 그것은 힘과 관계하고, 그로써 이미 자연 과학입니다. 산수, 기하학, 운동학은 사실상 자연 과학이 아직 아닙니다. 동역학만 공간과 시간 속에서 힘의 효과와 관계합니다. 그런데 이 첫 번째 자연 과학, 즉 동역학으로 나아가려면 표상 생활을 벗어날 수밖에 없도록 되어 있습니다.

21. 우리 시대 사람들은 이미 이 점에서 충분히 명확하게 사고하지 못합니다. 운동학에서 동역학으로 도약하는 것이 실제로 얼마나 엄청난 일인지 제가 한 가지 예를 들어서 보여 주겠습니다. 운동학적 현상은 순전히 표상 공간 내부에서 진행될 수 있습니다. 동역학적 현상은 우리가 외부 세계에서 검사할 수 있을 뿐입니다. 사람들은 수학적인 것으로 그럭저럭 인정할 수 있는 것

과 외부 세계의 실체가 들어 있어서 어떤 역할을 하고 있는 것을 언제나 혼합하고 있다는 것을 거의 알아채지 못합니다. 우리가 힘의 평행 사변형에 관해 말한다면, 무엇이 거기에 반드시 있어야 합니까? 운동 평행 사변형에 관해 말하는 한, 생각된 물체 외에 다른 것은 필요하지 않습니다. 그에 반해 힘의 평행 사변형에 관한 문제라면, 거기에 어떤 덩어리가 있어야 합니다. 예를 들어서 무게가 있는 덩어리가 반드시 있어야 합니다. "점 a에 덩어리가 있을 수밖에 없다." 이 사실을 분명히 해야 합니다. 그러면 이제 다음과 같은 질문을 해야 한다는 느낌이 듭니다. "덩어리, 그것은 도대체 무엇인가?"

22. 네, 그러면 어쩐지 다음과 같이 말하지 않을 수 없다는 느낌이 듭니다. "벌써 여기에서 막히고 마는구나!"[6] 표상 세계 안에서 확립될 수 있으면서 동시에 자연에도 해당하는 것을 떠나는 지점, 사람이 이 지점에 오면 상당히 불안정한 영역에 서 있다고 느낍니다. 잘 알려져 있듯이 산수, 기하학, 운동학으로, 그리고 동역학에서

---

6   『파우스트』 1부, 연구실에서

좀 얻어 낸 것으로 일을 좀 해 보려고 합니다. 그런 것으로 무장을 합니다. 그 다음에 분자의 동역학, 원자의 동역학을 통해서 주관적인 경험으로서 고찰한 자연 현상을 표상해 보려고 애를 씁니다. 물론 여기에서 분자나 원자는 물질이라 부르는 것을 잘게 쪼개서 생각해 낸 것이지요. 우리가 따뜻한 물건을 만진다고 합시다. 그러면 자연 과학자는 다음과 같이 말합니다. "이 물건의 온기라 부르는 것은 너의 온감각에 일어나는 효과다. 객관적으로 존재하는 것은 분자나 원자의 운동이다. 이것을 동역학의 법칙에 따라 연구할 수 있다." 이렇게 동역학의 법칙과 원자와 분자를 연구합니다. 그리고 원자나 그런 것들의 동역학을 연구하면 자연 현상을 몽땅 해명할 수 있을 것이라고 오랜 세월 동안 믿어 왔습니다. 물론 오늘날에는 그 믿음이 약간 흔들리고 있기는 합니다. 그런데 아무리 원자에 이르기까지 생각으로 파고 들었다고 해도, 가능한 모든 실험을 통해서 다음과 같은 질문을 할 수 있는 상태에 와야 합니다. "그래, 그렇다면 거기에서는 힘이 어떻게 나타나는가? 덩어리는 어떻게 작용하는가?" 원자까지 파고들었다면, 원자의 넝어리에 관해 질문해야 합니다. 반드시 다음과 같은 질문을 해야 합니다. "원자의 덩어리는 어떻게 알아보느냐?" 사실 덩어리는 그 효과에서 알아 볼 수 있을 뿐입니다.

23. 자연 과학에서는 원자처럼 극히 미세한 것을 기계적 인 힘의 매개체라 명명합니다. 그런데 어떻게 그 효과 를 알아볼 수 있느냐고 물어보면, 습관처럼 다음과 같 이 대답합니다.[7] "이렇게 미세한 것이 다른 미세한 것 을 —무게가 1g 나가는 작은 물질이라고 합시다— 움 직인다고 한다면, 다른 것을 움직이는 그 물질에 힘이 있는 게 당연하다." 하나의 덩어리가 1g짜리 다른 덩어 리를 움직여서 1초에 1cm 날아가게 했다고 합시다. 이

---

[7] 이 문장으로 시작하는 문단은, 루돌프 슈타이너가 한 가지 주제를 어떤 방식으로 자유롭게 설명하고 묘사하는지 보여 주는 예라 할 수 있다. 굉장히 빠르고 간단하게 요약하지만 동시에 청중한테 힘의 합일성과 원자론적 사고방식을 그림처럼 보여 준다. 그렇게 하면서 힘과 그 합일성의 특성은 흔히 하는 식으로가 아니라, 원자론적 사고방식과 일치하면서도 은유적인 자극을 통해 설명한다.(이 책 79쪽 3문단과 비교하라) 원자론적 사고방식의 원래 목표는 분리되지 않는 합일성이나 양자로 현상을 구성하는 것이었다. 이로써 합일성이라는 개념에 대한 연결이 주어졌다. 20세기 초반에 시작된 발달에 맞추어 원자주의의 실증은 물질의 영역에서 '힘'의 영역으로 옮겨졌다. 힘의 양자 혹은 원동력의 양자 속에서 평범한 단일성과 함께 수렴하면서 상술한 사고방식을 몇 개의 선으로 스케치한 그림으로 보여 준다. 일곱 번째 강의로 시작하는 방법론적 관점과 이것을 비교하기 바란다.

는 첫 번째 덩어리가 오늘날 일종의 '세계 단위'로 알려진 힘을 적용했다는 것을 의미합니다. 이제 어떤 사람이 "1g의 덩어리를 1초에 1cm 움직이도록 하는 그 힘보다 몇 배 더 큰 힘이 있다."고 말한다면, 그 사람은 이 힘의 적용이 특정 세계 단위와 어떤 관계에 있는지 알고 있다는 것이지요. 이 세계 단위를 무게로 표현하면 0.001019g입니다. 이에 따르면 다음과 같이 말할 수 있어야겠지요. "원자가 어떻게 그 힘을 적용하는지 우리는 자연에서 더 이상 추적할 수 없다. 그런 원자도 1g짜리 다른 물질을 1초 동안 1cm 날아가게 할 능력이 있다."

24. 그런데 그 힘 속에 박혀 있는 것, 그것은 우리가 어떻게 표현할 수 있습니까? 저울로 재면 됩니다. 그 힘은 압력과 동일하고, 이 압력이 저울에 0.001019g으로 나오겠지요. 그러니까 이 세상에서 덩어리라고 불리는 것에 접근하려면, 아주 외적인 어떤 것으로, 실재적인 어떤 것으로 표현하는 수밖에 없습니다. 내가 덩어리라 보고 생각하는 것은 외적인 방법으로 배운 것, 즉 무게를 밝힘으로써 표현할 수 있습니다. 덩어리는 오로지 무게를 통해서만 표현된다는 것이지요. 심지어

덩어리가 원자처럼 작아진다 해도 무게로만 표현될 수 있습니다.

25. 이로써 하나의 지점을 엄밀하게 표시하고자 합니다. 우리가 특정한 의미에서 연역적으로 규명해야 하는 것을 벗어나 자연적인 것으로 들어가는 바로 그 지점입니다. 이제 여러분이 반드시 인식해야 할 사항을 한 가지 말하겠습니다. 한쪽에는 우리가 전적으로 자연의 외부에서 산수, 기하학, 운동학으로 확립하는 것이 있습니다. 그런데 정반대 쪽에서 우리에게 다가오는 것에 어느 정도로 그것들을 적용할 수 있는지 분명히 해야 합니다. 달리 말해 산수, 기하학, 운동학으로 확립하는 것이 동역학에서 처음으로 우리에게 다가오는 것을 위해, 즉 자연 현상이라 표현하는 것의 내용이 실제로될 수 있는 것을 위해 얼마나 결정적일 수 있는가? 필수적으로 이 점을 명확하게 인식해야 합니다.

26. 운동학에서 동역학으로 들어서는 그 순간에 비로소 자연 현상에 관해 어떤 것을 말할 수 있다는 사실을 괴테는 분명하게 알고 있었습니다. 그리고 그것을 알고 있었기 때문에 자연 과학이 그렇게 신성하게 떠받드는 수학이 그 자연 과학에 대해 유일하게 지닐 수 있는 관

계가 어떤 것인지도 잘 알고 있었습니다.

27. 이 점을 한 가지 예를 들어 다시 한번 분명히 하겠습니다. 자연 현상에서 가장 단순한 요소, 그러니까 어떤 종류의 원자가[8] 1초 동안 1g짜리 물질을 1㎝ 날려 보낸다고 한다면, 결국 힘이 작용하는 모든 경우에 그 힘이 어떤 방향에서 출발해서 어떤 방향으로 작용한다고 말할 수 있습니다. 그러므로 우리는 자연 효과를 위해 특정한 의미에서 어디서든 힘이 시작하는 점을 찾도록 습관을 들일 수 있습니다. 물론 자연 과학도 이런 습관에 푹 빠져 있습니다. 어떤 현상의 장場이 있다면, 그 장을 떠나서 그 현상을 지배하는 힘이 나오는 점을 찾아갑니다. 이런 경우를 우리는 무수히 보게 될 것입니다. 사람이 그런 힘에 하나의 출발점을 찾아 줍니다. 그러면 그 힘이 그 출발점에서 나와서 그 현상의 장을 지배합니다. 그런 힘을 이른바 중심력中心力이라고 말합니다. 왜냐하면 그 힘은 언제나 중심에서 출발하기 때문입니다. 그래서 다음과 같이 말할 수도 있겠습니다. "우리가 현상의 장을 지배하는 특정 힘이 출발하는 그

---

8   이 책 62쪽의 각주7을 참조하라.

점에 가면, 중심력에 대해 말해도 된다." 그런데 만약에 그렇다면, 그 힘이 언제나 실제로 작용할 필요가 없습니다. 특정한 의미에서 그 힘이 작용할 가능성만 그 중심점에 있을 수도 있습니다. 더 정확히 말해 주변에 특정 조건이 형성되어야 비로소 그 힘이 효과를 보이는 가능성만 거기에 존재할 수 있다는 것이지요.

28. 우리는 다음 며칠 동안 아직 작용하지 않는 힘이 어떤 식으로 그런 점들에 집중하는지 볼 것입니다. 우리가 먼저 특정 전제 조건을 만족시키면, 힘이 주변에서 현상을 불러일으킵니다. 그래도 어쨌든 우리는 하나의 점 속에, 혹은 하나의 공간 속에 힘이 집중되어 있고, 이 힘이 주변에 영향을 미칠 수 있다고 보아야 합니다. 바로 이것이, 우리가 세계에 관해 물리학적으로 이야기할 때 사실상 언제나 찾는 바로 그것입니다. 모든 물리학적 연구는 그 중심력을 찾아 중심으로 파고드는 활동입니다. 달리 말해 효과가 나온다고 추정되는 점으로 파고드는 노력입니다. 바로 그렇기 때문에 특정한 의미에서 특정 방향으로 작용할 가능성으로 가득한 자연 현상에 중심이 있다고 가정하지 않을 수 없는 것이지요. 그런데 이 작용 가능성을 온갖 과정을 통해 잴

수 있습니다. 심지어는 그런 점이 얼마나 강하게 작용할 수 있는지 크기로 표현할 수도 있습니다. 우리가 특정 전제 조건을 채우면 작용할 수 있는 힘이 그런 점에 집중되어 있다고 합시다. 그렇게 집중되어 있는 힘의 크기를 일반적으로 퍼텐셜, 힘의 퍼텐셜이라 부릅니다. 그래서 역시 다음과 같이 말할 수도 있습니다. "우리가 자연의 작용을 연구한다면, 결국은 퍼텐셜을 염두에 두고 중심력을 추적하는 것이다." 특정 중심점 쪽으로 가는데, 그렇게 하는 이유는 퍼텐셜 힘의 출발점으로서 그 중심점을 연구하기 위해서라는 것이지요.

29. 근본적으로 보아 바로 이것이, 모든 것을 동역학으로 바꾸고 싶은 자연 과학적 방향이 내딛는 발걸음입니다. 그런 자연 과학은 중심력을, 경우에 따라서는 그 중심력의 퍼텐셜을 찾습니다. 이제 여기에서 중점은, 다음 사항을 명확하게 인식하기 위해서 어떻게 자연 자체 내부에서 중대한 발걸음을 내디딜 수 있는가 하는 것입니다. "이런 방법으로만 연구한다면, 중심력을 위한 퍼텐셜만 찾는다면, 삶이 관여해 드는 현상을 이해할 가능성은 전혀 없다. 이 방법에 따라 동물의 배아나 식물의 씨앗 속에 있는 힘의 역할을 연구하려고 한

다면, 절대 제대로 일할 수 없을 것이다." 유기적인 현상도 퍼텐셜을 통해, 어떤 성질로 된 중심력을 통해 연구하는 것이 현대 자연 과학의 이상입니다. 하지만 사람들이 다음과 같이 생각할 줄 알아야 이 영역에 새로운 세계관의 여명이 밝아 올 것입니다. "아무리 중심력을 추적해서 연구해도 되는 것이 없다. 생명으로 관통된 현상, 생명이 활동하고 있는 현상은 그런 식으로 연구할 수 없다." 왜 그렇게 할 수 없습니까? 네, 이제 도식적으로 한번 가정해 봅시다. 우리가 '물리적으로-실험할 수 있는' 자연 과정을 연구한다고 합시다. 어떤 것의 중심점으로 가서, 그 중심에서 시작될 수 있는 작용 가능성을 연구합니다. 거기에서 어떤 효과를 발견합니다. 그래서 세 가지 점 a, b, c를 그 퍼텐셜로 계산해서 점 a는 α, β, γ에 작용한다는 것을 발견합니다. 이와 똑같이 점 b는 α'β'γ' 등에 작용한다는 것도 발견합니다. 이렇게 하면, 특정 영역의 작용이 어떻게 특정 중심력의 퍼텐셜의 영향하에 일어나는지, 이에 대한 조망을 얻습니다. 하지만 이 방법으로는 생물에 관여해 드는 것을 해명할 가능성은 절대로 발견하지 못합니다. 왜 그렇겠습니까? 생물을 위해서 고려되는 그 힘에는 퍼텐셜이라는 것이, 중심력이라는 것이 전혀 없기 때문입니다. 그래서 여러분이 d라 하는 생물 속에서 점 a, b, c의 영향하에 있는 물리적인 작용을 찾아보겠다면, 중심력으로 돌아갈 수도 있겠지요. 하지만 그 안에서 생명의 작용, 삶의 작용을 연구하려고 하면, 절대로 그렇게 말할 수 없습니다. 왜냐하면 생명의 작용을 위한 중심점 a, b, c는 없기 때문입니다. 생명의 작용을 제대로 연구하려면 다음과 같이 표현할 수 있는 표상으로만 가능합니다. "여기 d 안에 살아 있는 것이 있다. 지금 나는 그 삶에, 그 생명에 작용하는 힘을 찾으려 한다. 점 a, b, c에서는 그것을 발견할 수 없다. 아무리 깊이 파고 들어도 거기에서는 아무것도 발견할 수 없다. 특정한 의미에서 세계의 끝으로, 즉 우주 주변부로 나가야 한다." 여기 점 d에서 출발해서 우주 끝까지 가야 하고, 천구 외연에서 힘이 작용해 들어온다고 표상해야 한다는 것입니다. 그 힘들이 사방에서 작용해 들어와서 점 d 속에 모이는 것입니다. 하나의 퍼텐셜이 있는 중심력과 정반대지요. 그렇다면 공간의 무한대에서, 사방에서 작용해 들어오는 것을 위해서는 어떻게 퍼텐셜을 계산해야 합니까? 이 경우에는 힘을 나누어야 합니다. 전체적인 하나의 힘을 점점 더 잘게 쪼개야 합니다. 그렇게 점점 더 작게 나누면서 점점 더 우주 외연으로 갑니다. 힘이 분열되는 것이지요. 중심력이 작용하는 것이 아니라, 퍼텐셜이 없는 우주력이 작용하기 때문에 한 번 계산할 때마다 힘을 쪼개야 합니다. 여기에서(우주 외연에서) 계산이 끝납니다. 바로 이것이 무생물에서 생물로 들어가는 도약이기도 합니다.

30. 한편으로는 운동학에서 동역학으로 들어가는 도약이 어떤지 알아야 합니다. 다른 한편으로는 외적인 자연을 벗어나서, 매번 계산할 때마다 쪼개지고 퍼텐셜이 없어지기 때문에 계산을 통해서는 더 이상 도달할 수 없는 것으로 들어가는 도약은 어떤지 알아야만 합니다. 이 두 번째 도약을 통해서 외적인 무생물의 자연에서 살아 있는 자연으로 들어갑니다. 그런데 살아 있는 것을, 생명이 있는 것을 파악하는 데에 있어서는 어떤 계산도 무용지물이라는 것을 분명히 알고 있어야 합니다.

31. 지금까지 제가 여러분 앞에 퍼텐셜과 중심력에 귀착시키는 모든 것과 우주력으로 끌어가는 모든 것을 차근차근 껍데기를 벗겨서 열거했습니다. 그런데 저 바깥

의 자연에 있는 것들은 그렇게 벗겨져 있지 않습니다. 그래서 다음과 같은 질문을 할 수 있습니다. "퍼텐셜에 따른 중심력만 작용하는 것은 어디에 있는가? 퍼텐셜에 따라 계산되지 않는 우주력이 작용하는 것은 어디에 있는가?" 이 질문에 대답할 수 있습니다. 그러면 이 대답을 하기 위해 참조해야 할 중요 관점은 어떤 것인지 대답 자체가 알려줍니다. 퍼텐셜에 따른 순수하게 추상적인 중심력은 기계로 생산되는 모든 것에, 자연의 요소를 근거로 해서 조합되는 모든 것에 있다고 말할 수 있습니다. 이와는 달리 저 바깥 자연 속에 있는 것은 무생물이라 해도 가차없이 중심력에 따라서만 관찰할 수 없습니다. 자연에서는 그런 식으로 관찰할 수 없습니다. 인간이 인위적으로 생산한 것이 아닌 한 어디에서나 중심력과 우주력의 효과가 함께 일어납니다. 인간이 인위적으로 만들어 낸 것, 기계, 기구 등을 제외하면, 이른바 자연의 전체 영역 안에는 문자 그대로의 의미에서 생명이 없는 것은 없습니다.

32. 바로 이것이 괴테에게는 전적으로 '명확하지만-불명확한' 어떤 것으로 그의 심오한 자연 본능 속에 ―저는 자연 본능이라고 표현하고 싶습니다― 남아 있었습니

다. 괴테는 자연 본능의 근거 위에 자신의 자연관 전체를 구축했습니다. 뉴턴으로 대리되는 자연 과학자와 괴테 사이의 상반성은 현대 자연 과학자들이 사실상 다음 사항만 고려한다는 데에 있습니다. "전적으로 중심력에 귀착시키는 의미에서만 외부 자연을 관찰한다. 그리고 특정한 의미에서 중심력과 퍼텐셜로 확립할 수 없는 모든 것으로까지 그 방식을 확장, 적용한다." 괴테는 그런 고찰을 옳은 것으로 여기지 않았습니다. 그런 고찰의 영향하에서 자연이라 부르는 것은 본질 없는 추상성이라고 생각했기 때문이지요. 괴테에게 진정한 실재는 오직 한 가지만 있을 뿐입니다. 그것은 중심력뿐 아니라 우주력으로서 세계의 외연에서 오는 힘도 함께 흘러들어 작용하는 존재입니다. 그리고 근본적으로 보아 괴테의 색채학도 역시 바로 이 양자의 대립을 근거로 해서 구축되었습니다. 이에 대해서는 다음 며칠 동안 더 상세히 다루기로 하지요.

33. 서론에 해당하는 오늘 강의에서 저는 이 시간을 위해 미리 생각했던 것을 특히 염두에 두면서 자연 고찰에 대한 인간의 관계가 실제로 어떠한지를 여러분께 이해시키고 싶었습니다. 다름 아니라 특히 현시대에 우

리가 이 자리에서 해 본 것과 같은 고찰에 한번쯤은 귀기울여야 합니다. 왜냐하면 자연 고찰의 불가능성과 —저는 이렇게 표현하고 싶습니다— 함께 그것이 달라져야 한다는 생각이 사람들의 무의식 속에 어렴풋이 떠오르는 시대가 오늘날 실제로 도래했기 때문입니다. 현재의 자연 과학으로는 더 이상 어떻게 해 볼 수 없다고 말하면 물론 아직은 사람들한테 비웃음을 삽니다. 하지만 그 비웃음이 사라질 날이 머지않아 올 것입니다. 괴테의 의미에서 물리학적인 것을 말할 수 있는 시대가 옵니다. 훨씬 더 견고하지만 사실은 오늘날 이미 흔들리고 있는 다른 요새가 있습니다. 그 요새가 정복되면 아마도 사람들이 괴테의 의미에서 색채를 말하게 될 것입니다. 그 요새는 바로 중력 이론입니다. 중력에 관한 뉴턴의 표상을 흔드는 생각이 거의 매년 생겨납니다.[9] 중심력의 기계적 구조만 유일무이하게 작용

---

9   **감수자** 뉴턴 역학의 경우 실제 생활에 적용하기 위해서는 어려움이 많다. 그 이유는 모든 조건을 다 고려하면 수학적 계산이 불가능하기 때문에 많은 제약을 없애고 아주 단순한 상황에서의 운동을 기술하기 때문이다. 수업을 하다 보면 학생들이 고개를 갸우뚱하는 경우도 있다. 현실과 맞지 않아 쉽게 이해가 안 되는 것이다. 그래서 항상 전제 조건을 세우고 뉴턴 방정식을 적용하다 보니 자연에 대한 이해보다는 수학적 풀이가 주가 되기 일쑤다.

한다는 생각을 근거로 하는 뉴턴의 만유인력으로 어떤 일을 한다는 것이 실제로 얼마나 불가능한지 이미 회자되고 있습니다.

34. 오늘날 넓은 의미에서 문화 발달에 기여하고 싶은 사람들뿐 아니라, 특히 학교 교사들이 자연에 대한 인간의 관계를 명확한 그림으로 그릴 줄 알아야 한다고 저는 믿습니다.

중, 고등학교에서 주된 내용으로 가르치지만 뉴턴의 중력 이론은 상대성 이론, 양자 역학 등으로 인해 일반적인 이론이 아니라 특수한 조건에서만 잘 들어 맞는 이론으로서 과학적 가치가 있다.

두 번째 강의

1919년 12월 24일

1. 어제 제가 자연을 고찰할 때 한쪽에 단순한 운동학적
    인 것이 있다고 했습니다. 이 운동학적인 것은 숫자로
    셀 수 있는 것, 공간적인 것, 그리고 운동을 통해 물리
    적 과정으로 일어나는 모든 것에 대해 우리가 형성하
    고자 하는 표상을 단순하게 우리의 표상생활을 근거로
    획득할 수 있는 것입니다. 그러니까 우리의 표상생활
    에서 운동학적인 것을 뽑아낼 수 있다는 말이지요. 셀
    수 있는 것, 공간, 운동, 이 세 가지와 관계하는 모든 것
    에 대해 우리가 수학적 공식으로 얻을 수 있는 것이 자
    연 과정 자체에 들어맞는다는 것은 물론 의미심장합니
    다. 그럼에도 다른 한편으로는 셀 수 있는 것, 순수하
    게 공간적인 것, 운동을 벗어나서 예를 들어 덩어리를
    규명하려고 하면, 이미 그 순간에 우리는 외적인 경험
    에 접근하는 수밖에 없습니다. 어제 바로 이 사실을 분
    명히 했습니다. 이 사실에서 역시 미루어 짐작해야 하
    는 것이 있습니다. 운동학으로 자연 현상을 내적으로

조합하는 것을 떠나서 외적, 물리적 경험으로 건너가는 도약이 현재의 물리학을 위해 일어나도록 해야 하는데, 이 도약이 무엇인지 이해하지 못하는 상태에서 그렇게 해야 한다는 것입니다. 이 도약을 이해하기 위한 발걸음을 내딛지 않고는 물리학에서 에테르라 명명되는 것[1]에 대한 표상을 얻기란 전적으로 불가능합니다. 어제 제가 이미 시사했듯이 현재의 물리학이 예를 들어서 빛의 현상과 색채 현상에 대해 아직도 주장하는 것이 있습니다. 물론 이 생각이 요즘 들어 좀 흔들리고 있기는 해도 현재 물리학은 다음과 같이 말합니다. "우리는 감각 존재로서, 신경 존재로서, 혹은 영혼 존재라고 해도 되는데, 그런 존재로서 빛이나 색채의 영향을 받는다. 그 빛이나 색의 효과는 주관적인 것이다. 저 바깥의 시간과 공간에서 일어나는 것은 에테르 속의 객관적인 운동이다." 그런데 빛의 현상을 일으킨다는 그 에테르에 대해 사람들이 고안한 생각을 현재의 물리학 전문 서적이나 여타의 물리적 과정에서 한번 조사해 보십시오. 그러면 그런 생각들 상호 간에도

---

1 **감수자** 에테르는 빛에 대한 과학계의 논쟁이 심할 때 나온 단어로 현재 주류 과학계에서는 시공간이나 장 등으로 표현한다.

모순이 있어서 애매모호하다는 사실을 발견할 것입니다. 이뿐만 아니라 현재의 물리학이 제시하는 것으로는 에테르라 불리는 것에 대해 사실상의 객관적 표상을 얻을 수 없다는 것도 알게 됩니다.

2. 오늘은 일단 운동학과 동역학 사이의 협곡을 실제로 연결할 수 있는 길에 한번 들어가 보기로 합시다. 동역학은 힘과 덩어리, 이 두 가지와 적어도 조금은 관계하기 때문입니다. 제가 명제로 한 가지 공식을 제시하겠습니다. 이 공식을 통해서 표현되는 것은 나중에 다시 다루겠습니다. 그러면 학교 시절에 배운 것을 잊어버린 사람도 이해하는 데에 필요한 사항을 다시 배울 수 있을 것입니다. 여러분이 이 공식을 영혼 앞에 세워볼 수 있도록 제가 요소들을 조합해 보겠습니다.

3. 운동학의 의미에서 점 하나가 ─여기에서는 사실 언제나 점 하나라고 말해야 합니다─ 한 방향으로 움직인다고 합시다. 여기서 우리는 움직임만 보고 원인은 고려하지 않습니다. 점 하나가 빠르거나 느리게 움직인다고 합시다. 속도를 v라고 명기합시다. 이 속도는 빠를 수도 느릴 수도 있습니다. 점 하나가 특정 속도로 움직이고 있다는 것 외에 다른 요소를 참작하지 않는

한, 우리는 운동학 내부에 머무는 것입니다. 하지만 운동학으로는 자연에 접근할 수 없습니다. 심지어는 단순하게 기계적인 자연에도 접근할 수 없습니다. 우리가 자연에 접근하려고 한다면, 이 점이 무엇을 통해서 움직이는지 반드시 고려해야 합니다. 그저 생각되기만 하는 점은 움직일 수 없습니다. 이 점이 움직여야 한다면, 적어도 외부 공간 속에 존재해야 합니다. 간단히 말해서 어떤 힘이 이 점에 작용하고 있다고 가정해야 한다는 것이지요. 이 점의 속도는 v로, 이 점에 작용하는 힘은 p로 표시합시다.[2] 그런데 이 힘이 단 한 번만 작용해서 이 점을 움직이게 하는 것은 아니라고 가정합시다. 왜냐하면 만약에 아무 방해 요소가 없이 힘만 작용한다면, 점은 특정 속도로 계속해서 날아갈 것이기 때문입니다. 그래서 힘이 이 점에 지속적으로 작용한다는 가정에서 출발하기로 합시다. 일정한 힘이 한 점에 계속해서 작용하는 구간은 s라고 부르겠습니다. 이 외에도 이 점은 공간 속에 존재하는 어떤 것이라고 가정해야 합니다. 이 어떤 것은 클 수도 있고 작을 수도 있

---

2   **감수자** 한국 교과서에 힘은 F, 힘이 작용한 구간은 s, 덩어리(질량)는 m, 가속도는 a로 표현한다.

습니다.[3] 그 크기가 어느 정도 되는지에 따라 이 점이 이러저러한 덩어리를 가지고 있다고 말할 수 있습니다. 그 덩어리를 일단 무게[4]로 표현합니다. 그러니까 일정한 힘을 통해 움직이는 것은 측정이 가능하고, 그렇게 측정한 것을 무게로 표현할 수 있다는 말입니다. 그 덩어리를 m이라고 부르겠습니다. 그런데 덩어리 m에 p라는 힘이 작용하면, 자연스럽게 어떤 효과가 일어나야 합니다. 이 효과는 덩어리의 운동 속도가 균일하지 않고 점점 더 빨라지는 것으로 나타납니다. 덩어리가 점점 더 빨리 움직입니다. 이것이 의미하는 바는, 우리가 증가하는 속도와 관계한다는 사실을 참작해야

---

3 **감수자** 동역학에서는 덩어리의 크기를 부피가 없고 질량이 모여 있는 하나의 점으로 생각하고 운동을 기술한다. 그 이유는 그렇지 않으면 덩어리의 각 부분에 작용하는 힘의 크기나 거리가 다르기 때문에 무수히 많은 계산을 해야 하기 때문이다. 그러므로 덩어리의 종류나 특성은 고려의 대상이 아니고 오직 질량만 고려한다.
옮긴이 감수자의 이 말에 따르면 오늘날 동역학이 실재 자체를 있는 그대로 다루기보다는 운동학의 영역으로 끌어내린다는 말이 아닌가?

4 **감수자** 무게와 질량을 물리학에서는 구분하여 사용한다. 물론 단위가 같으므로 실제 생활에서는 특별히 구분할 필요가 없다. 강의를 한 이 시기에는 질량을 물체의 고유한 양으로 정의하고 무게는 지구가 그 물체를 끌어당기는 힘의 크기로 정의했다.

한다는 것입니다. 속도가 증가하는 특정 기준이 있어야 합니다. 같은 덩어리에 약한 힘이 작용하면, 운동 속도가 증가하는 양이 줄어듭니다. 같은 덩어리에 강한 힘이 작용하면, 바로 그만큼 운동 속도가 증가하는 양이 점점 더 커집니다. 속도가 증가하는 이 기준을 가속도라 부르고, γ로 표시하겠습니다. 그런데 우리가 그 무엇보다 관심을 두어야 할 것은 바로 다음 사항입니다. 이제 제가 공식을 한 가지 말하겠습니다. 아마 여러분도 알고 있는 공식이라 기억할 수 있을 것입니다. 이 덩어리에 작용하는 힘을 구간과 곱해서 얻는 적수는 덩어리를 속도의 제곱과 곱한 다음에 2로 나눈 것과 똑같습니다. 공식으로 쓰면 $ps = \frac{mv^2}{2}$ 입니다. 이 공식의 오른쪽에 덩어리가 들어 있습니다. 덩어리가 클수록 힘이 더 클 수밖에 없다는 것을 이 항등식에서 알아볼 수 있습니다. 단, 여기서 우리가 관심을 두어야 할 것은, 이 항등식 오른쪽에 덩어리가 들어 있다는 것입니다. 그러니까 우리가 운동학으로는 절대로 해결할 수 없는 요소가 오른쪽에 들어 있다는 말이지요. 이제 다음과 같이 질문해야 합니다. "운동학의 범위에 속하지 않는 모든 것은 영원히 도달될 수 없는 것이라 고백해야 하는가? 멍하니 보기만 하는 것으로, 뚫어지게 쳐다보는 것으로 만족해야 하는가? 아니면 운동학과 동역학 사이에 오늘날의 물리학이 발견하지 못하는 다리가 혹시 있지 않을까?" 오늘날의 물리학은 그 다리를 발견하지 못합니다. 그 이유는 ―그로 인한 결과는 실로 참담하기 그지없는데― 진정한 인간학, 진정한 생리학이 없기 때문입니다. 인간을 정말로 알지 못하기 때문입니다. 이 공식에서 v^2을 한번 보십시오. 그러면 순수하게 숫자로만 셀 수 있는 것에서, 즉 순수한 운동에서 바닥이 드러나는 어떤 것이 있을 뿐입니다. v^2에 한한다면 특정한 의미에서 일종의 운동학적인 것입니다. 거기에 m을 덧붙입니다. 그러면 반드시 한 가지 질문을 해야 합니다. "나 자신의 내면에 이것에 상응하는 어떤 것이 존재하는가? 예를 들어서 내가 여기에 v라고 표기할 때 셀 수 있는 것이나 공간적인 것에 대한 표상이 있는 것과 유사하게 상응하는 어떤 것이 있는가? 그러니까 나에게서 m에 상응하는 것은 무엇인가? 내가 무엇을 해야 m에 상응하는 것일까?" 오늘날 물리학자는 m을 공식으로 쓰기는 해도 자기가 무엇을 하는지 보통 의식하지 않습니다. 이제 이 질문은 다음 질문으로 이어집니다. "내가 v에 들어 있는 것을 운동학적으로 조망할 수 있듯이, m에 들어 있는 것도 그와 유사한 방식으로 조망할 수 있을까?" 그렇게 할 수 있습니다. 다음과 같이 생각해 보면 됩니다. 손가락으로 몸의 어떤 부위를 누릅니다. 이는 가장 단순한 압력 형태입니다. 덩어리는 다른 아무것도 아니고, —이미 앞에서 이야기했듯이 덩어리는 무게를 달아 봄으로써 그 실체를 알 수 있습니다— 일단은 압력을 행사할 수 있다는 데에서 드러납니다. 그러니까 여러분이 손가락으로 몸을 누르면, 그런 압력을 알 수 있다는 말이지요. 이제 다음과 같이 질문해야 합니다. "손가락으로 어떤 부위를 누르면, 그러니까 압력을 체험하면, 움직이는 사물을 조망할 때와 유사한 것이 우리 내면에서 일어나는가?" 네, 우리 내면에 어떤 것이 일어납니다. 무엇이 일어나는지도 분명히 알 수 있습니다. 점점 더 세게 꾹 누르면 됩니다. 여러분 몸의 어떤 부분을 손가락으로 꾹 눌러 보십시오. 한번 시도해 보세요. —아니, 시도하지 않는 편이 낫겠군요— 점점 더 세게, 점점 더 강하게 압력을 가한다고 합시다. 그러면 무슨 일이 일어나겠습니까? 있는 힘을 다해서 점점 더 세게 압력을 가하면, 여러분은 의식 불명이 됩니다. 의식을 잃고 맙니다. 바로 이 사실에서 사람이 견딜 수 있을 만큼 압력을 가하는 경우에도 그 정도만 적을 뿐이지 '의식을 잃어가는' 현상은 여전히 일어난다는 것을 알 수 있습니다. 여러분이 견딜 수 있는 한도 내에서 의식을 잃는 것이지요. 아주 센 압력을 가하면 사람이 견디지 못하고 의식을 잃습니다. 그런데 이 현상은 우리가 어떤 식으로든 압력 효과, 즉 덩어리에서 나오는 효과와 접촉할 때 그 정도가 적을 뿐 부분적으로는 항상 존재합니다. 이제 이 생각을 계속해서 추적해야 합니다. 그러면 머지않아 이 공식에 m으로 표기한 것을 이해하게 됩니다. 운동학적인 모든 것은 우리의 의식과 특정한 의미에서 중립적으로 합일합니다. 그런 반면에 m으로 표기하는 것의 경우에는 우리가 중립적인 상태를 유지하지 못합니다. 이 경우에는 우리 의식이 즉시 저하되기 시작합니다. 의식이 부분적이고 적은 정도로 저하되는 경우에는 아직 견딜 수 있습니다. 하지만 압력이 일정 정도 이상으로 넘어가면 더 이상 견디지 못하고 의식을 잃습니다. 그런데 이 압력이 강하든 그렇지 않든 근저에 놓인 원리는 같습니다. 우리가 m을 쓴다는 것은 자연에 내재하는 것 중에서 우리의 의식과 합일할 때 이 의식을 폐기하는 어떤 것, 달리 말해 우리를 부분적으로 잠들게 하는 어떤 것을 쓰는 것입니다. 우리가 자연과 관계를 맺기는 하는데, 그 관계에서 우리 의식이 부분적으로 잠드는 것이지요. 이것이 바로 운동학적으로 m을 추적할 수 없는 이유입니다. 운동학적인 모든 것은 우리 의식 속에 중립적으로 존재합니다. 우리가 운동학적인 것을 넘어서면, 우리 의식에 대립해서 작용하는 영역, 이뿐만 아니라 우리 의식을 폐기하는 영역에 들어섭니다. 그러므로 우리가 $ps = \dfrac{mv^2}{2}$ 라는 공식을 쓰면서는 다음과 같이 말해야 합니다. "인간으로서 우리의 경험은 v와 똑같이 m도 포함한다. 다만 우리의 보통 의식은 이 m을 포괄하기에 충분하지 않다. m은 가차없이 우리 의식의 힘을 흡수한다." 이제 여러분이 인간에 대한 실재적인 관계를 얻었습니다. 인간에 대한 완전히 실재적인 관계. 보다시피, 자연에 상응하는 것을 이해하려면 우리의 의식 상태를 도움으로 삼아야 합니다. 이 도움이 없이는 운동학적인 것에서 동역학적인 것으로도 절대 건너갈 수 없습니다.

4. 물론 우리는 예를 들어서 m으로 표기될 수 있는 모든

것에서 의식을 가지고 살지는 못합니다. 그렇기는 해도 우리의 인간됨 전체와 더불어서 그 한복판에 살고 있습니다. 더 정확히 말해 주로 우리 의지와 더불어 그 속에서 살고 있습니다. 우리 의지와 더불어서는 그 속에서 그저 그렇게가 아니라 굉장히 강하게 살고 있습니다. 우리가 어떻게 우리 의지와 더불어 자연 속에서 살고 있는지 한 가지 예를 들어 보여 주겠습니다.

5. 여러분이 학교 시절에 배운 것으로 다시 돌아가 봅시다. 분명히 학교에서 배웠을 그것을 이제 다시 기억해 내야 합니다. 여기에 천칭이 있습니다. 저울 한쪽에 일정 무게의 추를 하나 올립니다. 저울이 균형을 이루도록 하기 위해서는 이 추와 같은 무게의 물체를 다른 쪽에 올려야 합니다. 이런 식으로 물체의 무게를 잴 수 있습니다. 물체가 얼마나 무거운지 알아보는 것이지요. 이제 물을 담은 그릇을 물체 아래에 놓습니다. 이렇게 물로 채운 그릇입니다.(그림2-1 참조) 이제 물체가 물속에 잠기도록 합니다. 그 순간에 저울대가 확 올라갑니다. 물체를 물속에 십어넣으면 가벼워집니다. 무게를 잃는 것이지요. 물체가 얼마나 가벼워지는지 조사해 보면, 달리 말해 저울이 다시 균형을 이루도록 하기

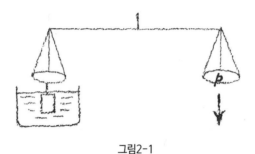

그림2-1

위해 반대쪽 추의 무게를 얼마만큼 빼야 하는지 검사
해 보면, 물체가 밀어낸 물의 무게만큼 가벼워졌다는
결론이 나옵니다. 그러니까 이 물체가 차지하는 공간
에 해당하는 양의 물을 달아 보면, 손실된 무게가 나온
다는 말이지요. 이것을 부력의 법칙이라 부르고 다음
과 같이 표현합니다. "모든 물체는 액체 속에서 밀어내
는 액체의 무게만큼 가벼워진다." 물체가 액체에 들어
있으면 위로 올라가려고 하기 때문에 특정 방식으로
아래로 향하는 압력, 즉 무게를 제거합니다. 이렇게 객
관적이고 물리적으로 관찰할 수 있는 현상은 인간의
신체 구조에 굉장히 중요한 의미가 있습니다.

6. 잘 알려져 있듯이 우리 두뇌의 무게는 평균 1250g입니

다. 그런데 1250g 그대로의 무게로 머릿속에 있다면 그 아래에 혈관이 짓눌려서 두뇌에 혈액을 제대로 공급할 수 없을 것입니다. 압력이 너무 세서 금세 의식이 흐려질 것입니다. 두뇌가 두개골의 바닥을 누르는 무게는 1250g이 아니라 겨우 20g입니다. 이는 두뇌가 뇌수 속에 부유하기 때문에 가능합니다. 여기 이 물체가 그릇 속의 물에 부유하는 것처럼, 인간 두뇌는 뇌수 속에 부유합니다. 그러니까 두뇌가 밀어내는 뇌수의 무게는 대략 1230g이 되겠지요. 이만큼 가벼워져서 두뇌의 무게는 겨우 20g 나갈 뿐입니다. 이것이 의미하는 바는, 두뇌를 우리 지능의 도구로, ―이 생각이 어느 정도 옳기는 합니다― 우리 영혼생활의 도구로, 적어도 영혼생활의 한 부분을 위한 도구로 고찰하는 경우 무게로 잴 수 있는 두뇌만 감안해서는 안 된다는 것입니다. 왜냐하면 두뇌는 달랑 혼자서 존재하지 않으니까요. 두개골 속에 부력이 있기 때문에 두뇌가 실제로 그 자체의 무게를 거스르고 위쪽으로 떠오르려고 한다는 것을 반드시 감안해야 합니다. 달리 말해 지능에 관한 한 우리는 아래로 잡아당기는 힘이 아니라 위로 올라가는 힘 속에 살고 있다는 것입니다. 우리는 우리의 지능과 더불어 부력 속에 살고 있습니다.

7. 그런데 방금 이야기한 사실은 두뇌만 해당합니다. 우리 유기체의 다른 부분, 그러니까 두개골 아랫부분 이하는 극히 작은 부분만, 척수만 그런 상태에 있습니다. 유기체의 나머지는 전체적으로 보아 아래로 내려가려 합니다. 달리 말해 두뇌와 척수를 제외한 나머지 유기체에서 우리는 아래로 당기는 힘 속에 살고 있는 것이지요. 우리는 두뇌에서는 위로 향하는 힘 속에, 유기체의 나머지에서는 아래로 향하는 힘 속에 살고 있습니다. 우리의 의지는 대체로 아래로 향하는 힘 속에 삽니다. 의지는 아래로 당기는 힘과 합일해야 합니다. 그런데 그로써 의지에서 의식이 제거됩니다. 바로 그렇기 때문에 의지는 계속해서 잠을 잡니다. 의지는 아래로 향하는 중력과 합일해야 하기 때문에 의식되는 것으로서는 꺼져 버린다는 것, 바로 이것이 의지 현상의 본질적인 면입니다. 두뇌가 중력을 거스르면서 일을 하고, 그로써 우리가 부력과 합일할 수 있기 때문에 우리의 지능은 명료한 것이 됩니다.

8. 인간 생명이 근저에 놓인 물질적인 것과 다양한 방식으로 합일함으로써 의지가 한편으로는 물질 속으로 빠

져들고, 다른 한편으로는 명료한 지능이 됩니다. 우리의 영혼 존재가 단순히 아래로 내려가려는 물질에 붙어 있기만 한다면, 지능은 절대로 생겨날 수 없습니다.

9. 다음 사항을 숙고하십시오. 오늘날 만연하는 추상성으로 인간을 고찰하지 않고 실제로 되어 있는 그대로의 인간, 정신적인 것이 육체적인 것과 만나는 인간을 고찰하면, —이 만남에서 정신적인 것은 육체적인 것에 대한 앎도 포괄할 수 있을 만큼 아주 강한 것이라 생각해야 할 뿐입니다— 정신적인 것이 한편으로는 물질적인 생명, 특히 물질적인 생명 속의 부력과 특별하게 합일해서 밝은 지능이 되고, 다른 한편으로는 우리가 아래로 누르는 힘에 의해 의지가 특정한 의미에서 흡입되도록 두는 수밖에 없는 경우 마비가 일어나 결국 의지가 이렇게 아래로 누르는 힘의 의미에서 작용한다는 사실을 실제로 체험한다는 것을, 올바르게 체험한다는 것을. 의지는 이런 식으로 작용합니다. 의지에서 아주 적은 부분만 겨우 20g의 압력이 될 때까지 걸러져서 지능으로 바뀝니다. 바로 그래서 지능이 조금은 의지로 관철되어 있습니다. 하지만 근본적으로 지능에 있어 우리는 측정 가능한 물질에 대립되는 것과 관계합

니다. 사고하는 동안 우리는 언제나 머리를 벗어나고 싶어 합니다.

10. 여기에서 여러분이 보는 것은, 어떻게 물리적인 인식이 인간 안에 살고 있는 것과 실제로 결합할 수밖에 없는가 하는 것입니다. 우리가 운동학에 머물러 있으면, 오늘날 굉장히 애호되는 추상성과 관계하는 것입니다. 그러면 그 애호되는 추상성과 외부 자연의 실재인 것 사이에 다리를 만들 수 없습니다. 우리는 강력한 정신적 내용으로 된 인식을 필요로 합니다. 이 정신적 내용은 자연 현상 속 깊이 정말로 잠수할 수 있고, 예를 들어서 물리적인 무게와 부력이 인간 내부에서 작용하는 방식 같은 것도 파악할 수 있습니다.

11. 지금까지 제가 여러분께 보여 준 것은, 어떻게 인간이 압력과 부력을 내적으로 극복하려 하는가, 달리 말해 어떻게 인간이 운동학적인 것과 물질적인 것 사이의 관계에 들어서서 익숙해지는가 하는 것입니다. 이것을 알아보려면 과학이 새롭게 심화될 필요가 있습니다. 낡은 과학적 의향으로는 그것을 알아볼 수 없습니다. 낡은 과학은 파동이나 방사 같은 것을 생각해 냅니다. 이런 것들도 순전히 추상적인 것이지요. 물질로 들어가

는 길을 하필이면 추측을 통해 찾습니다. 그러니 당연히 그 길을 발견하지 못합니다. 진정한 정신과학은 정말로 물질 속으로 들어가려고 노력하면서 그 길을 찾습니다. 달리 말해 압력 현상과 부력 현상에 이르기까지 의지와 지능 쪽으로 영혼생활을 추적한다는 것이지요. 여기에서 여러분은 진정한 일원론을 발견합니다. 이 일원론은 오로지 정신과학에서 생겨날 수 있는 것입니다. 오늘날 무지하기 때문에 부지런히 가동되는 '단어로만 이루어진 일원론'이 아닙니다. 제가 다음과 같이 말해도 용서하기 바랍니다. "오늘날에는 다름 아니라 바로 물리학이 영양죽으로 머리를 좀 채워야 한다. 물리학은 부력이나 압력과 같은 물리적 현상을 뇌수 속에 떠 있는 두뇌의 생리적 현상과 연결할 줄 알아야 한다." 이 연관성을 알아보는 즉시 그렇게 될 수밖에 없다는 것도 알아봅니다. 왜냐하면 아르키메데스의 원리는 뇌수 속에 떠 있는 두뇌에도 역시 해당하기 때문입니다. 이제 다른 질문이 있습니다. 두뇌에서 무의식적인 의지가 작용하는 20g을 제외한 나머지에서 우리는 사실상 지능의 영역에서 살고 있습니다. 그렇다면 그로써 과연 무엇이 일어나는 것입니까? 그로써 두뇌를 도구로 이용하는 한 지능을 위해 우리가 아래로 잡아당기는 물질로부터 해방됩니다. 두뇌의 무게에서 1230g이 사라지는데, 바로 그 만큼 아래로 잡아당기는 물질이 배제되는 것입니다. 바로 그 만큼의 물질이 스스로를 폐기하는 것이라고 말할 수 있겠습니다. 그로써 우리는 두뇌를 위해 에테르체[5]가 특정 정도까지 작용할 수 있도록 하는 상태에 있는 것입니다. 에테르체가 물질의 무게로 방해받지 않기 때문에 하고 싶은 일을 할 수 있습니다. 인간 유기체의 나머지 부분에서는 물질의 무게가 에테르를 제압합니다. 그러니까 인간이 구성되어 있기를 지능에 쓸모 있는 모든 것을 위해서는 특정한 의미에서 에테르를 자유롭게 얻고, 그 외에 다른 모든 것을 위해서는 물리적인 물질에 연결된 에테르를 얻습니다. 우리 두뇌를 위해서는 에테르 유기체가 육체 유기체를 압도하고, 나머지 신체를 위해서는 육체 유기체의 구조와 힘이 에테르 유기체를 압도합니다.

12. 인간이 어떤 종류의 물리적인 압력에 노출되는 경우

---

5 『신지학_초감각적 세계 인식과 인간 규정성에 관하여』(GA9, 푸른씨앗, 2020), 『아카샤 연대기에서』(GA11, 『인간과 지구의 발달』 한국인지학출판사, 2018)에서 에테르의 종류에 대한 부분을 참조하라.

외부 세계에 대해 얻는 관계를 조금 전에 이야기했습니다. 그 경우 잠이 든다고 했습니다. 그런데 그것 말고도 다른 관계가 더 있습니다. 그중 한 가지를 오늘 미리 다루겠습니다. 우리가 눈을 떠 보니 빛으로 가득한 공간에 있다고 합시다. 이 경우에 생기는 외부 세계에 대한 관계는 어떤 물체에 부딪치거나 눌릴 때와 완전히 다릅니다. 빛에 노출되는 경우에는 의식을 잃지 않는다는 데에서 그치지 않고 오히려 그와는 반대 현상이 일어납니다. 빛이 빛으로서 작용하는 한 우리 의식은 빛에 노출된 그 상태를 통해서 외부 세계에 참여합니다. 그러니까 의식이 마비되지 않고 더 깨어난다는 말이지요. 이는 원하기만 하면 누구나 감지할 수 있는 현상입니다. 의식의 힘이 —이에 대해서는 나중에 더 상세히 이야기하겠습니다— 빛 속에서 우리에게 다가오는 것과 합일합니다. 그런데 색채도 빛 속에서, 빛에서 우리에게 다가옵니다. 빛은, 사실 우리가 본다고 절대로 말할 수 없는 어떤 것입니다. 우리는 빛의 도움으로 색채를 봅니다. 하지만 빛 사제를 본다고는 말할 수 없습니다. 왜 사람이 이른바 백광을 보는지도 역시 나중에 다루겠습니다.

13. 이제 색채로 우리에게 다가오는 모든 것을 한번 보기로 합시다. 자기磁氣가 N극과 S극으로 되어 있듯이 색채도 우리에게 양극으로 다가옵니다. 한쪽 극에는 노란색과 노란색에 가까운 색, 그러니까 주황색과 빨간색이라 불리는 모든 것이 있습니다. 다른 극에는 파란색과 파란색에 가깝다고 할 수 있는 모든 것이 있습니다. 그러니까 남색, 보라색, 그리고 거의 초록색 기미를 약간 보이는 것까지 해당합니다. 그런데 색채가 우리에게 양극으로 다가온다고 말하는 이유는 어디에 있습니까? 색채의 양극성은 자연 전체에서 가장 중대한 현상으로 취급되어야 하고, 그런 의미에서 반드시 올바르게 연구되어야 합니다. 우리가 어제 다룬 의미에서 괴테가 원초 현상이라 명명한 것으로 직접 건너가고자 한다면, 먼저 빛에서 색채인 것을 찾아야 합니다.

14. 그래서 오늘 첫 번째 실험에서는 가능한 대로 빛에서 색채인 것을 찾아보기로 합시다. 먼저 실험을 어떻게 할 것인지 설명하겠습니다. 불투명한 벽에 작은 구멍을 뚫어서 ―이 구멍은 동그란 모양이라고 합시다― 빛이 통과하도록 합니다. 그러니까 빛이 구멍을 통과해 비쳐 들도록 하는 것입니다. 빛이 들어오는 벽 건

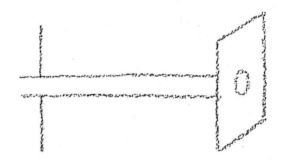

그림2-2

너편에 영사막으로 흰색 천이나 큰 종이를 걸어 둡니다. 그러면 구멍을 통과해 들어온 빛이 그 영사막에 동그란 모양으로 비칩니다. 이 실험을 하기에 제일 좋은 방법은 창의 덧문에 구멍을 뚫어서 빛이 통과하도록 하고, 건너편 벽에 영사막을 설치해서 빛을 받도록 하는 것입니다. 여기서는 그렇게 할 수 없으니 대신에 셔터를 제거한 환등기를 이용하면 됩니다. 그러면 여기에 보다시피 환등기에서 나온 빛으로 벽에 둥근 면이 생깁니다. 그러니까 이 그림에서 동그랗게 밝은 면은 환등기에서 나온 원통형 빛이 건너편에 있는 벽에 닿

아 생긴 것이라고 생각하면 됩니다. 이제 원통형 빛이
건너편 벽으로 가는 중간에 프리즘을 넣습니다. 그러
면 빛이 건너편 벽에 똑바로 가서 원을 그리지 않고,
이 직선을 벗어나 꺾여서 약간 위쪽에 원을 그립니다.
중공 프리즘을 이용하면 이 효과가 나옵니다. 중공 프
리즘은 직사각형 유리 세 장을 쐐기모양으로 결합하고
양 옆에 생긴 삼각면을 막아 통으로 만든 다음 물을 채
우면 됩니다. 환등기에서 나오는 원통형 빛 중간에 이
삼각 프리즘을 세워서 빛을 통과시킵니다. 이때 프리

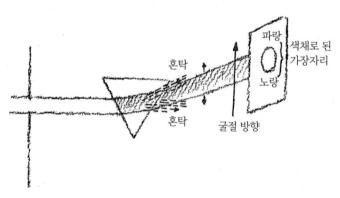

그림2-3

즘을 통과해서 벽에 와 닿는 빛을 보면, 원이 생기는 위치가 아까와 다릅니다. 아까는 여기 아래에 있었는데, 지금은 좀 다른 곳에, 그보다 조금 위쪽에 생깁니다. 그뿐 아니라 약간 이상한 것이 보입니다. 위의 가장자리가 청록색입니다. 위쪽 가장자리는 파란색조, 청록조로 보이고, 아래 가장자리는 황적조로 보입니다. 이른바 현상이라 명명하는 것, 실상이라 명명하는 것이 나타난 것이지요. 일단 이 현상을 절대 놓쳐서는 안 됩니다. 이 정황을 기록해야 한다면 다음과 같이 해야 합니다. "빛이 프리즘을 통과하면서 원래의 길을 벗어난다. 화면의 약간 위쪽에 원이 생긴다." 그런데 여러분이 이 원을 잘 보면 실은 엄밀한 의미에서 원이 아니라는 것을 발견합니다. 위쪽과 아래쪽으로 약간 길어진 모양이고, 가장자리가 위쪽은 파란색조로, 아래쪽은 노란색조로 되어 있습니다. 이 빛이 프리즘 형태로 된 물을 통과하고 나면, ─프리즘의 유리판으로 인해 생기는 변화는 도외시해도 됩니다─ 건너편 벽에 생기는 원의 가장자리에 이런 색채 현상이 일어납니다. 이제 이 원통형 빛을 훨씬 더 가늘게 만들어서 실험할 수 있습니다. 그러면 여기 아래에 훨씬 더 작은 원이 생깁니다. 이제 빛이 가는 중간에 프리즘을 넣으면 원의 위치가 바뀝니다. 여기 위에 둥근 모양이 생겼지요. 빛이 와 닿는 지점이 다시 위로 올라갔습니다. 그런데 이번에는 이 원의 거의 모든 부분이 색으로 되어 있습니다. 우리가 보고 있는 이 현상을 기록해야 한다면, 여기 위쪽으로 늘어난 곳부터 시작해서 아래쪽으로 쭉 이어지면서 보라, 파랑, 초록, 노랑, 빨강으로 보인다고 써야 합니다. 네, 이 모든 색을 정확하게 검사해 보면, 이 원은 완벽한 무지개색으로 되어 있다고 말할 수 있을 것입니다. 이제 우리는 순수하게 이 사실만 받아들이기로 합시다. 여러분께 부탁을 한 가지 하겠습니다. 광선이나 입사 수직선 등과 같은 것이 그려진 아름다운 그림을 비롯해 여러분이 학교에서 배운 모든 것을 완전히 잊어버리라는 것입니다. 그런 것은 모두 잊어버리고 오로지 이 순수한 현상에만, 이 순수한 사실에만 들러붙어 있어야 합니다. 빛에서 색채가 생성된다는 것을 보았고, 이제 다음과 같은 질문을 할 수 있습니다. "빛에서 이런 색채가 나오는 이유는 무엇일까?" 이제 제가 다시 처음에 보았던 커다란 원이 생기도록 하겠습니다. 그러면 원통형 빛이 공간을 똑바로 통과해서 건너편에 설치한 면에 밝은 원이 생깁니다. 이 빛 줄기 중간에 프리즘을 설치하면, 건너편의 화면에 원이 위쪽으로 밀려나고 그 가장자리에 색채 현상이 생깁니다.[6]

15. 이 현상과 더불어 우리는 순수한 사실 그 자체 속에 들어 있는 것입니다. 이제 다음 사항을 관찰하기 바랍니다. 조금만 주의해서 보면, 빛이 프리즘을 통과하는 동안 물속에 환하게 빛나는 원통형 빛을 볼 수 있습니다. 이것이 물로 채워진 프리즘을 통과합니다. 이것은 순수한 사실입니다. 이렇게 통과하는 과정에서 빛이 물과 서로 끼워 맞춰집니다. "원통형 빛이 물로 된 삼각 프리즘을 통과하는 동안 빛과 물이 서로 끼워 맞춰진다." 이 사실을 유의하기 바랍니다. 빛과 물이 서로 끼워 맞춰진 이 현상은 주변에 아무 영향도 미치지 않고 그냥 사라지는 것이 절대로 아닙니다. 우리는 다음과 같이 말해야 합니다. "원통형 빛이 여기를 통과하는데, —이미 말했듯이 우리는 순수한 사실 내부에 있는 것입니다— 어쩐지 이 빛에는 프리즘을 통과해 똑바로

---

6 프리즘의 형태와 작용 방식에 대한 보충으로 이 책 355~361쪽까지의 비망록을 참조하라

가려는 힘이 있는 것 같다. 그런데 프리즘으로 인해 굴절된다. 빛은 똑바로 가려고 하는데 결국 약간 위로 굴절된다. 프리즘으로 인해 이 원통형 빛의 방향이 바뀐다." 그러니까 빛을 굴절시키는 어떤 것이 프리즘에 있다고 단언해야 합니다. 원통형 빛의 굴절을 표시하려면 화살표로 이렇게 그려야 합니다.(그림2-3에서 굴절 방향) 이제 다음과 같이 말할 수 있습니다. 다시 한번 강조합니다. 순수하게 사실 내부에만 머물러야 하고 추정을 해서는 절대 안 됩니다. "이 프리즘을 통해 원통형 빛이 위쪽으로 굴절하고, 우리가 그 굴절 방향을 제시할 수 있다."

16. 이제 이 모든 것에 다음 사항을 부가하기 바랍니다. 이 역시 사실에 일치하는 것입니다. 예를 들어서 이 프리즘을 불투명한 유리로 만들거나, 아니면 어떤 식으로든 물을 불투명하게 만든다고 합시다. 빛이 불투명한 물질을 통과하도록 하는 것이지요. 그러면 그 물질을 통과한 빛은 당연히 약해집니다. 투명한 물을 통과한 빛은 명도를 그대로 유지합니다. 불투명한 물을 통과한 빛의 명도는 좀 약화됩니다. 불투명한 매체를, 불투명한 물질을 통과하는 빛이 명도가 떨어지는 것은 실

생활에서도 수없이 관찰할 수 있습니다. 이것은 일단 사실이라고 단언할 수 있는 현상입니다. 그런데 굉장히 미세한 정도라 해도 모든 물질적인 매체는 불투명합니다. 여기의 이 프리즘도 실은 약간 불투명합니다. 어떤 것이든 물질적인 매체는 빛의 명도를 조금은 떨어뜨립니다. 달리 말해서 이 프리즘 안에 있는 빛의 경우 우리는 조금 불투명해진 빛과 관계하는 것입니다. 여기에서(그림에서 프리즘의 왼쪽) 우리는 보통의 빛과 관계합니다. 여기에서는(그림에서 프리즘의 오른쪽) 매체를 뚫고 지나간 빛과 관계합니다. 그런데 이 프리즘 안에서는 물질과 빛의 공동 작용과, 즉 혼탁의 생성과 관계합니다. 일종의 혼탁이 작용한다는 것은, 여러분이 불투명한 매체를 통해서 빛을 보는 경우에도 어떤 것을 본다는 사실에서 추측할 수 있습니다. 그러니까 프리즘 안에서는 혼탁이 작용하고, 이는 지각할 수 있는 것입니다. 이 혼탁을 통해서 무엇이 생겨납니까? 우리는 이 실험에서 똑바로 나가다가 굴절되는 원통형 빛과 관계할 뿐 아니라 물질로 인해 일어나는 빛의 혼탁과 역시 관계합니다. 그러므로 다음과 같이 생각할 수 있습니다. "프리즘 오른쪽에 있는 이 공간에는 빛만 비

쳐 들지 않는다. 프리즘 안에 혼탁으로서 존재하는 것
도 빛 속에 비쳐 든다." 이 공간으로 혼탁도 비쳐 듭니
다. 그렇다면 이 혼탁이 어떤 식으로 여기에 비쳐 듭니
까? 그것은 빛이 프리즘을 통과한 다음에 이 공간으
로 확산됩니다. 그러니까 탁한 것이 밝은 것 속으로 비
쳐 드는 것이지요. 이것을 제대로 생각할 수 있기만 하
다면 다음과 같이 말할 수 있습니다. "여기에(프리즘 속
에) 혼탁이 빛나 오른다. 그리고 밝음이 위쪽으로 굴절
되면 여기의 이 혼탁도 위쪽으로 굴절된다." 그러니까
여기에 위쪽으로 굴절된 혼탁은 밝음과 같은 방향으로
굴절되는 것입니다. 위쪽으로 굴절된 밝음에 특정한
의미에서 혼탁이 뒤따라오는 것입니다. 그러니까 여기
에서는 밝음이 아무 방해 없이 확산되는 것이 아니라
는 말입니다. 이 밝음 속으로 혼탁이 뒤따라옵니다. 그
래서 이 부분에서 우리는 위쪽으로 굴절된 밝음과 그
밝음 속으로 뒤따라오는 혼탁의 공동 작용과 관계합니
다. 다만 혼탁과 밝음이 같은 방향으로 굴절됩니다. 여
기에 그 결과가 보입니다. 위쪽에는 밝음 속으로 뒤따
라온 혼탁이 비쳐 들기 때문에 어두운 색조가, 파란 색
조가 생겨납니다. 아래쪽은 어떻습니까? 물론 아래쪽

으로도 혼탁이 비쳐 듭니다. 이제 주의하기 바랍니다. 여기(위쪽)에 환하게 발산하는 빛의 한 부분이 있습니다. 여기서는 빛이 강렬하게 통과하고, 혼탁이 같은 방향으로 뒤따라갑니다. 여기에(그림으로 보아 프리즘 속에 혼탁이 생겨나는 부분) 혼탁으로서 생겨나는 것이 (프리즘 안에서 바깥으로) 확산됩니다. 이렇게 혼탁이 확산되면서 바깥으로 비칩니다. 그리고 빛은 위쪽으로 굴절되기 때문에 아래쪽으로 (혼탁만 비치는) 공간이 생깁니다. 이렇게 위로 굴절된 빛 속으로는 혼탁이 그 뒤에 따라 들어가면서 비칩니다. 여기 아래쪽에는 혼탁이 프리즘을 통과해서 아래로 가는 부분이(그림2-3에서 화살표를 아래쪽으로 표시한 혼탁) 있습니다. 그로 인해 여기(아래)에 혼탁은 밝음이 굴절되는 방향과 반대쪽으로 갑니다. 이제 다음과 같이 말할 수 있습니다. "여기 윗부분에는 밝음 속으로 따라 들어가려고 하는 혼탁이 있다. 그런데 아랫부분에 밝음은 그 굴절에 있어 혼탁과 반대되는 방향으로 작용한다." 결과적으로 여기 위쪽에는 혼탁이 밝음과 같은 쪽으로 꺾입니다. 특정한 의미에서 이 양자가 공생하면서 작용합니다. 혼탁이 이른바 기생충처럼 빛 속에 섞여 드는 것이지요. 그에 반해 여기 아래쪽의 혼탁은 밝음 속으로 반사합니다. 그런데 밝음이 혼탁을 압도합니다. 특정한 의미에서 혼탁을 억누르는 것이지요. 그래서 이 아랫부분에는 밝음이 우세합니다. 밝음과 혼탁의 전투에서 밝음이 이기는 것입니다. 밝음과 혼탁의 전투 결과, 밝음과 혼탁의 '상호 대립' 결과, '혼탁을 통과해 비치는 밝음'의 결과가 바로 아래쪽에 빨간 색조 혹은 노란 색조입니다. 이제 다음과 같이 말할 수 있습니다. "위쪽에는 혼탁이 밝음 속으로 뒤따라 들어간다. 그러면 파란 색조가 생겨난다. 아래쪽에는 밝음이 앞에 끼어드는 혼탁 혹은 어둠을 압도한다. 그러면 노란 색조가 생겨난다."

17. 이 실험에서 보았듯이, 프리즘이 한쪽으로는 완벽하게 밝은 원통형 빛을, 다른 쪽으로는 혼탁을 굴절시킵니다. 그로써 혼탁, 즉 어둠이 밝음 속으로 두 가지 다른 방식으로 섞여 듭니다. 빛과 어둠이 상호 작용하는데, 이 두 가지가 그저 회색으로 섞여 없어지는 것이 아니라, 둘 다 독립성을 지키면서 작용합니다. 단, 한쪽에서는 어둠이 특정한 의미에서 밝음 쪽으로, 달리 말해서 밝음 안에서 효력을 발하는 식으로 작용합니다. 그래도 어쨌든 어둠으로서 그렇게 합니다. 다른 쪽에서

는 어둠이 밝음에 저항하면서 독자적인 것으로 머뭅니다. 그런데 밝음에 의해 제압됩니다. 바로 여기에 밝은 색조가, 즉 노란 색조가 생성됩니다. 이렇게 여러분은 눈앞에 있는 것을 그대로 관찰하고 순수하게 사실 속에 머물면서 한쪽에는 노란 색조가, 다른 쪽에는 파란 색조가 생성되는 이유를 이해할 가능성을 얻습니다. 이와 동시에 물질로 된 프리즘이 색채의 생성에 완전히 본질적인 역할을 한다는 사실도 알아볼 수 있습니다. 바로 프리즘을 통해서 여기 위에서는 어둠이 원통형 빛과 같은 방향으로 굴절되는 반면에 아랫부분에서는 다른 쪽으로 굴절된 어둠이 밝음과 교차합니다. 다름 아니라 프리즘이 빛을 굴절시킨 쪽만 아니라 다른 쪽으로도 자체의 어둠을 발산하기 때문입니다. 그래서 아래쪽으로도 굴절이 생기고 여기 아랫부분에서는 어둠과 밝음이 위에서와 다르게 상호 작용합니다. 색채는 어둠과 밝음이 상호 작용하는 곳에서 생성됩니다.

18. 바로 이것이 오늘 제가 특히 명확하게 만들고 싶은 사항입니다. 그런데 이제 여러분이 어느 구석을 근거로 해야 이 사실을 최상으로 파악할 수 있는가 하는 질문을 한다면, 여러분의 에테르체가 근육 속에 켜질 때와

눈 속에 켜질 때의 방식이 다르다는 것을 생각해 보면 됩니다. 에테르체가 근육 속에 켜질 때는 근육의 기능과 하나로 결합됩니다. 눈의 경우에는 이와 같지 않습니다. 눈은 육체의 다른 부분에 비해 격리되어 있기 때문에 에테르체가 눈 속으로는 완전히 들어가서 켜지지 않고 상대적으로 독립된 상태에 있습니다. 그로써 에테르체 중에서 눈 속에 들어 있는 부분과 아스트랄체가 내밀하게 연결됩니다. 우리의 아스트랄체가 눈 속에서는 육체 조직의 다른 부분에 들어 있을 때와 완전히 다른 방식으로 독립성을 띱니다. 다음과 같이 한번 가정해 보십시오. 여기에 육체 조직의 한 부분이 있다고 합시다. 근육 속입니다. 여기에는 눈의 육체적 조직이 있다고 합시다. 이 양자를 설명해야 한다면, 다음과 같이 말해야 합니다. "우리의 아스트랄체는 이 양자 모두 안에 켜져 있다. 그런데 그 상태는 완전히 다르다. 근육 속에서는 아스트랄체가 육체라고 하는 공간 전체에 켜져 있다. 하지만 독립성은 없다. 여기 눈 속에도 아스트랄체가 켜져 있다. 그런데 여기에서는 독립적으로 작용한다." 아스트랄체가 이 양자 모두에서 같은 방식으로 공간을 채웁니다. 단, 눈에서는 독자성을 가지고 작용하고, 다른 조직에서는 그렇지 않습니다. 그래서 아스트랄체가 육체 속에 들어 있다고 말한다면, 절반만 말하는 것입니다. 그것이 어떤 식으로 육체 속에 들어 있는가 하는 질문을 해야 합니다. 아스트랄체는 눈 속과 근육 속에 각기 다른 방식으로 들어 있기 때문입니다. 근육과 눈 양자 모두에 들어 있기는 해도 눈 속에서는 상대적으로 독자성을 유지합니다. 바로 이 사실에서 성분들이 서로 간에 관통할 수 있으면서도 역시 독자적일 수 있다는 것을 알아봅니다. 이와 똑같이 어둠과 밝음이 회색으로 섞일 수도 있습니다. 이는 아스트랄체와 근육이 서로 합일되는 것과 같은 이치입니다. 혹은 어둠과 밝음이 서로 관통해도 각기 독자적으로 머물 수도 있습니다. 이는 눈 속에서 육체 조직과 아스트랄체가 서로 관통되는 것과 같은 이치입니다. 그러니까 회색이 나올 수도 있고 색채가 나올 수도 있는 것이지요. 밝음과 어둠이 아스트랄체와 근육처럼 서로 관통하면 회색이 나옵니다. 밝음과 어둠이 아스트랄체와 눈처럼 서로 관통하면 색채가 나옵니다. 이 경우에는 밝음과 어둠이 한 공간 속에 있기는 해도 서

로 상대적인 독자성을 지키기 때문입니다.[7]

---

7   에테르체와 아스트랄체에 관해서는 이 책 94쪽 각주5를 참조하라. 안구 내부
     의 에테르체에 대한 아스트랄체의 관계에 대해서는 『정신과학을 근거로 하는
     생리학과 치료』(GA314, 도르나흐, 1975)에서 316쪽 이하를 참조하라.

세 번째 강의

괴테의 첫 번째 프리즘 실험
가장자리 현상으로서 색채
이중 프리즘, 볼록 렌즈, 오목 렌즈
분열되는 게 아니라 원뿔 모양으로 확장하거나 수축하는 광선
물속에 있는 대상이 올라와 보이는 현상
눈의 보는 힘
눈의 조직

1. 여러분 중 다수가 어제 고찰의 절정이라 할 수 있는 부분, 그러니까 프리즘을 통해 나타나는 현상을 제대로 이해할 수 없다고 하소연했습니다. 그 문제라면 걱정하지 않아도 됩니다. 차츰차츰 이해하게 될 것입니다. 빛과 색채 현상을 더 상세히 다루어서 소화하기 아주 힘든 이 주제를 위해 ─이는 일반 물리학에서도 역시 어려운 주제입니다─ 단단한 지반이 생겨나도록 하겠습니다. 여러분도 보다시피 저는 일반적인 자연 과학 서적에서는 찾아볼 수 없는 것, 달리 말해 자연 과학의 연구 대상이 아닌 것, 특정한 의미에 이 자리에서만 다룰 수 있는 것에 대해 몇 가지를 말합니다. 일단 이렇게 고찰한 다음에 그것을 어떻게 수업에 적용할 것인가 하는 문제는 마지막 몇 시간 동안에 다루기로 하겠습니다.

2. 어제 강의에서 보여 주고자 한 것의 골자는 밝음과 혼탁이 상호 작용하는 특별한 양식입니다. 원통형 빛이

프리즘을 통과하는 것을 보면 밝음과 혼탁이 그 안에서 다른 방식으로 상호 작용합니다. 이 작용의 결과로 서로 양극적인 관계에 있는 색채 현상이 생겨납니다. 여러분은 이 약이 너무 써서 먹기 싫겠지만, 그래도 일단 삼키기 바랍니다. 이것을 이해하기 어려운 이유는, 여러분이 ㅡ물론 이해하기 어렵다고 생각하는 사람에 한해서 말하는 것입니다ㅡ 광학과 색채학을 사실상 운동학적으로 해명해 주기를 바라는 데에 있습니다. 사람들은 오늘날의 특이한 교육으로 인해 외부 자연과 관련해 많든 적든 운동학적인 표상에 집중하는 것이 습관이 되었습니다. 그러니까 숫자로 셀 수 있는 것, 공간적인 공식, 운동만 취급하는 데 익숙해져 있다는 말입니다. 우리가 하는 실험에서는 질質로 생각하도록 애를 써야 합니다. 그러면 여러분이 정말로 특정한 의미에서 "여기서 벌써 막힌다."고 말할 수 있습니다. 하지만 이는 근대 과학이 걸어온 부자연스러운 발달 과정의 탓이라 해도 무방합니다. 심지어는 여러분도 여러분의 아이들과 함께 특정 방식으로 그 과정을 거칠 것입니다. 이는 일반 학교와 발도르프학교[1] 교사 모두에게 해당하는 일입니다. 왜냐하면 오늘날의 교육에 지금 당장 건강한 표상을 들여간다는 것은 불가능하기 때문입니다. 우리는 먼저 과도기를 만들어 내야 합니다.

3. 이제 빛과 색채 현상을 위해 이 주제의 다른 끝에서 한 번 출발해 봅시다. 괴테의 주장 중에서도 논란이 굉장히 많은 것을 먼저 제시하겠습니다. 1780년대에 괴테는 빛에서 색채가 생겨나는 것에 관해, 그러니까 우리가 어제 다루기 시작한 그 현상에 관해 별별 것을 다 주장했습니다. 어떻게 괴테가 그로 인해 유명하게 되었는지 책에 실려 있습니다.[2] 괴테는 무색의 빛이 프리즘을 통과하면 쪼개진다는, 즉 분산된다는 일반 물리학의 학설을 알고 있었습니다. 물리학은 그 현상을 다음과 같이 해석했습니다. "무색의 원통형 빛을 포착한다. 그 빛 자체는 일단 무색의 그림만 보여 줄 뿐이다.

---

1   슈투트가르트 소재의 발도르프-아스토리아 담배 공장 이사장 에밀 몰트가 공장 직원과 노동자의 자녀들을 위해 1919년에 건립한 최초의 루돌프 슈타이너 학교

2   색채학에 얽힌 비화와 저자의 고백에 대한 자료, 『도입문, 주해를 단 괴테의 자연 과학 논설문』 제5권 128쪽, 이 책 22쪽 각주11을 참조하라.

원통형 빛이 나가는 중간에 프리즘을 설치하면 빨강, 주황, 노랑, 초록, 파랑, 남색, 보라색이 차례대로 나타난다." 이것이 괴테가 들은 내용입니다. 좀 더 상세한 내용으로 이 일곱 가지 색이 무색의 빛 속에 들어 있다는 말도 들었습니다. 색들이 어떤 식으로 원통형 빛 속에 들어 있는지는 상상하기 어렵지만, 어쨌든 그렇게 설명했습니다. 프리즘에 빛을 통과시키면, 프리즘은 그 빛 속에 이미 들어 있는 것을 따로따로 나누어서 부챗살처럼 펼쳐 주는 것 외에 다른 일은 하지 않는다는 것이지요. 괴테는 이 주제를 그 뿌리까지 철저히 파헤쳐 보고 싶어서 온갖 기구를 빌렸습니다. 우리가 요 며칠 동안 사실 정황이 정말로 어떤지 확인하기 위해 온갖 실험을 하고 있는 것처럼 말입니다. 당시 괴테는 바이마르에 살고 있었는데 예나에 살던 고위 관료 뷔트너[3]한테 실험 기구를 빌려오기까지 했습니다. 그런데 이런저런 일로 몹시 바빴기 때문에 시간이 나면 실험을 해야겠다고 생각만 했습니다. 그렇게 실험을 못한 채 기구가 집구석에서 박혀 있기만 했는데, 어느 날 뷔

---

3   크리스티안 빌헬름 뷔트너Christian Wilhelm Büttner(1716~1801)_ 독일 자연연구가, 화학자. 괴팅엔 대학교 철학과에서 자연사와 화학을 가르쳤다.

트너가 그것을 돌려 달라는 것 아닙니까. 괴테는 어쩔 수 없이 기구를 싸야 했습니다. 가끔은 우리도 그런 경우가 있지 않습니까? 어떤 일을 하려고 마음은 먹었어도 시간이 허락하지 않아서 못 하는 경우 말입니다. 그렇게 실험 기구를 싸다가 프리즘을 보면서 생각했습니다. "이 프리즘이 빛을 쪼갠다는 말이지. 그렇다면 이것으로 벽을 한번 보아야겠다." 그렇게 프리즘을 통해 벽을 보면서 아름답게 일곱 가지 색으로 나뉜 빛이 보이기를 기대했습니다. 그런데 그렇게 보이지 않았습니다. 어떤 식이든 가장자리가 있는 곳에만, 즉 거무죽죽한 얼룩이 있는 곳에만 색깔 같은 것이 조금 보였습니다. 프리즘으로 벽을 보니 거무죽죽한 얼룩이 깨끗하게 하얀 부분과 만나는 곳에만 색채가 보이고, 얼룩 없이 깨끗한 벽에는 아무것도 보이지 않았습니다. 얼룩이 혼탁으로 작용한 것이지요. 괴테는 기대하지 않은 이 현상으로 당혹해했습니다. 물리학이 말하는 온갖 이론이 생각나면서 미칠 것 같았습니다. 이대로 실험 기구를 돌려줄 수는 없었습니다. 괴테는 그때부터 빛과 색채에 관해 집중적으로 연구하기 시작했습니다. 그리고 이 주제가 보통 알려진 것과 완전히 다르다는 결론을 내렸습니다. 어떤 방의 공간에 빛을 통과시키면, 빛이 들어오는 건너편 화면에 무색의 원이 생깁니다. 이렇게 공간을 통과하는 빛줄기의 중간에 프리즘을 설치하면, 빛이 굴절됩니다.(97, 98쪽 그림2-2, 2-3 참조) 그런데 잘 보면 일곱 가지 색깔이 나란히 생기지 않습니다. 아래쪽의 가장자리에 노란색으로 건너가는 붉은 색조가 보이고, 위쪽의 가장자리에는 초록색으로 건너가는 파란 색조가 보입니다. 원의 중간은 하얗게 남아 있습니다.

4. 그래서 괴테가 무슨 말을 했겠습니까? 다음과 같이 말했습니다. "아, 빛에서 어떤 것이 갈라져 나오는 게 아니구나! 중점은 내가 실제로 그림을 모사한다는 것이다. 그 그림은 여기 단면의 모사일 뿐이다. 단면은 가장자리가 있고, 색채는 빛에서 끄집어내져서, 달리 말해 빛이 분산되어서 나타나는 게 아니다. 내가 그림을 만들어 내고 그림은 가장자리가 있으니 밝음과 어둠이 만나는 가장자리에 —여기 빛의 원 외부는 어둡고 내부는 밝지 않습니까?— 색채가 나타난다." 어쨌든 색채는 가장자리 현상으로만 드러납니다. 그리고 우리가 색채를 가장자리 현상으로 볼 때 근본적으로 자연 그

대로의 색채 현상을 얻습니다. 어제 보았듯이 벽에 생기는 원을 더 작게 만들어서 색들이 연속적으로 나타나는 그림은 자연 그대로의 색채 현상이 아닙니다. 일곱 가지 색이 연속되는 그림은, 빛이 화면에 닿아 생기는 원을 작게 만들면 가장자리에 있던 색채가 중앙으로 밀려들어서 생겨나는 것일 뿐입니다. 반면에 원이 큰 경우에는 가장자리 색채가 가장자리 색채로 머무는 것이지요. 색들이 중앙에서 서로 만나서 이어지고, 그로써 스펙트럼이라 불리는 것이 됩니다. 그러니까 자연 그대로의 현상은 밝음과 어둠이 서로 뒤섞이는 가장자리에서 색채가 생겨날 때를 말합니다.

5. 보다시피 어떤 것을 연구하면서 사실에 이론을 섞어서는 안 됩니다. 사실을 순수한 사실로 남겨 두는 것은 굉장히 중요합니다. 이제 다시 화면에 생긴 그림을 보면, 색채만 나타나지 않습니다. 빛줄기 전체가 약간 밀리는 현상도 보입니다. 빛줄기가 한쪽으로 꺾이는 것이지요. 이 굴절 현상을 대략 도식적으로 추적해 보고 싶다면, 다음과 같은 방식으로도 할 수 있습니다.

6. 프리즘을 한 개가 아니라 두 개를 함께 연결한다고 가정합시다. 어제 실험에서는 프리즘을 역삼각형으로 이

용했습니다. 이번에는 그 역삼각형 위에 다른 프리즘을 똑바르게 삼각형으로 올려서 마름모꼴을 만듭니다. 프리즘의 한 모서리가 각기 반대 방향을 향하도록 하는 것이지요. 빛이 이 이중 프리즘을 통과하도록 하면 어제 실험에서 본 것과 비슷한 것이 나옵니다. 빛의 굴절 현상이 나타납니다. 빛줄기가 위의 프리즘에서는 아래로, 아래 프리즘에서는 위로 굴절됩니다. 지금 프리즘이 한 개 더 있다면 볼 수 있을 것인데, 빛이 이중 프리즘을 통과하면 점점 길고 가느다랗게 되면서 동시에 점점 더 흐리고 어두워집니다. 이 빛을 받는 화면의 거리가 멀어질수록 원이 작아지고 흐려집니다. 왜냐하면 위와 아래로 꺾인 빛이 거리가 멀어질수록 서로 뒤섞이기 때문입니다. 화면을 이중 프리즘 쪽으로 가까이 옮기면 원이 좀 더 커지고 분명해집니다. 달리 말해서 이중 프리즘을 이용하는 경우 이런 그림이 나올 가능성이 있는 일정 거리가 있다는 것이지요. 이 모든 것은 사실의 내부에 있습니다. 이 사실에서 이중 프리즘을 이용해서 빛을 조종할 수 있다는 것을 알 수 있습니다. 화면에 생긴 그림을 보면, 가장자리가 붉은 색조입니다. 정확하게 말해서 위와 아래쪽 가장자리는 빨간

색이고, 중간은 보라색입니다. 프리즘을 한 개만 쓰면 붉은 색조에서 보라색까지 펼쳐진 그림이 나오는 대신에 이중 프리즘을 쓰면 가장자리가 빨간색이고 중간은 보라색입니다. 그리고 이 두 색의 사이에 다른 색들이 있습니다. 이중 프리즘으로 이런 그림이 생겨나게 할 수 있습니다. 프리즘과 화면 사이에 특정 간격을 유지하면, 가장자리와 중앙에 특정 색채 두 가지가 있고 그 두 가지 색채 사이에 다른 색들이 있는 현상이 나타납니다.

7. 이제 제가 이 화면을 들고 오락가락해서 이런 그림이 나타날 수 있을 만큼 넓은 거리가 되지 않도록 할 수 있습니다. 그런데 여러분도 짐작하겠지만, 프리즘을 바꿀 때만 이런 그림이 나타날 가능성이 있습니다. 왜냐하면 프리즘의 각도에 따라 그림이 나타나는 위치가 다르기 때문입니다. 프리즘의 각도가 작다면 화면까지 거리가 좁아야 하겠지요. 이제 제가 평면이 아니라 곡면 프리즘을 이용해서 주제 전체를 다른 것으로 만들 수 있습니다. 곡면 프리즘을 이용하면 평면 프리즘으로 연구하기 굉장히 어려운 것이 근본적으로 단순화됩니다. 다음과 같이 실험할 수 있습니다. 먼저 원통형 빛

이 가는 중간에 볼록 렌즈를 설치합니다. 볼록 렌즈는 사실 이중으로 된 프리즘일 뿐입니다. 볼록 렌즈에 빛을 통과시키면 (그림3-1 아래) 보통 프리즘을 이용했을 때보다 훨씬 더 작은 그림이 화면에 생깁니다. 무슨 일이 일어난 것입니까? 원통형 빛 자체가 수축된 것입니다. 오그라든 것이지요. 볼록 렌즈라 하는 유리 물체 속의 물질적인 것과 공간을 통과하는 빛 사이에 일어나는 상호 작용으로서는 새로운 종류입니다. 볼록 렌즈가 빛의 원통을 수축시키는 식으로 작용하는 것이지요.

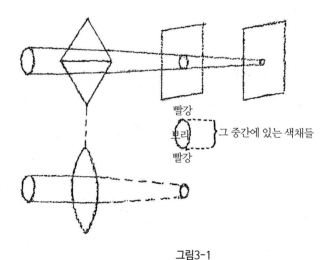

그림3-1

8. 주제 전체를 한번 도식적으로 그려 보기로 합시다. 여기에 단면으로 그린 원통형 빛이 있습니다. 이 빛이 볼록 렌즈를 통과하도록 만듭니다. 볼록 렌즈 대신에 평면 유리나 그런 유리로 된 직육면체에 물을 담아서 설치하면, 빛 원통이 그냥 똑바로 통과해서 건너편 화면에 아무 변화가 없는 그림이 생깁니다. 볼록 렌즈를 이용하면 그렇지 않습니다. 이 경우 화면의 그림은 원통형 빛 자체보다 크기가 작습니다. 빛 원통이 수축됩니다.

9. 또 다른 식으로 실험을 할 수 있습니다. 이중 프리즘을 이용하는데, 조금 전에 그린 것과 같은 종류가 아닙니다. 단면으로 그리자면, 아래에는 꼭지점을 위로 한 프리즘이 있고, 위의 프리즘은 꼭지점을 아래로 해서 아래 프리즘의 꼭지점에 닿도록 합니다.(그림3-2 참조) 이런 프리즘을 이용하면, 앞에 설명한 것과 똑같은 이치인데 화면에 생기는 원이 더 클 뿐입니다. 이 역시 특정 거리에서만 가능한 현상입니다. 화면을 앞뒤로 이동시키면 ―많든 적든 그 차이는 있겠지만 대체로 불분명한― 그림이 나옵니다. 이 경우에는 위쪽과 아래쪽 가장자리에 보라 색조와 파란 색조가 있고, 중앙에 빨간 색조가 있습니다. 앞에 것(그림3-1)과 반대지요.

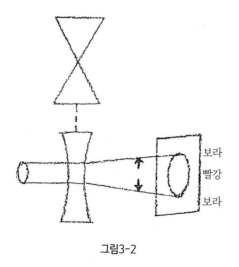

그림3-2

이 두 가지 색조 사이에 다른 색들이 이어집니다.

10. 이 이중 프리즘의 자리에 다음과 같은 단면의 렌즈를 설치할 수 있습니다. 단면을 보면 아까 그린 렌즈는 중간 부분이 두껍고 가장자리가 얇아지는 반면에 이 렌즈는 중간 부분이 얇고 가장자리는 두껍습니다. 앞에 것은 볼록 렌즈이고 이것은 오목 렌즈인 것이지요.(그림3-1과 3-2 아래 형태) 이 오목 렌즈를 이용해도 역시 화면에 그림이 생깁니다. 그런데 평면 유리를 이용했을 때에 비해 더 큰 원이 생깁니다. 원이 커지기 때문에

가장자리에서 중앙으로 가는 색채 단계도 역시 커집니다. 이 현상에 따라 다음과 같이 말해야 합니다. "원통형 빛이 바깥쪽으로 확장되었다. 본질적으로 바깥쪽으로 밀려났다." 이것이 우리 눈앞에 있는 그대로의 사실입니다.

11. 이제 이 현상에서 무엇을 알아볼 수 있습니까? 투명한 물질인 렌즈나 프리즘으로 일단 우리에게 주어진 것과 빛을 통해서 현상으로 생겨나는 것 사이에 하나의 관계가 지배하고 있다는 것을 봅니다. 그리고 이 상호 작용에 특정 양식이 있다는 것도 봅니다. 여기에 가장자리는 두껍고 가운데가 얇아지는 오목 렌즈가 있습니다. 이 렌즈를 이용한 실험을 통해 나오는 것에서 출발하면, 우리는 다음과 같이 말하는 수밖에 없습니다. "원통형 빛 전체가 확장되었다. 오목 렌즈를 통해 빛의 원통이 넓어졌다." 어떻게 해서 이 빛의 원통이 확장되는지도 역시 알 수 있습니다. 빛이 통과하는 물질이 여기 가운데 부분이 얇고 가장자리는 두꺼운 경우 확장 현상이 일어납니다. 빛이 두꺼운 가장자리에서는 더 많은 물질을 통과해야 하는 반면에 얇은 중간 부분에서는 적은 양의 물질만 통과합니다. 그렇다면 빛 자

체에 무엇이 일어납니까? 이미 말했듯이 빛이 확장됩니다. 바깥으로 밀려납니다. 그림에서 화살표 방향으로 밀려나는 것이지요. 어떻게 해서 이렇게 바깥으로 밀려납니까? 렌즈의 가운데 부분에서는 적은 양의 물질을 통과해야 하고 가장자리에서는 많은 양의 물질을 통과해야 하기 때문입니다. 그 외에 다른 이유는 없습니다. 이 상태를 한번 숙고해 보십시오. 빛이 렌즈 가운데 부분에서는 적은 양의 물질을 통과합니다. 달리 말해 통과하기가 쉽다는 것이지요. 그래서 통과한 후에도 아직 힘이 많이 남아 있습니다. 가장자리의 두꺼운 부분을 통과할 때에 비해 적은 양의 물질을 통과하기 때문에 통과한 후에 힘이 많이 남아 있는 것이지요. 그렇게 많이 남아 있는 힘이 원통형 빛을 바깥으로 확 밀쳐 내 확장합니다. 이것은 보이는 그대로의 사실에서 읽어 낼 수 있습니다. 여기에서 중점이 무엇인지 분명히 하기 바랍니다. 여기에서 중점은 방법을 올바르게 취급하는가, 사고를 올바르게 실행하는가 하는 것입니다. 빛을 통해 나타나는 것을 선으로 그린다면, 이는 사실상 빛과 아무 관계도 없는 것을 더해서 그려 넣는 것입니다. 이 점을 분명히 하기 바랍니다. 제가 여기에

선으로 그림을 그렸습니다. 그런데 이것은 원통형 빛의 경계일 뿐입니다. 이 빛 원통은 여기에 뚫린 구멍을 통해 생겨났습니다. 그러니까 저는 빛과 관계하는 것은 전혀 그리지 않습니다. 빛이 이 구멍을 통해 들어오기 때문에 일어나는 것을 그릴 뿐입니다. 그리고 제가 빛이 이 방향으로 움직인다고 말하는데, 이 또한 빛 자체와는 아무 관계가 없습니다. 왜냐하면 빛이 들어오는 위치를 위쪽으로 변경해서 거기에 난 구멍을 통해서 빛이 들어오면, 그렇게 들어오는 빛의 방향에 따라 화살표로 표시할 수밖에 없기 때문입니다. 우리가 실험에서 그리는 이 모든 것은 빛 자체와 아무 관계가 없습니다. 빛이라고 하면서 선으로 그리는 그림에 사람들이 습관이 들었고, 그로 인해 차츰차츰 광선에 관해 말하는 상태에 이르렀습니다. 하지만 우리는 어디에서도 광선과 관계하지 않습니다. 우리는 구멍을 통과한 원뿔 꼴의 빛과 관계합니다. 이 구멍은 실험실에서 빛을 통과시키기 위해 고안된 것입니다. 그러니까 원뿔 모양으로 확산되는 빛에 관한 문제라 다음과 같이 말해야 합니다. "(오목 렌즈를 통과한) 빛이 확장되는 것은 (오목 렌즈의) 두꺼운 가장자리에 비해 얇은 중간 부분을 쉽게 통과한다는 것과 틀림없이 어떤 관계가 있다. 원통형 빛이 확산되는 것은 어떻든 간에 중간의 그 길이 쉽다는 것과 관계할 수밖에 없다. 오목 렌즈 중간 부분은 얇기 때문에 빛이 쉽게 통과하면서 힘을 덜 쓰고, 가장자리의 두꺼운 부분을 통과할 때는 힘을 더 써야 한다. 그래서 중간 부분을 통과해서 아직 힘이 남아 있는 빛이 가장자리를 통과해서 약해진 빛을 바깥으로 밀쳐 내서 빛이 원뿔 모양으로 확산되는 것이다." 바로 이것을 이 실험에서 읽어 낼 수 있습니다.

12. 보다시피 실은 그림에 관한 문제일 뿐입니다. 그런데 물리학에서는 광선 등 온갖 가능한 것에 대해 이야기합니다. 광선이라 불리는 것이 이 영역에서 다름 아니라 바로 물질주의적 사고를 위한 토대가 되었습니다. 조금 전에 설명한 것을 좀 더 선명하게 하기 위해 약간 다른 것을 고찰하겠습니다. 바닥이 평평한 대야에 물 같은 액체가 들어 있고 대야 바닥에는 동전이나 그런 종류의 납작한 물건이 들어 있다고 가정합시다. 여기에 대야 속을 들여다보는 눈을 그리겠습니다. 이렇게 누가 들여다본다고 가정을 하고 갖가지 실험을 할 수 있습니다. 일단 물이 없는 상태에서 대야에 있는 물건

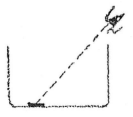

그림3-3

을 본다고 합시다. 그러면 이 방향으로 보겠지요. 여기에서 사실 정황은 무엇입니까? 대야 바닥에 있는 물건을 본다는 것이지요. 일정한 방향에서 이 대상을 본다는 것이 사실 정황입니다. 그런데 이제 이 물건에서 빛이 반사된다고 가정하고 그것을 그리겠습니다. 반사된 빛 때문에 눈이 부시고, 그러면 그 물건이 무엇인가 하고 별별 상상을 다 하겠지요. 이번에는 대야에 물이나 어떤 액체를 가득 부어 넣습니다. 이제 굉장히 특이한 현상이 일어납니다. 조금 전에 물이 없는 상태에서 물건을 보았던 바로 그 방향에 시선을 맞추면서 그것이 거기에 보일 것이라고 기대합니다. 그런데 그것은 거기에 보이지 않습니다. 정말로 기이한 현상이 일어납니다. 물건이 조금 위쪽으로 올라와 보입니다. 마치 대

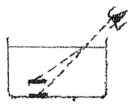

그림3-4

야의 바닥 전체와 함께 위로 올라온 것처럼 보입니다.[4]
이 현상을 어떻게 확립할 것인지, 그러니까 어떻게 측
정할수 있는지, 그에 대해서는 나중에 더 이야기하겠
습니다. 지금은 원리적인 것만 먼저 말하겠습니다. 있
는 그대로 순수한 사실 정황에 따라 답을 찾겠다고 가
정하고, 도대체 이 현상은 어디에서 기인하는가 하는
질문을 해 봅니다. 대야에 물을 담은 후에 그 안에 있
는 물건을 보면서 물이 담기지 않은 상태에서 보았던
그 방향에 물건이 있을 것이라고 기대합니다. 이제 시

---

4   보통 학계에서 이용하는 그림과 다른 모양인데, 이 책 357쪽의 비망록을 보면
     실제로 흑판에 이렇게 그렸다는 것을 확인할 수 있다. 비망록에는 흥미롭게도
     두 가지 그림이 있다. 첫 번째 그림은 보통 이용하는 그림이고, 그 아래에 물건
     이 떠 보이는 두 번째 그림이 있다. 이 그림은 우물 같은 곳에 비스듬히 넣어진
     막대를 연상시킨다.

선을 그쪽으로 향한다고 합시다. 그런데 물건은 그 방향이 아니라 다른 방향에서 보입니다. 네, 대야에 물이 들어 있지 않을 때는 바닥까지 똑바로 바라볼 수 있습니다. 눈과 바닥 사이의 공간에는 공기만 있습니다. 물이 담긴 대야를 볼 때는 그렇지 않습니다. 내 시선이 물의 표면에 닿습니다. 물은 공기처럼 쉽게 내 시력을 통과시키지 않습니다. 내 시력에 크게 저항합니다. 그래서 내가 그 저항에 물러나야 합니다. 여기에서(물의 표면에서) 생기는 강한 저항에 내가 물러나야 합니다. 이 퇴각이, 내가 아까처럼 바닥까지 보지 못하고 바닥 전체가 위로 올라온 것처럼 보는 것으로 표현됩니다. 공기를 통과해서 볼 때보다 물을 통과해서 보기가 특정 의미에서 더 힘듭니다. 달리 말해 공기의 저항에 비해 물의 저항은 극복하기 어렵다는 것이지요. 그래서 내가 힘을 단축하는 수밖에 없습니다. 나 스스로 대상을 위로 끌어올립니다. 내가 강한 저항을 만나기 때문에 힘을 단축하는 것입니다. 내가 이 대야에 공기보다 희박한 가스를 채울 수 있다면, 바닥의 물건이 아래로 내려간 것처럼 보일 것입니다. 저항이 적어져서 내가 물건을 아래로 밀어 내리기 때문입니다.(그림3-5) 물리

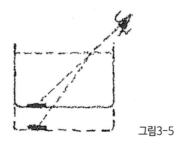

그림3-5

학자는 이런 사실 정황은 확인하지 않고 다음과 같이 말합니다. "이제 잘 보면 여기 수면에 광선이 떨어진다. 여기에서 저밀도의 매체와 고밀도의 매체 사이에 전환이 일어나기 때문에 광선이 입사 수직선에서 분산된다. 그래서 물건이 여기에 보인다." 이에 그치지 않고 정말 말도 안 되는 기이한 것을 주장합니다. "광선을 통해서 그 소식을 전해 받은 눈이 이제 시선의 길이를 늘여서 물건에 투영해 원래 자리에 위치시킨다." 별의별 개념을 다 고안해 냅니다. 눈이 어떤 것을 주시할 때의 힘이 고밀도의 물질을 통과해야 할 때 만나는 저항은 전혀 고려하지 않습니다. 특정한 의미에서 모든 것을 간과하고 싶어 합니다. 모든 것이 빛 때문이라고 합니다. 프리즘으로 실험할 때처럼 말입니다. "오, 일곱 가지 색채가 빛 속에 들어 있다! 프리즘은 이 색이 병정처럼 나란히 줄을 맞춰 도열하도록 할 뿐 사실 아무것도 하지 않는다. 빛 속에 일곱 가지 색이 버릇없는 애들처럼 제멋대로 뒹굴고 있는데, 프리즘이 그 녀석들을 바깥으로 끌어내서 똑바로 세울 뿐이다. 프리즘은 그것 외에 다른 일은 전혀 하지 않는다." 우리는 다른 것을 보았습니다. 다름 아니라 이 흐릿한 쐐기 모양의 프리즘 안에서 일어나는 것이 색채를 야기한다는 것을 보았습니다. 색채 자체는 빛 자체와 아무 관계도 없습니다. 그리고 여기 대야의 바닥에 있는 물건을 볼 때도 마찬가지입니다. 우리가 어떤 것을 볼 때 능동적인 행위를 한다는 것을 명심해야 합니다. 우리는 사물에 능동적으로 시선을 맞춥니다. 대야에 물이 들어 있으면 우리는 공기에 비해 더 강한 저항을 만납니다. 그 때문에 우리는 어쩔 수 없이 시선을 단축합니다. 이런 반면에 물리학자는 빛이 수면에 떨어지면 분산된다는 둥, 별별 것을 다 둘러댑니다. 이것이 전부가 아닙니다. 제일 멋진 것은 이제서야 나옵니다! 오늘날의 물리학자가 하는 말을 한번 들어 보십시오. "거기에서 일단 분산된 빛이 눈에 와 닿는다. 그러면 눈이 그 그림을 외부로 투영한다." 눈이 투영한다니, 이게 도대체 무슨 말입니까? 결국 마지막에는 눈이 투영한다고 말합니다. 물리학은 직접적으로 주어진 사실 정황의 자리에, 달리 말해 밀도가 높은 물이 눈의 시력에 저항한다는 사실의 자리에 이 모든 실재를 떠난 표상을, 운동학적인 표상을, 순수한 환상을 집어넣습니다. 바로 이런 점에서 어떻게 모든 것이 바로 물리학에서 추상화되는지, 어떻게 모든 것이 운동학으로 만들어지는지, 얼마나 질적인 것으로 들어가려 하지 않는지를 가장 분명하게 알아볼 수 있습니다. 한편으로는 눈에서 모든 능동성을 제거합니다. 다른 한편으로는 눈이 자극으로 받은 것을 다시 외부로 투영한다고 합니다. 정말로 필요한 것은, 아예 처음부터 눈의 능동성에서 출발하는 것입니다. 눈은 능동적인 유기체라 하는 사실을 분명히 한 다음에 시작하는 것입니다.

13. 여기에 눈의 모형이 있습니다. 오늘은 일단 이 모형으로 눈의 본질을 좀 알아보도록 합시다. 인간의 눈은 앞뒤로 조금 눌려 있을 뿐 사실은 일종의 구입니다. 두개골의 안와眼窩 속에 박혀 있고, 눈알은 몇 겹의 피부로 싸여 있습니다. 눈을 단면으로 그리자면 다음과 같습니

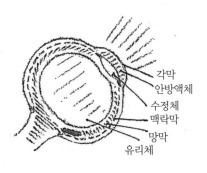

각막
안방액체
수정체
맥락막
망막
유리체

그림3-6

다. 오른쪽 눈을 그리겠습니다. 안구를 두개골에서 적
출했을 때 제일 먼저 보게 되는 외피는 결합 조직과 지
방질입니다. 그 다음에 사실상 눈을 감싸고 있는 공막
과 각막이 있습니다. 안구를 싸고 있는 가장 겉껍질에
해당하는 각막과 공막은 힘줄이나 연골처럼 질깁니다.
뼈처럼 단단한 각막은 앞쪽으로 투명해서 빛이 눈으로
들어올 수 있습니다.(눈 앞에 선을 긋는다) 눈의 내부 공
간을 둘러싸고 있는 두 번째 표피는 이른바 맥락막입
니다. 공막 바로 아래에 있고, 혈관이 들어 있습니다.
세 번째로 가장 안에 있는 망막은 두개골 쪽으로 가서
시신경에 이어집니다. 그러니까 여기에 망막이 있고,
시신경과 연결되어 안쪽으로 갑니다. 이것들이 눈을

둘러싸고 있는 세 가지 표피입니다. 이제 각막이 있는 부분을 좀 더 자세히 보기로 합시다. 각막의 후방에 바로 연결되어 있는 섬모체근 속에 일종의 렌즈가 박혀 있습니다. 이것을 수정체라 부릅니다. 섬모체근이라 불리는 근육이 이 수정체를 어느 정도 고정시키는 것이지요. 여기 앞에 있는 투명한 각막과 수정체 사이의 안방眼房에는 물 같은 액체가 들어 있습니다. 그래서 빛이 눈 속으로 침투하는 것을 보면, 일단 투명한 각막을 거치고, 물 같은 액체를 거치고, 그 다음에 근육으로 고정되어 어느 정도 유동적인 수정체를 거칩니다. 그런데 이게 다가 아닙니다. 수정체를 거친 빛이 이제 눈의 내부 공간을 가득 채우는, 보통 유리체라 불리는 것으로 침투합니다. 빛이 투명한 각막, 액체, 수정체, 유리체를 거친 다음 두뇌로 이어지는 시신경의 한 가지에 해당하는 망막에 닿습니다. 이 그림이 두개골의 안와 속에 들어앉아 있는 눈의 구조를 도식적으로 보여 줍니다. 우선 원리를 주시하기 위해서 그림으로 그려 봤습니다. 그런데 눈에는 기이한 것이 굉장히 많이 있습니다. 먼저 각막과 수정체 사이에 있는 액체를 봅시다. 빛이 통과하는 이 액체 성분은 실제로 외부 세계

에 있는 액체와 거의 동일합니다. 각막과 수정체 사이
에 액체가 있는 부분에서 인간은 그 신체성만 보자면
특정한 의미에서 외부 세계의 한 부분과 같습니다. 눈
의 가장자리에 위치한 이 액체는 우리가 마시는 물과
별 차이가 없습니다. 이뿐만 아니라 눈 속에 있는 렌즈,
이 수정체 역시 대상물 같은 어떤 것입니다. 완전히 무
생물 같은 어떤 것입니다. 이에 반해 눈의 내부 공간을
채우고 망막과 닿아 있는 유리체로 들어가 보면, 이것
은 외부의 액체나 물건과 비슷하다고 말하는 식으로
는 고찰할 수 없습니다. 유리체 속에는 적어도 활기가
있습니다. 그 속에는 생명이 있습니다. 그래서 우리가
눈 속으로 더 깊이 들어갈수록 점점 더 많이 생명을 파
고들게 됩니다. 눈의 바깥쪽 가장자리에는 외부의 물
질과 거의 유사한 액체가 있습니다. 수정체 역시 거의
외적인 것입니다. 그에 반해 유리체의 경우 우리는 이
미 활기가 있는 형상 안에 있는 것입니다. 눈의 바깥쪽
에 있는 것과 눈 속에 들어 있는 것 사이의 차이를 다
른 것에서도 알아볼 수 있습니다. 이것은 오늘날의 자
연 과학으로도 연구할 수 있습니다. 눈의 발달 과정을
하등 동물부터 비교, 추적해 보면, 액체가 들어 있는 안

방과 수정체는 안쪽에서 자라나온 것이 아니라 그 주변의 세포가 자라나서 더해지는 식으로 생겨난 것입니다. 그러니까 수정체와 안방의 액체를 유지하는 근육 조직은 안쪽에서 자라나지 않고 바로 옆에 인접한 기관에서 자라난다고 생각해야 하는 것이지요. 그와 동시에 안에서는 유리체가 바깥쪽으로 자라나옵니다. 실로 기이한 일이지요. 눈 바깥쪽에는 외적인 빛이라 하는 자연이 작용해서 이 액체와 수정체를 생성시키는 변화 과정을 야기합니다. 이에 반응해서 눈 자체가 살아 있는 것, 활기가 있는 것, 즉 유리체를 안에서 바깥으로 밀어냅니다. 외부에서 자극된 형성과 내부에서 자극된 형성이 바로 눈에서 굉장히 기이한 방식으로 만납니다. 이것이 눈의 특이한 사항 중 두 번째입니다.

14. 이 외에도 기이한 것이 또 있습니다. 눈의 세 번째 특이 사항은 유리체를 둘러싸고 있는 망막이 실은 시신경이라는 것에서 기인합니다. 무슨 말인고 하니, ─내일 이 사실을 증명하는 실험을 할 것인데,─ 시신경이 안와 속으로 들어오는 바로 그 지점에서 기이하게도 눈이 둔감하다는 것입니다. 이 지점에서 눈은 장님이나 마찬가지입니다. 시신경이 두뇌 쪽에서 안와로 들

어와 넓게 퍼지면서 망막이 되는데, 그중에서 한 지점이, 정확히 말해 오른쪽 눈의 경우에는 시신경이 나오는 곳에서 약간 오른쪽에 있는 지점이 가장 예민합니다. 보통 우리는 시신경이 빛을 감지한다고 말하지 않습니까? 그런데 시신경이 눈 속으로 들어오는 바로 그곳에서는 빛을 감지하지 못합니다. 빛을 감지하는 것은 시신경이라고 정말로 믿는다면, 그 시신경이 눈 속으로 막 들어오는 그 부분에서 가장 예민하게 빛을 감지해야 하는 것 아닙니까? 그런데 그렇지 않습니다. 이것이 눈에 관해 일단 기억해야 할 사항입니다.

15. 실제로 눈의 구조는 자연의 지혜 중에서도 최고도의 것으로 가득 차 있습니다. 그것을 다음 사실에서 알아볼 수 있습니다. 여러분이 낮에 주변에 있는 것들을 둘러본다고 합시다. 여러분의 눈이 건강하기만 하다면 많든 적든 차이가 있기는 해도 사물들이 선명하게 보입니다. 더 정확히 말해 공간에서 방향을 잡기에 적당할 만큼 선명하게 보입니다. 그런데 아침에 막 깨어나서 둘러보면 어떤 때는 사물의 가장자리가 좀 불분명하게 보이기도 합니다. 사물의 가장자리에 안개가 낀 것처럼 흐릿하게 보입니다. 예를 들어서 둥근 모양이

있다고 하면, 그 주변에 좀 불분명한 어떤 것이 보입니다. 아침에 막 깨어났을 때 그렇다는 것이지요. 이 현상은 어디에서 기인합니까? 바로 우리 눈에 들어 있는 세 가지 때문입니다. 먼저 유리체가 있습니다. 그냥 두 가지만 고려해도 되겠습니다. 유리체와 수정체가 있습니다. 앞에서 이야기했듯이 이 두 가지의 생성 근원은 완전히 다릅니다. 수정체는 좀 더 외부로부터 형성되었고 유리체는 좀 더 안으로부터 형성되었습니다. 수정체는 생기가 거의 없는 편이고, 유리체는 생기로 관통되어 있습니다. 우리가 아침에 깨어나는 그 순간에는 이 두 가지가 제대로 조화를 이루지 못합니다. 유리체와 수정체가 저마다 할 수 있는 대로 사물을 모사하려고 합니다. 우리는 이 양자가 서로 조율될 때까지 좀 기다려야 합니다. 이 사실에서 여러분은 인간의 유기적인 면이 내적으로 어떻게 움직이는지, 어떻게 작용하는지 알아볼 수 있습니다. 인간 유기체는 일단 유리체와 수정체 각기의 안에서 분리된 상태에서 활동하고 그 다음에 그 분리된 상태를 결합하는 활동을 합니다. 이렇게 분리되었다가 다시 결합되는 과정에서 유리체와 수정체가 서로 적응해야 하는 것이지요.

16. 어떻게 원색의 세계가 눈과 외부 세계의 상호 관계에서 나오는지 차츰차츰 규명해 나갈 것입니다. 그리고 지금까지 말한 사실들은 바로 그렇게 하기 위한 근거가 될 것입니다. 이 목표를 위해, 특히 내일 눈과 외부 세계의 관계에 대한 고찰을 이어 가기 위해 오늘 한 가지 실험을 먼저 하겠습니다.

17. 여기에 색을 칠한 원판이 있습니다. 제가 보라, 남색, 파랑, 초록, 노랑, 주황, 빨강, 그러니까 조금 전에 본 무지개색으로 칠했습니다. ─가능한 한 잘 그리려고 노력했습니다─ 지금 이 원판에 일곱 가지 색이 보입니다. 이제 이것을 천천히 회전시키겠습니다. 좀 움직이기는 해도 아직은 일곱 가지 색이 보이지요. 조금 더 빨리 돌려도 색들이 다 보입니다. 이번에는 훨씬 더 빠르게 회전시키겠습니다. 원판이 이렇게 빠르게 회전하니까 무엇이 보입니까? 저는 단일한 회색조라 생각하는데, 그렇지 않습니까? 다른 색이 보입니까? (청중 중에 누군가가 "보라색", "빨강색"이라고 말한다) 네, 그렇게 보이는 이유는, 다른 색에 비해 빨간 색조가 워낙 강렬하기 때문입니다. 제가 가능한 한 빠르게 돌리기는 했는데 충분히 빠르지 않았습니다. 실험 조건이 맞아서

정말로 고속으로 돌리면 실제로 회색조만 보입니다. 그렇다면 왜 일곱 가지 색이 단순한 회색조로 나타나는가 하고 질문을 해야겠지요. 바로 이 질문에 대한 답을 내일 찾아보겠습니다. 오늘은 물리학자가 하는 대답만 보기로 합시다. 괴테 시대뿐 아니라 오늘날에도 물리학자들은 다음과 같이 말합니다. "여기 이 원판에 빨주노초파남보, 일곱 가지 무지개색이 있다. 이 원판을 회전시켜 보자. 원판이 이렇게 돌아가니까 빛의 인상이 눈에 제대로 박히지 못한다. 여기에 빨강이 보이지만 원판이 너무 빨리 돌아서 순식간에 그 자리에 주황색이 오고, 주황색을 보고 나면 순식간에 그 자리에 노랑색이 오는 식이다. 그렇게 다른 모든 색을 보았는데, 바로 그 자리에 다시 빨강이 있다. 이는 모든 색을 한꺼번에 본다는 말이다. 빨강에 대한 인상이 아직 지나가지 않았는데 벌써 보라색이 있다. 그 때문에 눈 속에서 모든 색이 합쳐지고, 결국 흰색이 나올 수밖에 없다." 물리학자들은 이미 괴테 시대에 이렇게 가르쳤습니다. 그러니 괴테도 그렇게 배웠겠지요. "일곱 가지 색을 칠한 원판을 고속으로 회전시키면, 이 색들이 눈 속에서 다시 합쳐진다. 빛 속에 엉켜 있다가 (프리즘을 통과시키면) 모두 나와서 나란히 도열하는 얌전한 녀석들이니까." 그런데 괴테한테는 흰색이 전혀 보이지 않았습니다. "회색조 외에 다른 색은 전혀 보이지 않는다!"고 했습니다. 그런데 최신 물리학 서적에는 회색이 나온다고 쓰여 있습니다. 다만 흰색이라야 이야기가 되기 때문에 실험을 할 때 원판 중앙에 검정색 원을 대조로 그려 넣으라고 합니다. 그러면 흰색의 대조색으로 회색이 나온다는 것이지요. 정말 친절한 조언이 아닙니까? 어떤 사람들은 'fortune'으로, 즉 행운을 가지고 장난칩니다. 물리학자는 'nature'로, 즉 자연을 가지고 장난칩니다. 자연이 이런 식으로 교정됩니다. 가장 근본이 되는 사실 중 적잖은 경우에 이런 식으로 자연이 교정됩니다.

18. 보다시피 저는 기본 바탕을 만들면서 주제를 다루고자 합니다. 제대로 된 바탕이 있어야 다른 모든 영역에서도 앞으로 나아갈 가능성을 얻습니다.

네 번째 강의

1919년 12월 26일

1. 정말 유감스럽게도 실험에 필요한 재료를 모두 준비하지 못해서 오늘 하기로 한 실험을 내일로 미루게 되었습니다. 그래서 오늘 강의에서는 다음 며칠 동안 쓸모 있을 만한 몇 가지를 이야기하는 수밖에 없겠습니다. 제 계획을 조금 변경해야 한다는 말이지요.

2. 일단 오늘은 색채학에서 원초 현상이라 불리는 것을 설명하겠습니다. 이것을 미리 이야기하는 이유는, 이른바 광학이나 색채학의 전반적인 범위에서 관찰할 수 있는 현상에서 색채의 원초 현상이 검증되고 확인된다는 것을 여러분이 차츰차츰 알아볼 수 있도록 하기 위해서입니다. 물론 현상이 외부 세계에 드러날 때는 더 복합적으로 됩니다. 원초 현상은 어디에서나 알아보기 쉽게 단순한 모양으로 나타나지 않습니다. 그래도 세심하게 노력하면 역시 어디에서나 발견할 수 있습니다. 이 단순한 현상을 일단 괴테식으로 표현하면 다음과 같습니다. "어둠을 통과해서 밝음을 보면, 어둠을

어둠을 통해 밝음을 보면　　　노랑–빨강 색조

그림4-1

통과하는 그 밝음이 밝은 색조, 즉 노란 색조나 빨간 색조로 드러난다." 이것을 다르게 말할 수도 있습니다. 예를 들어서 빛을 발하는 어떤 것을, 이른바 하얗게 보이는 빛을 어느 정도 불투명하고 두께가 있는 판을 통해서 본다고 합시다. 그러면 직접 볼 때는 보통 하얀색으로 보이는 빛이 노랑에서 빨강에 걸친 색조로 보입니다. 이것이 양극의 한쪽입니다. 다른 극은 이와 반대입니다. 예를 들어서 검은 면이 있다고 합시다. 이 면을 직접 바라보면 당연히 검은색입니다. 이제 투명한 그릇에 물을 담아서 이 면 앞에 설치한다고 가정합시다. 내가 밝음을 몰아대 이 물그릇을 통과하도록 해서 물그릇이 밝아집니다. 그러면 여기 그릇 속에 밝아진 액체가 있는 것이고, 결국 내가 밝음을 통과해서 어둠을 어둠으로 봅니다. 달리 말해 밝게 된 것을 통해서 어둠을 보는 것입니다. 이 경우에는 파란 색조, 보라 색조가 보입니다. 색채의 다른 극이 드러난 것입니다. "어둠을 통해서 밝음을 보면 노란 색조가 나타나고, 밝음을 통해서 어둠을 보면 파란 색조가 나타난다." 이것이 원초 현상입니다.

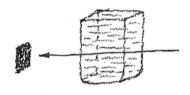

밝음을 통해 어둠을 보면   파랑-보라 색조

그림4-2

3. 오늘날의 자연 과학에서 하듯이 추상적으로가 아니라 정말로 사고하도록 습관을 들이면, 이 단순한 현상을 곳곳에서 볼 수 있습니다. 우리가 이미 해 본 실험을 이 관점에서 다시 한번 들여다봅시다. 그 실험에서 원동형 빛이 프리즘을 통과하도록 했더니 화면에 정말로 빨강에서 보라까지 나란히 이어지는 색상이 나왔습니다. 우리는 이 현상을 이미 보았고, 다음과 같이 말할

수 있었습니다 "여기에 프리즘이 있다. 원통형 빛이 어떤 식으로든 이 프리즘을 통과하면서 위쪽으로 굴절된다." 이에 더해 다음과 같은 말도 했습니다. "그런데 빛이 굴절만 하지 않는다. 빛은 프리즘 대신에 투명한 물건을, 더 정확히 말해서 양면이 평행으로 된 투명한 물건을 통과해도 어느 정도 굴절될 것이다.[1] 우리 실험에서는 빛이 가는 중간에 삼각 프리즘을 설치했다. 그렇게 함으로써 빛이 프리즘을 통과하면서 어두워지는 효과가 생긴다." 이는 빛이 프리즘을 통과하는 그 순간에 우리가 두 가지 사실과 관계한다는 것을 의미합니다. 그 첫 번째는 단순하게 앞으로 나가는 밝은 빛입니다. 두 번째는 그 빛이 가는 길에 설치된 혼탁입니다. 이제 이 혼탁의 역할을 자세히 보기로 합시다. 프리즘을 역삼각형으로 설치하면 빛은 위로 굴절됩니다. 반면에 프리즘에서 혼탁으로 생겨나는 것은 사방으로 확산됩니다. 그러니까 혼탁이 위쪽으로는 굴절된 빛과 같은 방향으로 빛나는 것이지요. 이것이 의미하는 바는, 어둠이(혼탁이) 방향을 바꾼 빛 속으로 따라 들어가면서

1 　이 책 199쪽 그림6-2 참조

빛을 낸다는 것입니다. 어둠이 방향을 바꾼 빛 속에서 특정한 의미에서 당당하게 자신을 주장하면서 산다고도 말할 수 있습니다. 바로 그래서 여기에(윗부분에) 파란 색조가, 보라 색조가 생겨납니다. 그런데 어둠은(혼탁은) 아래쪽으로도 빛납니다. 빛줄기는 이렇게 위쪽으로 굴절되는 반면에, 어둠은 아래쪽으로도 빛납니다. 여기에서는 어둠이 위의 경우와 반대로 작용합니다. 여기에서는 어둠이 위쪽에 비해 그렇게 심하게 빛에 대항하지 않습니다. "여기에서는 위쪽으로 굴절된 빛이 (아래의) 어둠을 제압한다. 어둠을 뚫고 빛난다."고 말할 수 있습니다. 그래서 아래쪽으로는 노란 색조, 주황 색조가 생겨납니다. 이 빛줄기를 아주 가늘게 만들겠습니다. 그렇게 하면 프리즘이 투명하기 때문에 빛의 방향이 꺾이는 것을 눈으로 볼 수 있습니다. 그 다음에 화면에 생기는 그림을 보는 대신에 바로 그 화면의 자리에 우리 눈을 댑니다. 그림이 생기는 화면의 자리에서 거꾸로 프리즘을 통해서 빛이 오는 곳을 보는 것이지요. 그렇게 들여다보면, 제가 여기에 단면으로 그리겠는데, 빛줄기가 들어오는 구멍의 위치가 조금 아래로 밀려나 보입니다.(그림4-3) 우리가 순수하게 사실 내부에 머문다면, 여기에서도 다음과 같은 현상을 얻습니다. "내가 이 위치에서 프리즘을 들여다보면, 보통은 건너편에 똑바로 보여야 할 것이 아래로 약간 밀려나 보인다. 그뿐 아니라 그 밀려난 위치가 원색으로

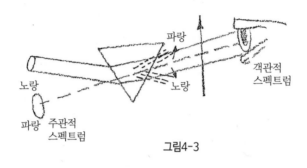

그림4-3

보인다." 원래 빛 원통이 나오는 곳보다 약간 아래에 색이 보입니다. 실제로 무엇이 보입니까? 조금 전에 원초 현상으로 규명한 것과 연관해서 지금 보는 것을 있는 그대로 순수하게 표현해 보십시오. 그러면 여러분이 지금 정말로 보는 것을 그 상세한 부분에 이르기까지 직접적으로 규명할 수 있습니다. 화면에 그림이 생기는 위치에서 프리즘을 들여다볼 때 일어나는 것 자체를 주목하면 됩니다. 그렇게 프리즘을 통해서 원통

형 빛을 바라보면, ─환한 빛이 여러분 눈 쪽으로 비치기 때문에─ 밝음을 보기는 하는데 파란 색조를 통해서, 그러니까 어둠을 통해서 봅니다. 그래서 건너편의 이 지점에(그림4-3의 왼쪽 아래에서 위쪽) 노란 색조나 주황 색조, 빨간 색조가 보일 수밖에 없습니다. 그렇게 보이지 않습니까? 원통형 빛이 프리즘을 통과한 후에 화면 위쪽에 파란 색조가 생겨났습니다. 그러니까 화면의 그림에서 윗부분이 (상대적으로) 어두워진 것이고, 우리가 이 지점에서 프리즘을 바라볼 때 어둠으로 작용한다는 분명한 증거입니다. 화면에 생긴 그림 아래쪽에는 노란 색조, 주황 색조, 빨간 색조가 있으니, 이는 (상대적인) 밝음으로 작용한다는 증거입니다. 제가 원초 현상을 설명할 때 여기 이 아랫부분에서(그림4-3 중간에 노랑이라 쓰인 부분) 밝음이 어둠을 제압한다고 말했습니다. 그래서 지금 여러분이 이 화면에 그림이 있는 자리에서 프리즘을 바라보면, 명도가 어느 정도인지는 무관하게 밝음을 통과해서 건너편을 바라보는 것입니다. 이 밝음의 건너편에는 어둠이 있습니다. 달리 말해 여러분이 밝음을 통해서 어둠을 바라보는 셈이기 때문에 여기 아래쪽에 파란 색조, 보라 색조가 보일 수밖에 없습니다. 현상을 있는 그대로 설명하면, 여러분이 보통 보는 것이 나옵니다. 화면의 그림이 생기는 자리에 눈을 댔을 때 눈에 다가오는 것은 자리에 앉아서 화면을 볼 때 보이는 색, 바로 파란 색조입니다. 결국 이 파란색을 뚫고 프리즘의 밝음을 보는 것이지요. 파란 색조가 어둠으로 작용하기 때문에 프리즘의 밝음이 노란 색조로 보입니다. 이제 반대로 화면 그림의 아래쪽은 밝은 색조로 되어 있습니다. 이 밝음을 통해서 프리즘 쪽을 보면, 원래 빛의 명도가 어느 정도인지는 상관없이 (프리즘 자체가 혼탁으로 작용하기 때문에) 여러분은 밝음을 통과해서 어둠을 보는 셈입니다. 밝음을 통과해서 어둠을 보는 것이기 때문에 여기 아래쪽에는(그림4-3의 왼쪽 아래) 파란 색조가 보입니다. 다름 아니라 양극성의 문제입니다. 여기 화면에 보이는 첫 번째 그림은 유식하게 말해서 객관적 스펙트럼이라고 부릅니다. 반대로 화면의 이 자리에 눈을 대고 프리즘을 통해서 바라볼 때 보이는 왼쪽 그림은 주관적 스펙트럼이라고 합니다. 주관적 스펙트럼은 객관적 스펙트럼이 거꾸로 된 상태로 나타납니다. 이런 용어를 쓰면, 굉장히 유식하게 들립니다.

4. 근대가 흘러가는 동안 사람들은 이 현상에 대해 엄청 나게 심사숙고했습니다. 우리가 이 자리에서 하듯이 실험에서 보이는 현상을 있는 그대로 순수하게 표현하 는 데에 그치지 않고, 그에 대해 골똘히 생각한 것이지 요. 이 색채 스펙트럼을 본 다음부터 빛에 대해 골똘히 생각한, 그 유명한 뉴턴에게서 이미 가장 극단적인 숙 고가 시작되었습니다. 그래도 뉴턴이 이른바 해명으로 내놓은 것은 ―그런 종류는 언제나 그럴 수밖에 없는 데,― 이해하기가 상대적으로 쉬운 편입니다. 뉴턴은 다음과 같이 설명합니다. "기왕에 있는 프리즘이니 이 것에 백광을 통과시켜 보자. 색들은 백광 속에 이미 들 어 있다. 프리즘으로 그것들을 끄집어내면 색들이 씩씩 하게 튀어나와 나란히 도열한다. 이렇게 내가 빛을 해 체시켰다." 뉴턴은 여기에서 더 나아가 색마다 각각의 성질에 특정 질료가 상응한다고 생각했습니다. 그래서 빛 전체에 일곱 가지 색이 질료로 들어 있다고 여겼습 니다. 빛이 프리즘을 통과하도록 한다는 것은 특정한 의미에서 빛을 일곱 가지 질료로 해체시키는 일종의 화학적 과정이라 간주한 것이지요. 심지어 어느 질료 가 어떤 크기의 미립자를 발하는지에 대한 표상도 만

들었습니다. 이 생각에 따르면 문제는 다음과 같이 보입니다. 태양이 빛을 발합니다. 작은 구멍으로 그 빛을 통과시킵니다. 그러면 원통형 빛이 여기에 있는 프리즘에 부딪칩니다. 뉴턴에 따르면 이 빛은 무수한 미립자로, 작은 알갱이로 되어 있습니다. 이 미립자가 프리즘에 부딪쳐서 굴절되고, 건너편 화면에 충돌해서 폭발합니다. 그러니까 대단히 미세한 총알 같은 것들이 여기 프리즘에 충돌한다는 말이지요. 거기에서 좀 작은 것들은 위로, 좀 큰 것들은 아래로 방향을 바꿉니다. 작은 것들은 보라색이고 큰 것들은 빨간색입니다. 그렇지 않습니까? 이런 식으로 큰 미립자와 작은 미립자가 분리됩니다. 이런 식으로 한 가지 질료나 여러 가지 질료가 세상에 날아다닌다는 생각은 머지않아 호이겐스나 **영**[2], 혹은 다른 물리학자에 의해 부정됩니다. 마침내 다음과 같이 말할 정도의 수준에 도달한 것이지요. "어디에선가 생겨난 이런 미립자를 어떤 매개체에 쑤셔 넣어 통과시키면, 혹은 통과시키지 않아도 건너편 화면에 그림이 나타난다는 것이나, 혹은 이런 미립

---

2 토머스 영Thomas Young(1773~1829)_ 영국 자연 과학자, 의사, 이집트 고고학자

자가 눈에 닿으면 빨간색 등의 현상이 일어난다는 것은 어처구니없는 생각이다." 네, 그런 생각으로는 되는 일이 없겠지요. 그래서 사람들이 무슨 일을 했겠습니까? 그렇게 해서는 안 된다는 것을 실험으로 증명하기 위해 너도나도 달려들었다고 저는 말하겠습니다. 그런데 이 실험들 역시 사전에 미리 계획되었습니다. 심지어는 예수회 수도승인 **그리말디**[3]도 그렇게 했고 다른 사람들도 다를 바 없었습니다. 빛에 대한 뉴턴식 생각에 가장 큰 결정타를 날린 것은 **프레넬**[4]이 고안해 낸 실험입니다.

5. 이 프레넬식 실험은 극도로 흥미롭습니다. 프레넬이 실험을 하기 위해서 설치한 기구에서 실제로 일어나는 것을 일단 분명하게 알아볼 필요가 있습니다. 여러분께 당부합니다. 바로 이 실험의 사실 정황에 아주 세심하게 주의를 기울이기 바랍니다. 현상을 정말로 정확하게 연구하는 것이 관건이기 때문입니다. 다음과 같

---

3 프란체스코 마리아 그리말디Francesco Maria Grimaldi(1618~1663)_ 이태리 수학자, 물리학자

4 오귀스탱 장 프레넬Augustin Jean Fresnel(1788~1827)_ 프랑스 물리학자, 엔지니어

이 가정합시다. 이렇게 거울이 두 개 있습니다.(그림4-4 참조) 그리고 여기에 불빛이 있습니다. 달리 말해 제가 이 지점에 촛불 같은 것을 켜는 것이지요. 그 다음 이 쪽에 화면을 설치하면, 거울 1과 2에 반사된 빛으로 화면에 그림이 생깁니다. 저는 대략 이렇게 그림을 그렸

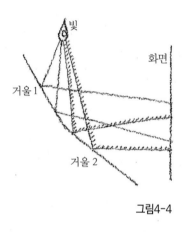

그림4-4

지만, 여러분은 이 두 개의 거울이 서로 기울어진 각도 가 아주 작아서 거의 직선에 가까울 정도로 이어져 있 다고 가정해야 합니다. 그리고 여기에 촛불이나 그런 종류의 빛이 있다고 합시다. 이 건너편에는 화면이 있 습니다. 이 촛불의 빛이 여기 거울에 반사되어 화면을

조명합니다. 화면의 중간이 가장자리보다 밝아집니다. 그런데 거울이 두 개가 있고, 각기 조금 다르게 빛을 반사합니다. 그리고 거울 2를 통해 화면으로 반사되는 빛의 한 부분이 거울 1에서 화면으로 가는 빛의 한 부분과 중복됩니다. 두 거울이 서로 약간 기울어져 있기 때문에 거울 1이 반사하는 것뿐 아니라 거울 2가 반사하는 것도 밝음으로 화면에 던져집니다. 그러니까 화면의 중간 부분에 두 개의 거울에서 오는 빛이 함께 비치는 셈이지요. 이제 뉴턴처럼 생각하는 물리학자가 이 현상을 본다고 한번 가정해 보십시오. 그 사람은 다음과 같이 말할 것입니다. "여기에서 빛이 나온다. 이 빛이 일단 거울 1에 부딪쳐 폭발해서 미립자가 화면 쪽으로 튕겨 나간다. 그런데 아래에 있는 거울 2에도 빛의 미립자가 폭발해서 화면으로 튕겨 간다. 결국 더 많은 미립자가 튕겨와서 화면을 조명하는 것이다. 이렇게 거울이 두 개가 있으면 훨씬 더 많은 미립자가 생기기 때문에 훨씬 더 밝아질 수밖에 없다. 달리 말해 거울 2를 제거하고 거울 1로만 실험을 하면 화면은 그만큼 어두워질 것이다." 이제 이 물리학자한테 정말로 불길한 생각이 떠오를 수 있습니다. 빛의 미립자가 거울 1에 반사되어 화면으로 돌진합니다. 그런데 이 중간에 거울 2로 떨어지는 빛의 미립자가 섞여 듭니다. 그렇다면 왜 이 미립자들이 서로 부딪쳐서 튕겨 나갈 것이라고는 생각하지 않습니까? 어떻게 이 미립자들이 절대 서로 부딪치지 않을 것이라고 가정할 수 있습니까? 그렇게는 절대로 가정할 수 없겠지요. 물리학 서적을 한번 읽어 보십시오. 파동설에 관한 훌륭한 설명을 발견할 수 있습니다. 그런데 그런 것을 그렇게 훌륭하게 계산하는 동안, 적어도 어떻게 한 파동이 다른 파동을 꿰뚫고 돌진하는지, 그에 대한 생각이 떠올라야 하지 않겠습니까? 그런 것은 못 본 척하고 슬쩍 넘어갑니다. 바로 여기에서 실제로 무슨 일이 일어나는지 명확하게 파악해 봅시다.

6. 의심할 여지없이 빛은 이 두 개의 거울에 떨어지고 건너편 화면으로 반사됩니다. 빛이 거울에 비치면 거울이 그 빛을 건너편 화면으로 반사합니다. 이것은 언제나 볼 수 있는 빛의 진행 경로입니다. 그런데 실제로 무엇이 일어납니까? 이제 다음과 같이 가정합시다. 여기에 빛이 가는 경로가 하나 있다고 합시다. 빛이 거울 1로 가서 건너편 화면으로 반사됩니다.(그림4-5에서 거울 1로 가는 빛) 그런데 거울 2로 가는 다른 빛이 있고,

거울 1에서 화면으로 가는 빛과 충돌한다고 합시다. 이 두 가지 빛이 서로 방해한다는 것은 부정할 수 없는 현상입니다. 빛이 거울 2로 돌진하려고 하는데, 거울 1에서 화면으로 반사된 빛이 중간에 있습니다. 이에 따른 결과란, 거울 2로 가는 빛이 거울 1에서 화면으로 반사되는 빛과 만나는 곳을 통과하기 위해 화면으로 가는 빛을 일단 끈다는 것입니다. 그렇기 때문에 여기 화면에서 이 부분(그림에서 화면 중간에 굵은 점으로 표시한 부분)이 밝아지지 않습니다. 실제로 화면의 이 부분에 어둠이 비쳐 듭니다. 화면의 이 부분이 어두워집니다. 그

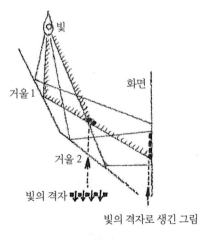

빛

거울 1

화면

거울 2

빛의 격자

빛의 격자로 생긴 그림

그림4-5

런데 이 모든 과정은 정지된 상태가 아니라 굉장히 빠르게 계속해서 움직이는 상태에 있습니다. 예를 들어서 이 지점에서(그림 중앙에 굵은 점으로 표시한 부분) (거울 2로 가는 빛에 의해) 꺼진 빛이 그 자리에 가만히 있지 않고 화면 쪽으로 계속 질주합니다. 그래서 순간적으로 이 지점에서 빛에 일종의 구멍이 생깁니다. 이 구멍은 어둠으로 나타납니다. 그런데 그렇게 구멍이 났기 때문에 그 다음에 오는 (거울 2로 가는) 빛의 미립자는 그 지점을 훨씬 더 쉽게 통과합니다. 그리고 구멍으로 생겨난 어둠 옆에 빛이 그보다 훨씬 밝게 보입니다. 이 어둠과 밝음이 아래쪽으로 내려가는 동시에 다시 극소한 빛줄기가 위에서 내려와 다른 밝음을 꺼버려서 다시 구멍이, 즉 어둠이 생겨납니다. 하지만 이 어둠도 역시 아래쪽으로 내려가기 때문에 다시 위에서 오는 빛이 쉽게 통과합니다. 이 모든 과정이 순식간에 일어납니다. 계속해서 질주하는 빛의 격자라고 말할 수 있습니다. 위에서 질주해 내려오는 빛이 다른 빛을 통과하면서 그것을 꺼버리면 어둠이 생겨납니다. 그 어둠이 아래로 밀려나고, 다시 위에서 빛이 내려오면서 같은 과정이 반복됩니다. 위에서 내려오는 빛이 아래에 있는 빛을 뚫고 통과해서 격자 모양을 만들어 냄으로써 여기에(그림4-5 아래에 왼쪽 화살표가 가리키는 곳) 밝기와 어둠이 반복적으로 나타납니다. 제가 조금 전에 세심하게 주의하도록 당부했는데, 이것이 바로 그것입니다. 어떻게 빛의 격자가 생겨나는지 정확하게 추적해야 하기 때문입니다. 빛이 빛 속으로 질주해 들어가기 때문에 밝기와 어둠이 번갈아 나타납니다. 빛이 빛 속으로 질주해 들어가면, 먼저 있던 빛이 무효화되면서 어둠으로 바뀝니다. 어떻게 빛의 격자가 생겨나는지 설명하려면 거울 여러 개를 이런 식으로 설치해야 합니다. 빛의 속도는, 그러니까 각각의 빛이 어떤 속도로 질주하는지는 여기에서 큰 의미가 없습니다. 제가 보여 주고 싶은 것은, 설치된 기구의 도움으로 빛 자체의 내부에서 일어나는 것, 그리고 화면에 밝음과 어둠, 밝음과 어둠, 이렇게 번갈아 나타나는 빛의 망입니다. 그런데 물리학자는 —여기서는 물론 프레넬을 가리킵니다— 다음과 같이 말합니다. "빛이 미립자의 방사라 가정한다면, 더 많은 미립자가 방사되는 경우에 당연히 더 밝아질 수밖에 없다. 그렇지 않다면 빛의 미립자 하나가 다른 것을 소모하는 것일 수밖에 없다." 보다시피 단순한 방사설로는 밝음과 어둠이 교대해서 나타난다는 것을 설명할 수 없습니다. 우리는 이 현상을 어떻게 설명할 수 있는지 보았습니다. 드러나는 그대로 현상을 받아들이면 되는데, 여러분도 보다시피 하필이면 물리학자한테 그런 생각이 떠오르지 않습니다. 그 대신에 다른 특정 현상과 연결해서 물질주의적 의미에서 해명하려고 애를 씁니다. 미립자가 거울에 떨어져 폭발해서 튕겨 나간다는 설은 더 이상 먹히지 않았습니다. 그래서 다음과 같은 이론이 나옵니다. "빛은 미세한 질료의 방사가 아니다. 우리는 빛이 섬세한 질료 속에서, 즉 에테르 속에서 일어나는 운동이라고 가정한다. 빛은 에테르 속의 운동이라 가정한다." 그리고 제일 먼저 상상한 것은, ─예를 들어서 **오일러**[5]가 그렇게 했는데─ 음향이 공기로 전달되는 것처럼 빛은 에테르로 전달된다고 합니다. 제가 여기서 어떤 종류의 소리를 내면 그 소리가 공기를 통해서 전달된다고 합니다. 음향 전달을 좀 더 자세히 들여다봅시다. 여기에서 나는 소리로 일단 이 주변의 공기가 눌린다고 합니다. 압

5　레온하르트 오일러Leonhard Euler(1707~1783)_ 스위스 수학자, 천문학자, 물리학자

축된 공기층이 생겨나는 것이지요. 이렇게 압축된 공기가 다시금 그 주변을 누르면서 확장됩니다. 그로써 바로 그 근처에 산발적으로 희박한 공기층을 만들어 냅니다. 보통 파동이라 불리는 이 압축과 희박을 통해서 음향이 확산된다고 합니다. 이것을 근거로 해서 에테르 속에서도 그런 파동이 일어날 것이라고 가정합니다. 그런데 빛의 경우에는 이 생각에 들어맞지 않는 특정 현상이 있습니다. 그래서 다음과 같이 말합니다. "빛이 파동 현상인 것은 맞다. 하지만 음향의 경우와 같은 식으로 진동하지 않는다." 음향의 경우에는 공기의 압축과 희박이 연이어 계속됩니다. 음향은 세로파(종파縱波)입니다. 그러니까 압축된 공기에 희박한 상태의 공기가 이어지고, 매질인 미립자는 그 파동의 방향 속에서 앞뒤로 오락가락 움직입니다. 빛의 경우에는 이런 식으로 표상할 수 없었습니다. 그래서 다음과 같이 말합니다. "빛이 앞으로 나가는 경우 에테르 입자는 빛의 방향에 90°각도로 움직인다." 광선이라 불리는 것이 공기를 뚫고 질주하면, ─광선은 초속 300,000㎞로 질주한다고 합니다─ 에테르 미립자는 언제나 빛이 가는 방향에 직각으로 진동한다는 것이지요. 이렇게 진동하는 에테르 미립자를 뚫고 광선이 질주합니다. 그리고 이 에테르 미립자의 진동이 우리 눈에 와 닿으면 우리가 그것을 빛으로 지각한다고 말합니다. 이제 이 생각을 프레넬의 실험에 적용해 보면, 빛의 움직임이란 빛이 나가는 방향에 직각으로 일어나는 진동을 말합니다. 아래에 있는 거울, 즉 거울 2로 가는 광선은 이렇게(그림4-5에서 거울 2로 가는 선에 직각으로 표시된 작은 선들) 진동하면서 앞으로 나가서 거울에 부딪칩니다. 그런데 이미 말했듯이, 이 부분에서도(거울 1에서 화면으로 반사되는 빛과 촛불에서 거울 2로 가는 빛이 만나는 곳) 각기 다른 파동이 서로 뒤섞인다는 것은 무시합니다. 이런 식으로 생각하는 물리학자가 볼 때는 이부분의 여러 파동이 서로 방해하지 않습니다. 그런데여러 파동이 여기 화면에서는 서로 방해합니다. 혹은상호 간에 보완하는 것일 수도 있습니다. 그렇다면 과연 여기에서는(거울 1과 2에서 각각 반사되어 오면서 서로섞이는 부분, 화면 중간에 격자 그림) 무엇이 일어납니까?거울 1에서 파속이 화면으로 내려옵니다. 여기에서 파속은 광선에 직각으로 진동하는 미립자를 일컫습니다.하나의 미립자가 진동하면서 화면으로 내려오는데, 하필이면 바로 그때 다른 미립자가 거울 2에 반사되어 화면으로 올라간다고 합시다. 이 경우에는 미립자들이 서로 상쇄해서 어둠이 생겨날 수밖에 없습니다. 그런데 하나의 미립자가 아래나 위로 갈 때 다른 미립자도 같은 방향으로 함께 간다면 밝음이 생겨날 수밖에 없습니다. 이렇게 보면 빛이 미립자의 진동이라는 가정에서도 우리가 조금 전에 빛 자체를 근거로 해서 이야기한 것과 같은 해명이 나옵니다. 제가 아까 말하기를, 이 부분에(화면 중앙에) 밝음과 어둠이 교대로 나타난다고 했습니다. 그런데 이른바 파동설은 빛이 에테르의 진동이라는 가정을 통해서 이 현상을 설명합니다.[6] 미립자들이 같은 방향으로 서로 보완하면서 진동하면 밝은 부분이 생겨나고, 서로 반대되는 방향으로 진동하면 어두운 부분이 생긴다고 말합니다. 이제 한 가지를 예의 주시해야 합니다. 현상을 순수하게 있는 그대로

---

6 **감수자** 이 당시 물리학자들은 파동이 진행하기 위해서는 파동을 전해 주는 물질이 반드시 필요하다고 생각했다. 빛도 그런 물질이 있을 거라고 생각했는데 무엇인지 알 수가 없으니 가상의 물질인 에테르라는 개념을 도입하고 빛이 진행할 때 에테르가 진동한다고 설명했다. 현재 물리학에서는 빛을 전자기파로 설명하는데 이것은 파동을 전달해 주는 매질이 없이 전기장, 자기장이 교대로 만들어져 진행하는 파동으로 맥스웰이 4개 공식으로 설명한다.

파악하기, 현상 내부에 머물기, 현상을 추적해서 그대로 서술하기가 한편에 있습니다. 다른 편에는 고안할 필요가 있는 것을 고안해서 현상에 덧붙이는 방법이 있습니다. 이 양자는 구분됩니다. 에테르의 운동은 순전히 고안해서 덧붙인 것입니다. 그렇게 고안해 낸 것은 당연히 계산도 가능합니다. 그러나 어떤 것을 계산할 수 있다는 것은, 그 어떤 것이 사실 정황으로서 존재한다는 것을 보여 주기 위한 증거가 되지는 못합니다. 왜냐하면 단순히 운동학적인 것은 단순히 생각해 낼 수 있고, 계산할 수 있는 것 역시 단순히 생각해 낸 것이기 때문입니다. 이 차이를 주시하면서 우리가 배우는 것이 있습니다. 우리의 기본적인 사고방식에 따라 현상을 규명하고자 한다면, 현상 자체에 답이 들어 있는 바 현상 자체가 우리에게 답을 주도록 해야 한다는 것입니다. 있지도 않은 공상거리를 현상에 더하면 절대 안 된다는 것, 자연 과학적 이론에서 그런 것을 모두 몰아내야 한다는 것, 여기에 커다란 가치를 두라고 여러분께 신신당부합니다. 아무도 알아보지 못하는 어떤 것을 부가하면 어떤 현상이라도 해명할 수 있습니다. 예를 들어서 파동이 여기에 있을 수도 있습니다.

그중 하나는 이쪽으로 진동하고 다른 것은 다른 쪽으로 진동해서 서로 상쇄할 수 있습니다. 그런데 이 모든 것은 고안된 것입니다. 이 실험에서 언제나 존재하는 것은 이 격자 모양일 뿐입니다. 우리는 이 격자가 여기 화면에 충실하게 반사되는 것을 봅니다. 날조되지 않은 해명을 얻고 싶다면 반드시 빛 자체를 바라보아야 합니다.

7. 어제 제가 말한 것을 다시 떠올려 보십시오. 하나의 빛이 다른 빛을 통과하면, 그러니까 다른 빛과 어떤 식이든 관계하게 되면, 상황에 따라 그중 하나가 다른 것에 혼탁으로 작용한다고 했습니다. 달리 말해 프리즘 자체가 혼탁으로 작용하는 것처럼 하나의 빛이 다른 빛을 없애는 식으로 작용합니다. 이 현상은 다음과 같은 실험을 해 보면 확연히 드러납니다. 여기서 실제로 하기로 계획한 실험이 오늘은 준비가 되지 않아서 그냥 그림으로만 설명하겠습니다. 어제 실험에서 보았던 색채 스펙트럼을 생각해 보십시오. 그 스펙트럼은 태양 광선으로 생겨났습니다. 작은 구멍을 통해 들어온 태양 광선에 의해 화면에 빨간색에서 보라색까지 펼쳐지는 색채 스펙트럼이 생겨났습니다. 그런데 태양 광선

보라

빨강

백광을 발하는 물체

그림4-6

이 아니라 이글거리는 불빛으로도 그런 스펙트럼이 생겨나게 할 수 있습니다. 구멍을 통해 들어오는 태양 광선 대신에 고체에 불을 붙여서 이용하면 됩니다. 고체가 불에 타서 이글거리는 백광이 되면 역시 색채 스펙트럼이 생깁니다. 태양 광선이든 백광을 뿜는 고체든 색채 스펙트럼은 어쨌든 생깁니다.

8. 그런데 이제 약간 다른 방식으로도 스펙트럼이 생겨나게 할 수 있습니다. 여기에 프리즘과 나트륨 램프가 있다고 가정합시다. 나트륨은 휘발성 금속입니다. 그러니까 금속이 가스로 되는 것이지요. 가스가 탑니다. 휘발하는 것입니다. 이 휘발성 금속에서 색채 스펙트럼이 나오기는 하는데, 굉장히 기이한 현상이 일어납니다. 태양 광선이나 백광으로 이글거리는 고체가 아니라 불타는 가스로 생기는 스펙트럼은 한 부분만 특히

뚜렷하게 보입니다. 나트륨 빛으로 생겨나는 스펙트럼은 특히 노란색으로 보입니다. 여기에는(그림4-6) 빨간색, 주황색, 노란색이 차례대로 보입니다. 그런데 나트륨으로 실험을 하면 노란색이 유별나게 더 강하게 나타납니다.(그림4-7) 다른 색들은 위축되어서 거의 보이

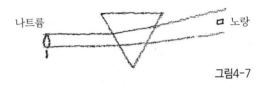

나트륨   노랑

그림4-7

지 않습니다. 보라색부터 노란색까지, 노란색부터 빨간색까지 다른 색들은 위축된 상태에 있습니다. 그래서 아주 가느다란 줄로 된 노란색만 보입니다. 보통 노란 선이라고 말합니다. 스펙트럼 전체가 있기는 합니다. 다만 다른 색들은 위축되고 노랑만 보입니다. 이런 식으로 빛을 내는 다양한 물체를 이용해서 사실상의 스펙트럼이 아니라 빛나는 선에 불과한 스펙트럼이 생겨나게 할 수 있습니다. 이 결과에 따라 거꾸로 추적할 수 있습니다. 예를 들어서 이 가스불에 무엇이 들어 있는지 모르는 상태에서 프리즘을 통해 실험을 한다고

합시다. 노랑색 줄로 된 스펙트럼이 나온다면 가스에 나트륨이 들어 있다고 판명할 수 있습니다. 어떤 금속이 들어 있는지 알아볼 수 있다는 것이지요.

9. 그런데 두 가지 실험을 조합할 수 있습니다. 백광을 발하는 물체로 건너편 화면에 스펙트럼이 생기게 하는데, 그 물체와 프리즘 사이에 나트륨 불을 설치합니다.

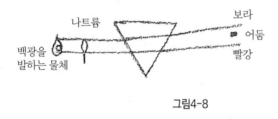

그림4-8

그 물체의 빛과 타오르는 나트륨이 합쳐지면 기이한 현상이 일어납니다. 제가 조금전에 프레넬의 실험에서 보여 준 것과 굉장히 유사한 현상이 일어납니다. 나트륨 불로 실험을 했을 때 노란 선이 생겼기 때문에 이번에도 노란색이 특히 강하게 드러날 것이라고 보통 기대하겠지요. 나트륨에 노란색이 들어 있다는 것을 위에서 보지 않았습니까? 그런데 전혀 그렇지 않습니다. 나트륨의 노란색이 빛의 노란색을 상쇄해서 화면 중간 부분이 어둡게 나옵니다.[7] 노랑으로 밝아질 것이라 기대하는 부분에 어둠이 있습니다! 왜 그렇겠습니까? 여기서(나트륨 불에서) 발생하는 힘에 그 원인이 있습니다. 나트륨 불빛이 이기적이지 않아서 자신과 유사한 노란색 빛이 그냥 통과하도록 둔다고 한번 가정해 보십시오. 그렇다면 나트륨 빛은 완전히 꺼질 수밖에 없겠지요. 그런데 그렇게 되지 않고 노란색이 지나가는 바로 그 길에 버티고 있습니다. 거기에 버티고 있는 나트륨 빛은 노란색인데도 노란색을 강화하지 않고 오히려 상쇄하는 식으로 작용합니다. 왜냐하면 나트륨 빛은 그곳에서 일종의 힘으로 작용하기 때문입니다. 그곳을 통과하는 것이 자신과 유사한 종류인지 좀 다른 종류인지는 관여하지 않습니다. 무엇이 지나가든 마찬가지입니다. 스펙트럼의 노란색은 지워지고, 그 자리에 검은 부분이 생깁니다.

10. 이로써 여러분은 정말로 있는 것만 고려해야 한다는 것

---

7   **감수자** 오늘날 자연 과학은 원자핵 주위를 도는 전자가 특정 파장의 빛을 흡수 또는 방출한다고 말한다. 나트륨은 노란색에 해당하는 빛을 흡수, 방출하며, 이 그림의 경우 나트륨이 노란색에 해당하는 빛의 파장을 흡수한다고 가르친다.

을 다시 한번 경험했습니다. 범람하는 빛 자체에서 해명이 흘러나옵니다. 이것이 바로 제가 여러분께 유의시키고 싶은 것입니다. 뉴턴의 의미로 설명하는 물리학자는 당연히 다음과 같이 말할 수밖에 없습니다. "여기에 흰색의 빛이, 즉 광선이 있다. 프리즘을 통해 이 광선을 보면, 색채 스펙트럼이 보인다. 빨주노초파남보"

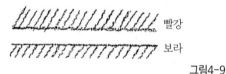

빨강

보라

그림4-9

그런데 괴테는 다음과 같이 말했습니다. "그래, 궁색하지만 그럴 수도 있겠지. 자연이 정말로 색들을 함께 모아서 빛을 만들었다면, 프리즘을 통해 빛을 각 부분으로 다시 분리시킬 수 있다고 가정할 수도 있겠지. 훌륭한 생각이야. 그런데 빛은 일곱 가지 색채로 되어 있다고 말하는 바로 그 사람이 암흑은 빛의 부재일 뿐 아무것도 아니라고 주장한다. 그래, 그럴 수도 있겠지. 그런데 내가 검은색 종이를 가늘고 긴 띠로 잘라 흰색 종이사이에 붙인 다음에 프리즘을 통해 보면, 색의 배열만 다르지 역시 무지개색이 나온다. 이 경우에는 중앙에 보라색이 있고 한쪽으로 청록색조[8]가 나온다. (검은색 종이에) 색채가 다르게 배열된 스펙트럼이 나온다. 그렇다면 빛 속에 들어 있는 색이 프리즘을 통과하면 분리된다는 설에 따라 암흑, 즉 어둠도 역시 색채로 분리된다고 말해야 하는 것 아닌가? 달리 말해 어둠은 단순히 빛의 부재가 아니라고 인정해야 하는 것 아닌가? 어둠도 일곱 가지 색으로 되어 있고, 일곱 가지 색으로 분리될 수 있다고 말해야 하는 것 아닌가?" 흰색 사이에 검은색의 종이를 대고 프리즘을 통해 보면, 그 검은색 종이에 색의 배열만 다르지 역시 일곱 가지 색이 나옵니다. 기대 밖의 이 현상에 괴테는 황당해 했습니다.[9] 바로 이 사실이 또한 우리에게 현상을 있는 그대로 받아들이도록 강요합니다. 내일 열두 시 반에 이 자리에서 다시 만나기로 합시다. 오늘은 준비가 되지 않아서 이론적으로만 설명했는데, 내일은 꼭 실험해 볼 수 있기를 바랍니다.

---

8   이 책 99~100쪽의 상술을 참조하라.

9   색채학에 얽힌 비화와 저자의 고백에 대한 자료와 이 책 115쪽 각주2 참조

다섯 번째 강의

1919년 12월 27일

키르히호프-분젠 실험

인광, 형광, 물체의 색채

한편의 공간과 시간, 다른 편의 속도에 대한 인간의 관계는 대조적이다.

빛과 색채에 대한 관계도 그와 같이 대조적이다.

1. 실험 재료가 충분히 준비되지 않았지만, 그래도 주어진 한도 안에서 어제 하기로 했던 실험을 하겠습니다. 어제 이야기한 것 중에 한 가지를 다시 기억해 보십시오. 불타오르는 고체의 빛을 프리즘에 통과시키면 태양 광선에서 나오는 것과 비슷한 스펙트럼이 나온다고 했습니다. 가스에 불을 붙여도 역시 빛이 나고, 그것으로도 화면에 스펙트럼이 생깁니다. 그런데 이 경우에는 한 곳에만 색이 ─여러 성분이 섞인 경우에는 여러 부분에 색이 보이기도 하지만─ 가느다란 선이나 띠처럼 생겨납니다. 스펙트럼의 나머지 색은 위축되어 보이지 않습니다. 아주 정밀하게 실험해 보면, 빛나는 모든 것에서는 언제나 완벽한 스펙트럼, 즉 빨간색에서 보라색까지 이어지는 스펙트럼이 나오는 것을 볼 수 있습니다. 예를 들어서 나트륨 가스 불을 프리즘에 통과시키면 스펙트럼은 굉장히 약하게 생겨나고 노란색 선만 보입니다. 이 선이 너무 압도적이라 다른 색들

은 위축되어 거의 보이지 않습니다. 바로 그래서 나트륨 빛으로는 노란 선만 나온다고 합니다. 이제 여기에 기이한 것이 있습니다. 사실 이 문제는 이미 오래 전부터 널리 알려져 있었는데, 본질적으로 갱신된 것은 **키르히호프-분젠**[1]이 1859년에 한 실험[2]을 통해서입니다. 일곱 가지 색채가 이어지는 스펙트럼이 생기는 빛과 나트륨 선이 생기는 빛을 동시에 실험에 이용하면, 나트륨 선이 불투명한 물체처럼 작용해서 그 자리에 나타나야 할 색채의 질을 상쇄합니다. 그래서 노란색 대신에 검은 선이 생겨납니다. 우리가 사실 정황 내부에 머문다면 다음과 같이 말할 수 있습니다. "스펙트럼에 노란색이 생겨야 할 바로 그 자리에 그것과 똑같은 강도의 다른 노란색이 불투명한 물체처럼 작용한다." 우리가 (실험을 위해) 구성한 요소 자체에서 이해를 위한 근거가 나온다는 것을 여러분도 보게 될 것입니다. 일단은 있는 그대로 사실을 고수해야 할 뿐입니다. 이제

---

1   구스타프 로베르트 키르히호프Gustav Robert Kirchhoff(1824~1887)
    로베르트 빌헬름 분젠Robert Wihelm Bunsen(1811~1899)

2   키르히호프가 1859년 베를린 과학자 아카데미 월례 발표에서 공개한 논문
    〈프라운호퍼선에 관하여〉가 실린 논문집(라이프치히, 1882)을 참조하라.

준비된 한도 내에서 실험을 하겠습니다. 먼저 나트륨 가스 불로 스펙트럼에 검은 줄이 생기는 현상을 보여주겠습니다. 다만 스펙트럼이 화면에 생기는 식이 아니라 다른 방식으로 하겠습니다. 엊그제 제가 말했는데, 화면에 스펙트럼이 생기는 자리에서 직접 눈으로 프리즘을 들여다볼 수 있다고 했습니다. 그렇게 하면 스펙트럼이 위쪽이 아니라 아래쪽으로 약간 밀려 내려가 보입니다. 스펙트럼이 생기는 화면 쪽에서 거꾸로 프리즘을 들여다보면, 색채 스펙트럼이 빛이 들어오는 곳보다 약간 아래쪽으로 밀려나 생깁니다. 이뿐 아니라 색채 배열도 거꾸로 됩니다. 색채 배열이 거꾸로 되는 이유도 이미 이야기했습니다. 이 실험 기구에서 원통형 빛이 생겨나도록 하겠습니다. 여기에 빛을 통과시키고, 여기에서 굴절된 원통형 빛을 바라봅니다. 그렇게 바라보면 검은색 나트륨 선이 보일 것입니다. 그런데 완벽한 병정처럼 —오늘날 독일에서 완벽한 병정이 되기란 별로 어려운 일이 아니지요— 정확한 위치를 선정해서 정확한 방향을 바라보아야 합니다. 모두 검은 선을 볼 수 있기를 바랍니다.(강의 참석자들이 차례대로 프리즘을 들여다본다)

2. 시간이 별로 많이 남지 않았는데, 그래도 진도를 조금 더 나가기로 합시다. 이제 주제를 좀 바꾸어서 이른바 물체에 대한 색채의 관계를 고찰해 봅시다. 이 관계에 대한 문제로 넘어가기 위해서 먼저 보여 주고 싶은 현상이 있습니다. 여기 화면에 완벽한 스펙트럼이 있습니다. 이제 제가 빛의 원통이 지나가는 길에 작은 단지를 놓겠습니다. 이 단지에는 약간의 요오드[3]를 섞은 황화 탄소가 들어 있습니다. 이제 이 물질로 인해 스펙트럼에 어떤 변화가 일어나는지 주시하기 바랍니다. 이 단지가 없을 때는 완벽한 스펙트럼이 생깁니다. 황화 탄소에 요오드를 혼합한 용액을 이렇게 광선이 가는 길에 설치하면, 이 용액이 빛을 꺼 버립니다. 보다시피 용액이 영향을 미치는 빛의 중간 부분이 꺼져서 스펙트럼도 중간 부분이 사라지고 양쪽으로 갈라진 상태가 됩니다. 한쪽에는 보라 색조가, 다른 쪽에는 빨간 색조와 노란 색조가 있습니다. 그러니까 황화 탄소에 요오드를 혼합한 용액에 빛을 통과시키면 색채 스펙트럼의 중간 부분은 사라지고, 양극만 남습니다.

---

3 **감수자** 실생활에서는 아직도 나트륨, 요오드라 부르는데 요오드의 과학 용어는 아이오딘, 나트륨은 소듐이다.

3. 조금 전에 한 실험으로 시간을 너무 많이 잡아먹어서 몇 가지 원리만 설명할 수 있겠습니다. 우리 주변에 있는 물체에 대한 색채의 관계에서 주요 쟁점은, —모든 물체는 색을 띠고 있으니— 어떻게 해서 물체는 우리에게 원색으로 보이는가, 어떻게 물체가 빛에 대한 특정 관계를 얻는가, 어떻게 물체는 그 물질적인 본질을 통해 빛에 대해 특정 관계를 발달시키는가 하는 것들입니다. 이런 문제를 규명해야 하는 것이지요. 어떤 것은 빨간색으로, 또 다른 것은 파란색으로 보이는 등 물체는 저마다 다른 색으로 되어 있습니다. 물론 다음과 같이 말하면서 문제를 아주 간단하게 처리할 수도 있습니다. "하나의 사물이 빨간색으로 보이는 이유는, 그것이 무색의 태양 광선을 받았을 때 —물리학자들은 태양 광선 속에 모든 색이 집합해 있다고 생각합니다— 빨간색만 반사하고 나머지 색들은 모두 흡수하기 때문이다." 어떤 사물이 파란색인 경우에도 "파란색만 반사하고 다른 색은 모두 흡수해서 그렇다." 이렇게 간단히 처리할 수 있습니다. 그런데 중점은 규명을 할 때 이런 추측성의 원리를 완전히 배제하는 데에 있습니다. 이른바 원색의 물체를 본다는 복합적인 현상에 사

실을 가지고 접근해야 합니다. 복합적인 현상으로 드러나는 것을 밝히기 위해 사실과 사실을 차례대로 나열해야 한다는 말이지요. 그렇게 하는 길에서 우리는 다음 사실을 만납니다. 17세기에 연금술이 굉장히 성행했습니다. 당시 사람들이 발광체의 일종인 인燐에 관해 말한 것을 한번 보기로 하지요. 당시 사람들은 인을 다음과 같이 이해했습니다. 예를 하나 들겠습니다. 이태리 볼로냐에 사는 어떤 구두 수선공[4]이 이른바 볼로냐석이라 불리는 중정석重晶石으로 연금술 실험을 했습니다. 그 돌을 햇빛이 드는 곳에 두었더니 이상한 현상이 일어났습니다. 햇빛을 받은 볼로냐석이 일정 시간 동안 특정 색채를 발하는 것이었습니다. 볼로냐석이 빛에 방치되는 동안 그 빛에 대해 일정 관계를 얻었고, 빛이 없어진 후에도 빛을 모사한다는 듯이 발광해서 그 관계를 드러내는 것이지요. 바로 이런 까닭에 당시 사람들이 이 방면으로 다양한 실험을 한 후 이 돌을 샛별이라 명명했습니다. 여러분이 당시 서적을 읽다

---

[4] **빈센초 카스카리올로**Vincenzo Cascariolo(1571~1624)_ 이태리 화학자, 연금술사. 『도입문, 주해를 단 괴테의 자연 과학 논설문』 제5권, 146쪽의 주석과 이 책 22쪽 각주11을 참조하라.

가 샛별이라는 단어를 만난다면, 오늘날 그 단어가 의미하는 대로 이해해서는 안 됩니다. 당시에 이 단어는 발광체, 빛의 운반체, 즉 샛별을 의미했습니다. 그런데 빛을 받은 후에 그 빛을 반사하는 현상, 인광을 발하는 현상은 사실 그렇게 단순한 종류가 아닙니다. 좀 단순한 종류로 다른 현상이 있습니다.

4. 보통 사용하는 석유 램프로 간단한 실험을 할 수 있습니다. 석유 램프 불이 빛나는 것을 보면, 희미한 노란색으로 보입니다. 그런데 석유 램프 불에 빛을 통과시키고, 이 통과된 빛이 나오는 곳에서 불을 바라보면 파르스름하게 보입니다. 빛이 석유 램프 불을 통과하는 한에서는 그렇게 보입니다. 여러가지 다른 물체를 이용해서 이 실험을 할 수 있습니다. 특히 흥미롭기는 물에 클로로필, 즉 엽록소를 용해해서 하는 실험입니다. 그 용액에 빛을 통과시키고, 통과된 빛이 나오는 곳을 보면 엽록소가 초록색으로 보입니다.(그림5-1) 그런데 이 용액을 뒤쪽에서 보면 엽록소가 붉은 색조로 보입니다. 그러니까 여기에 엽록소 용액이 있고 여기에 이 엽록소를 통과하는 빛이 있다고 하면, 이 위치에서(그림 오른쪽 아래에 눈이 있는 위치) 보면 엽록소 용액이 빨

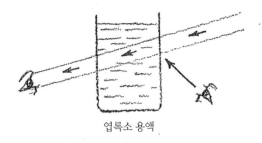

엽록소 용액

그림5-1

갈게 보입니다. 이는 석유 램프 불이 파란 색조로 보이는 것과 같은 이치입니다. 이런 현상을 보이는 물체는 굉장히 많이 있습니다. 물체가 빛을 받은 후 그 자체가 특정한 의미에서 빛을 바깥으로 내보내면 다른 방식으로 빛납니다. 흡사 빛이 투명한 물질을 통과하듯이 물체를 통과합니다. 그로써 물체가 빛과 특정 관계를 맺고, 물체 자체의 성질로 인해 변한 빛을 내보내는 것이지요. 이렇게 빛을 배경으로 해서 엽록소 용액을 들여다보면, 빛으로 인해 용액 속에서 일어나는 현상, 즉 빛과 엽록소 사이의 관계를 볼 수 있습니다. 어떤 물체가 빛을 받는 동안 자체적으로 발광하는 것을 형광 현상이라 부릅니다. 그렇다면 인광이란 무엇인가 하는 질문을 할 수 있습니다.[5] 그것은 지속되는 형광 현상입니다. 형광 현상은 예를 들어서 엽록소가 빛을 받는 동안에만 빨간 색조로 보이는 것처럼 한시적입니다. 인광의 경우에는 예를 들어서 중정석에서 보았듯이 빛을 제거해도 어느 정도 시간 동안 계속해서 발광합니다. 중정석은 색으로 된 빛을 내는 성질을 잠시 보존하는 반면에 엽록소는 보존하지 않는 것이지요. 이제 두 가지 단계가 나왔습니다. 첫 번째 단계는 형광 현상입니다. 어떤 물질을 빛에 노출시키면, 빛을 받는 동안 그것이 일정 색을 띱니다. 두 번째 단계는 인광 현상입니다. 어떤 물체를 빛에 노출시키면, 빛을 제거한 후에도 일정 시간 동안 계속해서 일정 색을 띱니다. 이제 세 번째 단계가 있습니다. 어떤 물체가 빛을 통해 일어난 어떤 것으로 인해 영속적으로 색을 띠는 경우입니다. 형

---

5 **감수자** 현대 자연 과학은 물체가 빛을 내는 방출을 2가지로 설명한다. 첫째는 물체가 뜨겁게 달구어져 모든 원자가 빛을 방출하는 경우, 둘째는 일부 원자가 빛을 방출하는 경우다. 즉 원자핵 주위에 전자가 돌고 있는데 전자의 궤도가 들뜬 상태가 되어 에너지를 흡수하고 이를 다시 방출하면 빛을 내게 된다는 것이다. 형광은 전자가 빛을 흡수하여 들뜬 상태가 되었다가 바로 빛을 방출하면서 나타나는 현상이고 인광은 전자가 에너지를 흡수하여 들뜬 상태가 길게 지속 되어 빛을 방출하는 현상이라 설명한다.

광 현상, 인광 현상, 그리고 물체의 색.

5. 이렇게 여러 현상을 차례대로 열거해 보았습니다. 이 제 문제는 우리의 표상을 가지고 이 현상에 합당한 방 식으로 접근할 수 있는가 하는 것입니다. 그렇게 하기 위해서 여러분은 오늘 특정 표상을 수용해야 할 필요 가 있습니다. 그리고 다음 시간에 그 모든 것을 이용해 계속해서 주제를 다루기로 하겠습니다.

6. 다시 한번 여러분께 부탁드립니다. 제가 지금부터 말 하는 것만 가능한 한 치밀하게, 가능한 한 정확하게 사 고하기 바랍니다. 첫 번째 시간에 다룬 내용인데 속도 v에 대한 공식을 기억해 보십시오. 빠르다는 것이 무 엇인지는 일단 차치합니다. 잘 알려져 있듯이 어떤 것 의 속도는 운동하는 것이 움직이는 거리 s를 시간 t로 나누면 됩니다. $v = \frac{s}{t}$입니다. 이에 대해 보통 다음과 같이 생각합니다. "어떤 것이 움직이는 공간적 거리 s가 자연 속 어디인가 존재한다. 그 공간적 거리를 거 쳐 지나가는 동안 흐른 시간 t가 있다. 이 사실상의 거 리 s를 사실상의 시간 t로 나누면 속도가 나온다. 그런 데 이렇게 해서 나온 속도는 사실상의 어떤 것이 아니 라 기능상의 어떤 것으로 고찰한다. 달리 말해 계산의

결과로 나온 어떤 것으로 고찰한다." 그런데 자연에서
는 이렇지 않습니다. 이 공식의 세 가지 크기, 즉 공간,
시간, 속도 중에서 유일하게 진짜 실재, 유일한 실재는
속도입니다. 우리 외부에 있는 것은 속도일 뿐입니다.
다른 두 가지, 즉 거리 s와 시간 t는, 우리가 단일적인
속도 v를 특정한 의미에서 쪼개서 분리하기 때문에 생
겨납니다. 거리와 시간은 실제로 존재하는 속도를 근
거로 우리가 형성한 두 가지 추상적인 요소입니다. 우
리는 이 문제를 다음과 같이 처리합니다. 특정 속도로
공간을 통과해 날아가는 물체를 본다고 합시다. 여기
에서 유일한 실재는 물체가 속도를 가지고 있다는 것
일 뿐입니다. 그런데 우리는 이 빠르기의 총체성, 즉 빠
르게 날아가는 물체의 총체성을 주시하는 대신에 생각
을 합니다. 단일적인 것을 두 가지 추상성으로 나누어
서 생각합니다. 하나의 속도가 존재함으로써 하나의
길, 즉 공간이 존재합니다. 우리는 가장 먼저 이 길을
고찰합니다. 그 다음에 이 길을 통과하는 동안에 잰 시
간을 두 번째 것으로 추가해서 고찰합니다. 이렇게 우
리가 이해 과정을 통해 유일한 실재로서 존재하는 속
도에서 공간과 시간을 벗겨냅니다. 그런데 공간은 속

도가 만들어 내기 때문에 있는 것이지 달리는 절대 있을 수 없습니다. 시간도 마찬가지입니다. 우리가 이 공식에 속도 v라 명기한 실재와 관계하는 공간과 시간은 실재가 전혀 아닙니다. 이것들은 우리가 속도에서 만들어 낸 추상성입니다. 우리의 이해 과정을 통해서 공간과 시간이라는 두 가지 추상성을 먼저 형성했다는 것을, 우리 외부에 실재로서 존재하는 것은 속도뿐이라는 것을 분명히 알고 있을 때만 외부 실재를 제대로 다룰 수 있습니다. 시간과 공간은 우리가 두 가지 추상화를 통해 속도를 분해해서 만들어 낸 것입니다. 우리가 속도에서는 우리를 떼어 낼 수 있습니다. 하지만 시간과 공간에서는 우리를 떼어 낼 수 없습니다. 시간과 공간은 우리의 지각 속에, 우리의 지각하는 활동 그 속에 들어 있습니다. 공간과 시간, 이것들과 우리는 하나입니다. "우리는 공간과 시간, 이것들과 하나다." 이 말은 커다란 파급 효과가 있는 것입니다. 이 말을 반드시 명심하십시오! 우리는 저 바깥의 속도와는 하나가 아닙니다. 하지만 공간과 시간, 그것들과 우리는 하나입니다. 네, 우리와 하나인 것을 아무 생각 없이 단순하게 외부 물체로 여겨서는 안 되겠지요. 외부 물체에 대한 표상을 적절한 방식으로 얻기 위해 그것을 이용해야 할 뿐입니다. 우리는 다음과 같이 말해야 합니다. "우리와 내밀하게 연결된 공간과 시간을 통해서 속도에 관해 배워 알게 된다." 물체가 특정 거리를 통과한다고 말해서는 안 됩니다. "물체에 속도가 있다."고 말해야 합니다. 물체는 시간을 필요로 한다는 말도 옳지 않습니다. "물체에 속도가 있다."고 말해야 합니다. 우리는 공간과 시간을 이용해서 속도를 잽니다. 공간과 시간은 우리의 수단이고, 우리와 연결되어 있습니다. 바로 이것이 중요합니다. 공간과 시간, 이 두 가지와 연결되어 있는 주관적인 것과 속도라 하는 객관적인 것은 엄밀하게 구분됩니다. 여러분이 이 사실을 정말로, 정말로 깊이 명심한다면 굉장히 유익할 것입니다. 그렇게 하면, 한 가지가 확실해지기 때문입니다. 속도 v는 단순히 거리 s를 시간 t로 나눈 결과가 아니라는 것입니다. 물론 속도 v가 숫자로는 s를 t로 나눈 몫을 통해서 표현됩니다. 다만 내적으로 그 자체를 통해서 존재하는 실재를, 속도를 지닌다는 데에 그 본질이 있는 실재를 내가 숫자로 표현할 뿐입니다. 여기에서 제가 공간과 시간을 위해 표현한 것은 우리에게서 절대 떼어 낼 수 없습니다. 이렇게 우리에게서 떼어 낼 수 없는 것이 또 있습니다.

7. 요즘 사람들 사이에는 쾨니히스베르크[6]식 생각이 유행합니다. 사람들이 칸트식으로 생각한다는 말이지요. 우리는 그런 식의 사고방식을 완전히 버려야 합니다. 그렇지 않으면 제가 여기에서 칸트식으로 말했다고 믿을 수 있기 때문입니다. 칸트에 따르면 공간과 시간은 우리 내면에 들어 있습니다. 저는 공간과 시간이 우리 내면에 들어 있다고 말하지 않았습니다. 우리가 객관적인 것을, 즉 속도를 지각할 때, 이 지각을 위해 공간과 시간을 이용한다고 말했습니다. 공간과 시간은 우리 내면과 외부에 동시에 존재합니다. 다만, 우리 자신을 속도와는 연결할 수 없는 반면에 공간과 시간과는 연결할 수 있습니다. 속도는 우리를 스쳐 지나갑니다. 제가 말하는 것은 칸트의 쾨니히스베르크식 생각과 본질적으로 다릅니다.

8. 제가 공간과 시간에 관해 말한 것은 좀 다른 것에도 해당합니다. 우리는 공간과 시간을 통해서 객관성과 연

---

6   Königsberg_ 현재 러시아의 칼리닌그라드Kaliningrad. 칸트의 출생지

결되어 있습니다. 하지만 속도는 우리가 찾아내야 합니다. 이와 똑같이 우리는 이른바 물체들과 함께 한 가지 요소 속에 들어 있습니다. 빛을 통해서 물체들을 바라볼 때 그렇습니다. 우리는 공간과 시간의 객관성에 대해 말할 수 없듯이 빛의 객관성에 대해서도 말할 수 없습니다. 물체들이 특정 속도로 공간과 시간 속에서 유영하듯이 우리도 역시 그 안에서 유영합니다. 물체들이 빛 속에서 유영하듯이 우리도 그 속에서 유영합니다. 빛은 이른바 물체로서 우리 외부에 있는 것과 우리 사이에 공동으로 존재하는 요소입니다. 다음과 같이 표상할 수 있습니다. 어둠이 빛을 통해 차츰차츰 밝아진다고 합시다. 그러면 공간이 어떤 것으로 —이 어떤 것을 x라고 명기합시다— 가득 찹니다. 여러분이 이 어떤 것 속에 들어 있습니다. 여러분 외부에 있는 것들도 그 속에 들어 있습니다. 여러분 외부에 있는 것들과 여러분이 함께 그 요소 안에서 유영합니다. 이제 질문이 떠오릅니다. "우리가 빛 속에서 유영한다니, 어떻게 그렇게 할 수 있는가?" 이른바 육체로는 그렇게 할 수 없습니다. 우리는 실제로 우리 에테르체로 빛 속에서 유영합니다. 이러한 진정한 사실로 건너가지 않는 한 절대 빛을 파악할 수 없습니다. 우리는 우리의 에테르체로 빛 속에서 유영합니다. 빛 에테르라고 해도 상관없습니다. 어떻게 부르는지는 중요하지 않습니다. 중점은 우리가 에테르체로 빛 속에 들어 있다는 것입니다.

9. 지난 며칠 동안 강의에서 어떻게 색채가 빛에서 생겨나는지 다양한 방식으로 보았습니다. 색채는 극히 다양한 방식으로 생겨납니다. 그런데 색채는 이른바 물체에서 생겨나기도 하고 그 속에 들어 있기도 합니다. 우리는 빛 속에서 생겨났다가 사라지는, 특정한 의미에서 유령 같은 색채를 봅니다. 제가 이제 프리즘을 이용해서 저쪽 벽에 색채 스펙트럼을 만들겠습니다. 색채가 유령처럼 공간에 휙 지나가지요. 빛에서 저런 색채를 봅니다. 네, 어떻게 그럴 수 있습니까? 우리는 에테르체로 빛 속에서 유영한다고 말했습니다. 그렇다면 저렇게 휙 스쳐 지나가는 색채에 대해 우리는 어떤 관계에 있습니까? 그런 색채 속에는 우리가 아스트랄체로 들어 있습니다. 그런 색채와 우리는 아스트랄체로 연결되어 있습니다. 이제 여러분이 해야 할 것은 다음의 사실을 명확히 하는 것일 뿐입니다. "색채를 보는

곳에서 나는 내 아스트랄체로 그 색채와 연결되어 있다!" 그리고 진짜 인식을 얻기 위해 다음과 같이 말해야 할 뿐 다른 방도는 전혀 없습니다. "빛은 사실상 비가시적으로 머무는 반면에 우리는 그 안에서 유영한다. 우리는 시간과 공간을 객관적인 것이라 부를 수 없다. 왜냐하면 우리는 물체들과 더불어 그 안에서 유영하기 때문이다. 그러므로 우리와 물체를 위한 공동의 요소로 빛을 고찰해야 한다. 하지만 색채는, 빛이 만드는 것에 우리가 아스트랄체를 통해서 관계함으로써만 드러나는 것으로 고찰해야 한다."

10. 이제 다음과 같이 한번 가정해 봅시다. 여기에 어떤 식으로든 A-B-C-D의 모양으로 색채 현상이 있다고 합

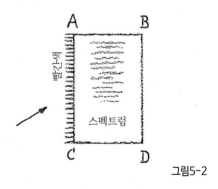

그림5-2

시다. 어떤 종류의 스펙트럼이나 그와 유사한 것인데 어쨌든 빛 속에서만 일어나는 현상입니다. 이 경우에 여러분은 빛에 대한 아스트랄적 관계를 참고 삼아야 합니다. 그런데 이 면이 색을 칠한 것일 수도 있겠지요. 그래서 A-C 부분이 특정한 의미에서 빨간색으로 된 물체로 보일 수 있습니다. A-C를 빨간색이라고 합시다. 그런데 이제 이 물체의 표면뿐 아니라 속까지 전부 빨간색이라고 상상해 보십시오. 표면만 색이 있는 것과 속까지 색으로 되어 있는 것은 두 가지 다른 현상입니다. 그런데 후자의 경우에도 여러분은 아스트랄적으로 관계합니다. 다만 색채에 관여해 들어가는 그 아스트랄적 관계가 물체의 표면으로 인해 분리되어 있을 뿐입니다. 이 점에 주의를 기울이기 바랍니다! 여러분이 빛 속의 색채, 즉 스펙트럼 색채를 본다고 합시다. 이 경우에는 색채에 대한 아스트랄적 관계가 직접적인 성격을 띱니다. 여러분과 색채 사이에 아무것도 없다는 말이지요. 어떤 물체의 색을 보는 경우에는 여러분의 아스트랄체와 물체 사이에 어떤 것이 있습니다. 여러분이 그 어떤 것을 통해서 물체의 색과 아스트랄적으로 관계합니다. 이 사실을 여러분 마음 속 깊이 수용해서 숙고하기를 당부합니다. 이것은 우리가 작업해야 할 중요한 기본 개념이기 때문입니다. 그리고 그렇게 해야만 진정한 물리학을 위한 기본 개념을 얻을 수 있습니다.

11. 이제 이 시간을 마무리하며 한 가지를 언급하겠습니다. 보다시피 제가 이 자리에서 말하는 것은 여러분이 오늘날 구입할 수 있는 최상의 전문 과학 서적에 들어 있는 내용이 아닙니다. 여러분이 괴테 색채론을 읽으면 알 수 있는 것도 아닙니다. 그 두 가지에서 발견할 수 없는 것을 이야기하고 있습니다. 여러분은 제가 말하는 바로 그것을 통해서 적절한 방식으로 그 두 가지를 정신적으로 이끌어갈 수 있게 됩니다. 우리는 물리학자를 믿는 사람들이 아닙니다. 그렇다고 해서 괴테를 믿는 사람이 될 필요도 없습니다. 왜냐하면 괴테는 1832년에 세상을 떠났기 때문입니다. 우리는 1832년의 괴테주의를 신봉하지 않습니다. 1919년의 괴테주의, 즉 더 발달된 괴테주의를 신봉해야 합니다. 제가 오늘 이야기한 것, 즉 아스트랄적 관계에 대해 특히 철저하게 숙고하기 바랍니다.

여섯 번째 강의

1919년 12월 29일

밝기와 대등한 어둠의 실재성

영혼을 통해 빛이 흡입되고, 어둠을 통해 의식이 빨아내진다.

어둠과 물질

온기 체험과 빛의 체험

현상을 순수하게 설명하기, 알지 못하는 원인을 더해서 생각하기

중력

전체와 부분

무기물

사실상의 공기 진동으로서 음향, 가정적 에테르 진동으로서 빛

빛과 전자기적 힘의 상호 작용을 발견하다.

1. 그저께부터 원리적인 것들을 다루기 시작했는데, 오늘은 그것을 좀 더 상세히 다루겠습니다. 우리가 빛에서 얻은 경험에서 출발하면, 앞으로 고찰할 다른 자연 현상에서 나오는 것들을 이해할 수 있을 것이기 때문입니다. 그래서 오늘은 좀 더 원리적인 고찰을 하나 더 이야기하겠습니다. 그리고 방법론적으로 우리의 길을 추구하는 양식 또한 더 정확하게 확립해야 하기 때문에 실험은 내일로 미루겠습니다. 중점은, 자연 현상 속에 사실로서 들어 있는 것을 정확하게 알아내는 것입니다. 그리고 빛이 그것을 추적하기 위한 기준점 대부분을 실제로 줍니다.

2. 자연 과학사를 들여다보면 빛 현상에 대한 연구는 상대적으로 늦게 시작됩니다. 오늘날의 학계에서 관행이 된 것과 같은 물리학적인 사고방식은 역사를 거슬러 올라가 보면 16세기 이전에는 거의 없습니다. 물리적 현상에 대해 사고하는 방식과 양식이 16세기 이전에는

오늘날과는 철저히, 완전히 달랐습니다. 그런데 이제는 물리학계에 너무 깊이 뿌리 박은 그 사고방식 때문에 오늘날 특정 물리학을 배운 사람은 순수한 사실로 돌아가기가 굉장히 어렵습니다. 오늘날에는 가장 먼저 순수한 사실을 —이 표현을 절대 사소한 의미에서 이해하지 말 것을 당부합니다— 있는 그대로 느끼도록, 감지하도록 습관을 들여야 합니다. 현재 급선무는 순수한 사실을 느끼도록 배우는 것입니다. 그러므로 어떤 예에서 사실을 객관적으로 추적해서 얻을 수 있는 것과 학계에서 습관이 된 사고를 어떻게 구분할 수 있는지 먼저 다루겠습니다. 물론 각각의 구체적인 예를 출발점으로 삼겠습니다.

3. 여기에 절단된 유리판 단면이 있다고 합시다. 이 유리판을 통과해서 빛을 내는 것, 즉 광체를 봅니다. 이것을 도식적으로 그리겠습니다. (흑판에 그림을 그린다) 이쪽에 빛이 나오는 지점을 동그라미로 표시하겠습니다.[1] 이제 학교 다닐 적에 배운 것을 기억해 봅시다. 그러면 이 유리판 건너편의 이 지점에서 눈으로 관찰할 때 생

---

[1] 흑판의 그림을 따라 그린 그림은 흰색 선을 검은색으로 그릴 수밖에 없으니 흑백이 뒤바뀐 것으로 생각해야 한다.

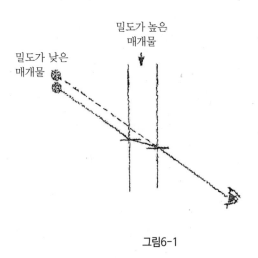

밀도가 높은
매개물

밀도가 낮은
매개물

그림6-1

기는 현상에 관해 배운 것이 기억날 것입니다. 여러분
도 광체에서 광선이 나온다고 배웠지요? 그에 따라 우
리는 이 그림에서 광선이 여기에(그림의 오른쪽 아래) 있
는 눈 쪽으로 간다고 합시다. 이는, 빛이 이 광선의 방
향에 따라 밀도가 낮은 매개체를 지나서 밀도가 높은
매개체로 들어간다는 의미입니다. 한 번은 광체를 직
접 바라보고, 그 다음에는 이 유리판을 통과해서 본다
고 합시다. 그러면 유리판을 통과해서 본 광체는 원래
의 자리에 있지 않고 약간 밀려나 보입니다. 이 경우

빛이 굴절하기 때문에 그렇게 보이는 거라고 합니다. 그리고 "빛이 밀도가 낮은 물질에서 높은 물질로 들어설 때의 굴절 방향을 얻기 위해 이른바 입사각을 그려야 한다."고 말합니다. 이렇게 밀도가 높은 물질로 방해받지 않는다면 빛은 같은 방향으로 계속 나가겠지요. (그림6-1 참조) 그런데 밀도가 높은 물질을 만나면 빛이 굴절한다고 합니다. 이 경우에는 빛이 여기의 이 입사각 수직선에서, 그러니까 수직으로 된 유리판의 이 지점에서 굴절해서 방향이 바뀐다는 말이지요. 밀도가 높은 물질을 통과해서 광선을 볼 때와 마찬가지로 계속해서 빛을 관찰하면, 다음과 같이 말해야 합니다. "여기에 (유리판의 수직선 왼쪽 끝에 빛이 와 닿는 곳) 입사각이 있다. 여기에서 빛이 굴절해서 이 방향으로 간다. 그리고 여기에서 (유리판 속에서 오른쪽 면에 굴절된 빛이 닿는 곳) 빛이 다시 굴절한다. 그런데 이 지점의 입사각의 크기는 유리판을 거친 광선이 원래의 광선과 평행을 유지할 수 있는 바로 그만큼이다." 이 지점에서 (그림에 눈이 있는 곳에서) 광체를 보면, 빛이 유리판을 통과한 후의 방향을 뒤쪽으로 연장한 곳(그림의 점선)에 그것이 보입니다. 그러니까 광체가 위쪽으로 약간 밀려나 보이는 것이지요. 이 지점에서 빛을 보면, 빛이 여기에 떨어진 다음에 두 번 굴절하고, 즉 입사 수직면을 들어갈 때와 입사 수직면을 나올 때 굴절하고, 여기에 있는 눈이 내적인 능력이 있어서 —영혼이나 어떤 악마의 능력이라 해도 상관없습니다— 공간 속의 다른 곳으로 광체를 옮긴다는 것이지요. 더 정확히 말해서 빛을 굴절시키는 매질이 없는 경우에 눈이 보는 그 자리가 아니라 다른 곳으로 광체를 옮긴다는 것입니다.

4. 여기서 중점은 다음 사항을 굳건히 고수하는 것입니다. 앞에 한 실험을 약간 바꿔서 다음과 같이 해 봅시다. 같은 매질의 유리판을 통해 광체가 아니라 사물을 보는데, 이것의 윗부분은 밝고 아랫부분은 어둡습니

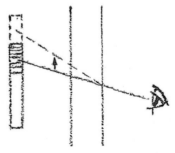

그림6-2

다.[2] 그러면 이 사물의 밝은 부분만 위로 밀려나 보이지 않습니다. 어두운 부분도 위로 밀려나 보입니다. 그러니까 명암에 관계없이 사물 전체가 밀려나 보이는 것이지요. 이 점을 유의하기 바랍니다. 이 경우 밝은 부분에 면한 어두운 부분도 위로 밀려나 보입니다. 물체의 위쪽인 밝은 부분에 어두운 부분이 면해 있기 때문에 함께 위로 밀려나 보이는 것이지요. 한 부분은 밝고 다른 부분은 어두운 복합적인 사물로 실험을 하는 경우 다음과 같이 말해야 하지 않겠습니까? "사물의 위쪽 끝에 밝은 부분만 위로 밀려나 보일 것이다." 언제나 밝음만 따로 뽑아내서 실험을 하면, 당연히 이 밝음만 밀려나 보인다는 듯이 말하기 마련입니다. 그런데 그것은 터무니없는 말입니다. 제가 이 경우 일부러 밝은 부분만 본다고 해도, 그 부분만 위로 밀려나 보이지 않습니다. 무無라고 명명할 수도 있겠는데, 여기 아래의 이 어두운 부분도 실제로 위로 밀려나 보입니다. 그러니까 밀려나 보이는 것은 추상적으로 경계를 정할 수 있는 것이 절대 아닙니다. 제가 이제 뉴턴의 실험을

---

2   이 책 196쪽 각주1을 참조하라.

한다고 합시다. 뉴턴은 한쪽에서 들어온 빛이 프리즘을 통과해서 굴절된다고 합니다. 그런데 원뿔형 빛만 굴절된다는 말은 진실이 아닙니다. 원뿔형 빛 위쪽부터 아래쪽까지 경계를 이루는 것, 이것도 함께 밀립니다. 어떤 광선이나 그와 유사한 것은 여기에서 절대 거론될 수 없습니다. 밀려난 빛 그림 혹은 빛 공간만 있을 뿐입니다. 제가 따로 고립된 빛에 관해 말하려 한다고 합시다. 그러면 이론 중에 어떤 것을 그 고립된 빛과 연관시키는 식으로는 절대 말할 수 없습니다. 그 빛에 직접 경계하는 것과 제 말을 연관시키는 식으로만 이야기할 수 있을 뿐입니다. 바로 이렇게 생각할 줄 알아야만 색채 현상이 생성되는 것을 볼 때 실제로 거기에서 무엇이 일어나는지 정말로 느낄 수 있습니다. 이렇게 생각할 줄 모르면, 보통의 사고방식에 따라 마치 빛에서 색채가 그냥 그렇게 나온다는 인상을 받습니다. 색채는 오직 빛과 관계하는 것이라고 미리 정해 둔 생각으로 현상을 보게 됩니다. 그런데 실제로는 색채 형성에 빛만 관계하지 않습니다. 실제로는 상대적으로 좀 더 밝은 어떤 것과, 그리고 이 좀 더 밝은 어떤 것의 한쪽이나 다른 쪽에 면한 상대적으로 좀 더 어두운 것

과 관계합니다. 그리고 공간 빛으로서 이 밝음이 밀려
나 보이는 것과 똑같이 밝음에 경계한 어둠 역시 밀려
나 보입니다. 그렇다면 이 어둠은 과연 무엇입니까? 어
둠은 실제로 무엇인가 하는 질문이 떠올라야 하겠지
요. 어둠도 역시 구체적으로 파악되어야 합니다. 대략
16세기 이래로 물리학에 진입한 것들이 있습니다. 그
모든 것이 어떻게 물리학에 들어와 자리 잡을 수 있었
겠습니까? 사람들이 외적인 관찰과 동시에 정신적인
관찰도 해야 하는데 전혀 그렇게 하지 않았기 때문에
그렇게 될 수 있었습니다. 16세기 이래로 사람들은 외
적인 감각에 드러나는 대로만 관찰하고, 그 다음에 관
찰한 것을 해명하기 위해 온갖 종류의 이론을 고안해
서 덧붙입니다. 빛이 강할 때도 있고 약할 때도 있다는
것을 여러분은 절대 부인할 수 없을 것입니다. 빛을 관
찰해 보면 실제로 강한 빛도 있고 약한 빛도 있습니다.
이는 기정 사실입니다. 이제 문제는 강할 수도 있고 약
할 수도 있는 빛이 어둠과 실제로 어떻게 관계하는지
이해하는 것입니다. 오늘날에는 평범한 물리학자도 강
하고 약한 빛이 있다고, 즉 다양한 강도의 빛이 있다고
생각합니다. 그런데 어둠은 딱 한 종류만 있다고 생각

합니다. 빛이 없으면 그냥 생겨나는 어둠만 어둠이라고 봅니다. 한 종류의 '까만색'만 있다는 말이지요. 그런데 한 종류의 빛만 있을 수 없듯이, 한 종류의 어둠만 있는 것은 아닙니다. 한 종류의 어둠만 있다고 말하는 것은 다음과 같이 말하는 것과 똑같이 일방적인 생각입니다. "아는 사람 네 명이 있는데, 그중 한 명은 재산이 오백만 원 있고, 다른 한 명은 천만 원이 있다. 후자는 전자에 비해 두 배 많은 재산을 가지고 있다. 그 네 명 중에 세 번째는 오백만 원의 빚을 졌고, 네 번째는 천만 원의 빚을 졌다. 이 두 사람이 진 빚의 차이는 상관할 필요가 없다. 빚은 빚일 뿐 그 양자 간에 아무 차이도 없다. 나는 사람들이 얼마나 많은 재산을 가지고 있는지는 정확하게 구분하지만, 빚이 얼마나 되는지는 구분할 필요가 없다고 생각한다. 빚은 그냥 빚이라 생각한다." 빚을 오백만 원 진 경우와 천만 원 진 경우는 상황이 완전히 다릅니다. 그렇기 때문에 그 양자를 구분하지 않는다는 말은 이상하게 들립니다. 그런데 사람들은 어둠과 관련해 바로 그런 식의 태도를 취합니다. 빛에는 다양한 강도가 있지만 어둠은 그냥 어둠일 뿐이라고 합니다. 질적인 사고로 더 나아가지 않으려는 것, 바로 이것이 '영적, 정신적인 것'과 '육체적, 물체적인 것' 사이의 다리를 발견하지 못하게 하는 커다란 방해 요소입니다. 어떤 공간이 빛으로 가득 차 있다고 한다면, 그 빛에 특정 강도가 있습니다. 어떤 공간이 어둠으로 가득 차 있다면, 그 어둠에 특정 강도가 있습니다. 우리는 추상적인 공간에서 추상적이지 않은 공간으로 나아가야 합니다. 그러니까 빛을 통해 긍정적으로 차 있는 공간이나 어둠을 통해 부정적으로 차 있는 공간으로 나아가야 한다는 말입니다. 빛으로 가득 찬 공간을 만나면, 그것을 질적으로 긍정적이라고 말할 수 있습니다. 그리고 어둠으로 가득 찬 공간을 만나면, 그것을 빛의 상태와 관련해서 질적으로 부정적으로 생각할 수 있습니다. 그래도 어쨌든 양자 모두 특정 강도, 특정 심도가 있다고 말할 수 있습니다. 이제 다음과 같이 질문할 수 있습니다. "그래, 그렇다면, 긍정적으로 가득 차 있는 공간과 부정적으로 가득 차 있는 공간은 우리의 지각 능력을 고려해 보아 어떤 차이가 있는가?" 공간이 긍정적으로 가득 차 있다는 것을 느끼기는 별로 어렵지 않습니다. 우리가 아침에 깨어나 눈을 뜨면 주변이 햇빛으로 가득 차 있습니다. 우리의 주관적인 체험이 주변에 빛으로 넘쳐흐르는 것과 합일하는데, 그것이 어떤 느낌인지 상기해 보면 됩니다. 그 다음에 이 느낌을 우리가 어둠 속에 있을 때 느끼는 것과 비교해 보십시오. 그러면 —이제 아주 엄밀하게 주시하고 이해하도록 당부합니다— 빛으로 가득 찬 공간에 있을 때와 어둠으로 가득 찬 공간에 있을 때, 이 양자 간에 순수하게 느낌상으로 차이가 있다는 것을 인정할 수밖에 없을 것입니다. 그런데 이 문제에는 비교를 통해서만 접근할 수 있습니다.

5. 빛으로 가득 찬 공간에 있을 때 생기는 느낌은 우리의 영적인 본질을 통해 그 빛을 흡수하는 것에 비교할 수 있습니다. 빛으로 가득 찬 공간에 있으면 풍부해진다는 느낌이 듭니다. 바로 빛을 흡수하기 때문에 생기는 느낌입니다. 어둠 속에 있을 때는 어떻습니까? 정반대의 느낌이 생깁니다. 어둠이 우리를 흡수합니다. 어둠이 우리를 빨아들입니다. 어둠에 우리를 바쳐야 합니다. 어둠에 우리의 어떤 것을 주어야 합니다. 그래서 다음과 같이 말할 수 있습니다. "우리에 대한 빛의 효과는 우리에게 나누어 주는 어떤 것이고, 우리에 대한 어둠의 효과는 사실상 우리를 흡입하는 어떤 것이다." 밝

은 색과 어두운 색 역시 이렇게 구분해야 합니다. 밝은
색은 우리에 달려드는 것, 우리에게 자신을 나누어 주
는 것입니다. 어두운 색은 우리를 흡수하는 것입니다.
그것에 우리의 어떤 것을 내주어야 합니다. 그러므로
결과적으로 다음과 같이 말할 수 있습니다. "빛이 우
리를 비출 때는 저 바깥 세상의 어떤 것이 우리에게 자
신을 전하려고 한다. 어둠이 우리에게 작용할 때는 저
바깥 세상의 어떤 것이 우리에게서 무엇인가 덜어 가
려고, 우리를 흡수하려 한다." 잠을 자는 동안 우리 의
식은 ─제가 다른 강의에서 이미 여러 번 이야기했는
데,─ 특정 관계에서 보아 흡수됩니다. 잠을 자는 동안
우리는 의식이 없습니다. 밝은 색채에서 점점 더 어두
운 색채로, 그러니까 파란색, 보라색 쪽으로 가면, 잠잘
때 의식이 멈추는 현상과 굉장히 유사한 것이 일어납
니다. 며칠 전에 제가 덩어리에 대한 인간 영혼의 관계
에 관해 이야기했는데, 아직 기억하시는지요? 덩어리
속으로 들어가면서 잠이 드는 것, 즉 덩어리에 의한 의
식의 흡수를 기억해 보십시오. 그러면 그것이 어둠에
의한 의식의 흡수와 유사하다는 느낌이 들 것입니다.
일단 공간이 어둠으로 가득 차 있다고 합시다. 그런데

보통 물질이라 불리고 질량으로 표현되는 다른 것으로 가득 찬 공간도 있습니다. 이 두 가지 공간의 내적인 유사성을 발견해야 합니다. 달리 말해서 빛의 현상에서 물질적 현존 현상으로 곧바로 넘어가는 길을 찾아야 한다는 것이지요. 그런데 우리는 이미 그 길에 들어섰습니다. 먼저 인광과 형광이라는 휘발성 빛 현상을, 그 다음에 지속적인 빛 현상을 찾아보았습니다. 이 지속적인 빛 현상 속에 지속적으로 머무는 색채가 있다는 것을 보았습니다. 우리는 이런 것들을 따로따로 분리해서 고찰할 수 없습니다. 그래서 일단 완벽한 현상 복합체를 우리 앞에 세워 보고자 합니다.

6. 이외에 다음 사항도 주시해야 합니다. 사람이 빛으로 가득 찬 공간에 있으면 특정 방식으로 그 공간과 합일합니다. "우리 내면의 어떤 것이 빛으로 가득 찬 공간 속으로 헤엄쳐 나가 공간과 합일한다." 이렇게 말할 수 있습니다. 그런데 진짜 사실 정황을 조금이라도 고려해 보면, 빛으로 가득 찬 주변 환경과 합일된 상태와 주변의 온기와 합일된 상태 사이에 커다란 차이가 있다는 것을 알아볼 것입니다. 우리는 인간으로서 주변의 온기 상태에도 역시 참여합니다. 온기 상태에 참여

할 때는 이 상태의 양극성과 같은 어떤 것, 즉 온기와 냉기를 느끼면서 그렇게 합니다. 그렇기는 해도 주변의 온기 상태 속에 들어 있다는 느낌과 주변의 빛 상태 속에 들어 있다는 느낌 사이의 차이를 지각한다는 것도 여지없는 사실입니다. 이 차이가 16세기 이래로 생겨난 새로운 물리학에서 완전히 사라졌습니다. 아니, 그렇게 말할 수 없겠습니다. 빛 체험과 온기 체험의 차이에 대한 자연스러운 감각이 물리학에서 단순하게 사라진 게 아니라, 그 차이를 어떤 식으로든 깨끗하게 닦아 내기 위해 전력을 다했다고 해야 맞습니다. 완전히 자연스럽게 사실 정황에 집중할 수 있기 때문에 주변에 있는 온기 상태의 체험과 빛 상태의 체험 사이의 차이를 정말로 주시하는 사람은 인간이 온기 상태에는 육체로, 빛의 상태에는 에테르체로 관여한다는 사실을 구분합니다. 일단은 이 차이를 구분하는 것 외에 할 수 있는 것이 전혀 없습니다. 인간이 에테르체를 통해 알아보는 것과 육체를 통해 알아보는 것, 이 양자를 뒤죽박죽 혼합하기, 바로 이것이 16세기 이래 생겨난 새로운 물리학적 관찰에 아주 고질적인 병폐가 되었습니다. 바로 이로 인해 모든 것이 차츰차츰 깨끗하게 청소

되었습니다. 물리학이 천천히 뉴턴의 영향 아래 들어선 이래로 사실 정황을 그대로 표현하는 능력이 소실되었습니다. 그런데 뉴턴의 영향은 현재에도 여전히 작용하고 있습니다. 몇몇 인물이 있는 그대로 사실 정황을 가리키는 노력을 하기는 했습니다. 크게 보아 **괴테**가 그렇게 했고, 예를 들어 **키르히호프**[3] 같은 사람들은 좀 이론적인 방식으로 그렇게 했습니다. 그래도 전체적으로는 순수하게 사실 정황에 주의를 기울이면서 파고드는 능력은 사실상 사라졌습니다. 결국 뉴턴의 의미로 사실을 해석하게 된 것이지요. 어떤 물체가 다른 물체 가까이에 있을 때 조건이 들어맞는다면 하나가 다른 것에 빠져 든다고 합니다. 이 현상은 하나의 물체에서 나와 다른 물체에 작용하는 힘, 즉 중력 때문이라고 합니다. 그런데 여러분이 아무리 곰곰이 생각

3 　구스타프 로베르트 키르히호프Gustav Robert Kirchhoff(1824~1887)_ 독일 물리학자. 키르히호프의 학문적 성향은 『수학적 물리학 강의 제1권』(라이프치히, 1876)의 역학에 관한 서문에 짤막하게 언급되어 있다. 루돌프 슈타이너의 『철학사 내부에서 윤곽으로 그린 철학의 수수께끼』(GA18, 도르나흐, 1985) 433쪽을 참조하라. 루트비히 볼츠만Ludwig Boltzmann이 저술한 전기 『구스타프 로베르트 키르히호프』(라이프치히, 1888)에서 이 학문적 성향의 수용과 그 결과에 관해 이야기한다.

해 본다 해도 중력이라는 용어로 이해하는 것을 사실 정황으로 간주할 수는 없을 것입니다. 돌멩이 한 개가 땅에 떨어진다고 합시다. 이 경우에 사실 정황은 돌 한 개가 지구에 가까워진다는 것일 뿐입니다. 여러분이 보는 것은, 한 지점에 있던 돌이 다음 순간에는 두 번째 지점에, 그 다음 순간에는 세 번째 지점에 있는 등으로 돌의 위치가 변경된다는 것입니다. "지구가 돌을 잡아당긴다."라고 말한다면, 사실 정황에 어떤 것을 부가하는 것입니다. 일어나는 사실, 즉 현상을 있는 그대로 순수하게 표현하지 않는 것입니다. 물리학에서는 현상을 있는 그대로 표현하는 습관을 차츰차츰 버렸습니다. 그런데 요지는 현상을 있는 그대로 표현해야 한다는 것입니다. 현상을 순수하게 표현하지 않고 고안된 해명으로 건너가면, 갖가지 고안된 해명을 발견할 수 있습니다. 그런데 그런 해명은 대부분 같은 것을 해명합니다. 여기에 두 개의 물체가, —천체라고 해도 괜찮습니다.— 여기에 두 천체가 있다고 한번 가정해 보십시오. 이제 여러분이 다음과 같이 말할 수 있습니다. "이 두 가지 천체가 서로 잡아당긴다. 둘 다 힘과 유사한 알 수 없는 어떤 것을 공간에 사출하고 서로 잡아당

그림6-3

긴다." 그런데 이 두 개의 천체가 서로 잡아당긴다고 하지 않고 다음과 같이 말할 수도 있습니다. "여기에 하나의 물체가 있고, 저기에 다른 물체가 있다. 그 사이에 수많은 다른 물체가 있다. ―이런 작은 물체들이 에테르 미립자라 해도 괜찮습니다― 이 수많은 에테르 미립자가 움직이는 상태에서 두 천체에 충돌하고, 휙 휙 날아다니면서 서로 간에 충돌하기도 한다. 그런데 공격면을 고려해 보면 두 천체가 마주 대하는 안쪽 면보다 바깥을 향하는 면이 더 크기 때문에 외벽에 더 많은 충돌이 일어난다. 그 결과로 두 천체가 점점 더 가까워진다. 두 천체 사이에서 일어나는 충돌 수와 외곽

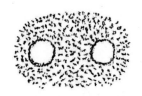

그림6-4

에서 일어나는 충돌 수의 차이 때문에 결국은 두 천체가 서로 충돌하게 된다." 원력遠力이라는 것이 있고, 이 힘이 물체를 잡아당긴다고 하면서 중력을 설명하려고 했던 사람들도 있었습니다. 이것은 물론 말도 안 되는 소리지요.[4] 힘이 먼 곳으로 작용한다는 가정은 어처구니없는 것입니다. 다른 식의 생각도 있습니다. 공간이 에테르로 가득 차 있고 이 에테르 미립자가 움직이면서 서로 충돌해서 과열된다고 가정합니다. 이런 것은 오늘날의 사람들이 진짜 현상은 보지 않고 갖가지 해명을 덧붙인다는 것을 보여 주는 모범 사례일 뿐입니다. 이외에도 온갖 종류의 해명이 있습니다. 과연 무엇이 이런 것의 근저에 있습니까? 알려지지 않은 갖가지 동인을, 별별 것을 다 하는 가상의 힘을 부가해서 생각하기, 이것이 인간의 짐을 덜어 줍니다. 원력이라는 명칭으로 부가해서 이론화하는 것뿐만 아니라, 여기에 미립자의 충돌로 부가해서 이론화하는 것도 당연히 고안해 낸 것입니다. 그런데 이렇게 부가해서 생각하면,

---

4   하인리히 슈람Heinrich Schramm의 『모든 자연 현상의 근거가 되는 물질의 일반적인 운동』(빈, 1872)과 『내 삶의 발자취』(GA28, 푸른 씨앗, 2020) 52~54쪽을 참조하라.

오늘날의 사람들은 끔찍스럽게 불편한 것으로 여기는 가정을 하지 않아도 됩니다. 이제 다음과 같은 질문을 할 수 있습니다. "독립된 두 개의 천체가 서로 접근한다면, 그렇게 접근하는 것이 두 천체의 본질에 속한다는 것을 보여 주는 것은 아닌가?" 그렇다면 천체의 접근을 유발시키는 어떤 것이 반드시 있어야 하겠지요. 두 천체가 접근하는 데에는 어떤 이유가 있을 수밖에 없습니다. 물론 어떤 종류의 힘을 부가해서 생각하면 일은 쉽게 처리됩니다. 그런데 이보다는 좀 어려운 다른 길이 있습니다. 두 천체가 각기 독립적으로 존재하지 않는다고 생각하는 것입니다. 예를 들어서 제가 손을 이마에 갖다 대면서 이마가 손을 잡아당긴다고 말하지는 않지요. 영적, 정신적인 근거가 있는 것을 통해 이루어지는 내적인 행위라고 말할 것입니다. 제 손과 이마는 서로 독립되어 있지 않습니다. 제 손과 이마는 두 가지 다른 존재가 아니라는 말이지요. 저 자신을 전체로 고찰해야 제 손과 이마도 제대로 고찰할 수 있습니다. 제가 다음과 같이 말하면 사실상의 실재를 제대로 고찰하는 것이 아닙니다. "여기에 머리가 있다. 여기에는 양팔과 양손이 있다. 여기에 몸통이 있고 그 아래에는 양다리가 있다." 아닙니다. 이것은 절대 완전한 고찰이 될 수 없습니다. 완벽한 고찰은 합일적인 유기체 전체를 묘사할 때, 즉 각 부분이 서로 속해 있다는 것을 묘사할 때 이루어집니다. 이것이 의미하는 바는, 내가 보는 것만 묘사하지 않고, 내가 보는 것의 실재에 대해 숙고할 임무가 있다는 것입니다. 내가 본 어떤 것, 그것은 실재가 아닙니다. 제가 다른 강의에서도 이 주제를 자주 다루었는데, 그때마다 다음과 같은 내용을 이야기했습니다. 암염巖鹽 덩어리가 있다고 합시다. 이것은 특정 관계에서 보아 하나의 전체입니다. 사실은 세상의 모든 것이 특정 관계에서 하나의 전체입니다. 이 암염 덩어리는 그 육면체에 들어 있는 복합체를 통해서 존재할 수 있습니다. 그런데 정원에서 꺾어 와서 꽃병에 꽂아 둔 장미는 하나의 전체가 아닙니다. 넝쿨에서 꺾인 장미는 암염과 달리 그 자체에 들어 있는 복합체를 통해서는 존재할 수 없기 때문입니다. 장미는 암염 덩어리와 같은 방식으로가 아니라 장미 넝쿨에 달려 있을 때만 존재할 수 있습니다. 그러므로 넝쿨에서 꺾어온 장미는, 비록 여러분이 암염과 똑같이 지각한다고 해도, 실제로는 분리된 것입니다. 그 자체로서 실재라고 보아서는 안 되는 어떤 것이라는 의미입니다. 여기에서 극히 중대한 사실이 나옵니다. 우리가 어떤 현상을 마주 대하는 경우에 그 현상이 어느 정도로 실재인지, 아니면 어느 정도로 전체에서 잘라 낸 것인지를 반드시 연구해야 한다는 것입니다. 해와 달을, 아니면 해와 지구를 따로따로 관찰하면 당연히 중력이나 만유인력 같은 것을 고안해서 덧붙일 수 있습니다. 내 이마가 내 오른손을 잡아당긴다고 하는 식의 중력인 것이지요. 여러분이 태양과 달과 지구를 관찰한다고 합시다. 그 경우 여러분은 그 자체로서 독립된 전체가 아니라 행성 체계에 속하는 한 부분을 관찰하는 것입니다.

7. 어떤 것이 어느 정도로 하나의 전체인지, 아니면 하나의 전체에서 분리된 것인지, 이 관찰이 실로 가장 중요합니다. 사실은 완전히 오류인 수많은 것이 다른 현상의 부분 현상에 불과한 것을 전체로 간주하기 때문에 생겨납니다. 그런데 그렇게 부분적인 현상만 고찰하고 거기에 힘을 고안해서 부가하면, 행성 체계의 삶을 고찰할 필요가 없어집니다. 달리 말해 자연의 한 부분을 의도적으로 전체로 고찰하고, 그 다음에 효과로 생겨

나는 모든 것을 단순히 이론을 통해 생겨나도록 한다는 의미입니다. 저는 여기서 사실상 문제가 되는 것을 다음과 같이 요약하겠습니다. 중점은, 자연에서 우리에게 다가오는 모든 것을 보면서 우리가 "저것은 그 자체로 전체인가, 아니면 전체인 어떤 것에 속하는 한 부분인가?" 하는 질문을 하는 것입니다. 그러면 결국 하나의 특정 관계에서만 전체성을 발견할 것입니다. 암염 덩어리도 하나의 특정한 관계에서만 전체성으로 드러납니다. 특정 온도가 유지되지 않거나 주변 상태가 바뀌면 그것은 존재할 수 없습니다. 예를 들어 주변의 온도가 심하게 올라가면 암염은 그 상태 그대로 존재할 수 없게 됩니다. 사실 어디에서나 자연을 조각내서 고찰하지 않아야 하는 불가피성이 있습니다. 그런데 오늘날에는 부당하게 자연을 조각내서 고찰합니다.

8. 16세기 이래 흔히 일반적 비유기체 혹은 무기물이라 하는 기이한 형상을 만들어 내는 상태가 되었는데, 이렇게 된 원인은 순전히 자연을 조각내서 고찰한다는 데에 있습니다. 이 비유기체적 자연, 즉 무기물이라 하는 것은 사실상 전혀 존재하지 않습니다. 여러분의 뼈는 여러분의 혈액 체계가 없이는 절대 존재할 수 없는

것과 마찬가지입니다. 여러분의 뼈는 나머지 유기체에서 결정화되어 나옵니다. 그와 똑같이 저변의 자연 전체, 즉 영적이며 정신적인 자연이 없이는 이른바 무기물 역시 절대 있을 수 없습니다. 이 무기적 자연은 자연 전체의 뼈 구조로서 자연 전체에서 생겨난 것입니다. 16세기 이래로 해 온 것처럼, 뉴턴식 물리학에서 하는 것처럼 무기적 자연을 그 자체로 따로 고찰한다는 것은 불가능합니다. 뉴턴식 물리학은 심지어 그렇게 이른바 무기적 자연을 순수하게 벗겨 내려는 의도를 가지고 일을 합니다. 무기적 자연은 우리 스스로 기계를 만드는 경우, 우리 스스로 자연의 부분을 근거로 어떤 것을 조립하는 경우에만 무기적 자연으로서 존재합니다. 그런데 이렇게 인간이 조립한 것은 자연 자체 속에 무기물과 천양지차입니다. 세상에 있는 유일한 진짜 무기물은 인간이 만든 기계일 뿐입니다. 더 정확히 말해 우리 자신이 자연력을 조합해서 조립한 것에 한해서일 뿐입니다. 조립된 것, 그것만 사실상의 무기물입니다. 다른 종류의 무기물은 분리된 것으로만 존재합니다. 그런데 바로 이 분리된 것에서 현대 물리학이 생겨났습니다. 현대 물리학은 추상해 낸 것, 분리해 낸

것 외에 다른 아무것도 아닙니다. 그리고 그렇게 추상
해 낸 것, 즉 뽑아낸 것을 실재라고 합니다. 그렇게 해
서 얻은 모든 것을 이론적인 가정에 따라 해명하려고
합니다. 그런데 여러분도 잘 알고 있듯이 인간은 감각
세계에 외적으로 주어진 것에서 자신의 개념을, 자신
의 관념을 형성할 수 있지 달리 될 수 없습니다.

9. 저는 정말로 편리한 경우라고 표현하고 싶은데요, 한
   가지 현상 영역을 위해 하나의 사실이 존재할 수 있다
   는 것입니다. 이게 무슨 말인지 예를 하나 들어서 설명
   하겠습니다. 종을 한 번 친 다음에 극히 가볍고 유동적
   인 어떤 것을 종 가까이에 갖다 대 봅니다. 그러면 소
   리를 내는 종이 가볍게 떨린다는 것을 눈으로 볼 수 있
   습니다. 담뱃대를 갖다 대면 대 속의 공기가 움직이는
   것을 볼 수 있습니다. 이 사실에서 물체나 공기가 만드
   는 떨림과 음향 지각의 연관성을 음향 현상을 위해 확
   립할 수 있습니다. 우리가 소리를 들을 때 주변에 있는
   떨림과 관계한다는 것은 이 현상 영역의 경우 특정한
   의미에서 기정사실로 되어 있습니다. "주변의 공기가
   떨리지 않는다면 우리는 소리를 들을 수 없다."고 말할
   수도 있습니다. 그러니까 공기의 떨림과 음향 사이에

는 —내일 더 이야기하겠지만,— 어떤 연관성이 있다
는 것이지요.

10. 이런 식으로 주제를 추상적으로 다루기 때문에 다음과
같은 것도 말할 수 있습니다. "청각 기관을 통해서 소
리를 지각한다. 이 청각 기관에 진동하는 공기가 와 닿
는다. 공기의 진동이 청각 기관에 부딪치면 사람이 소
리를 지각한다." 그런데 지각 기관에는 눈도 있지 않
습니까? 눈으로 색채를 보면서 다음과 같이 말합니다.
"색채 지각도 분명 이와 다름없을 것이다. 그러니까 눈
에도 틀림없이 어떤 종류의 진동이 와 부딪치는 것이
다." 그런데 그렇게 눈에 부딪치는 것이 공기는 아니라
는 것을 금세 알아챕니다. 그 대신에 에테르를 그 자리
에 넣습니다. 순수하게 유추해서 표상을 만들어 내는
것이지요. "공기가 귀에 와 닿으면 우리가 소리를 지각
한다. 이에 따르면 진동하는 공기와 음향 지각 간에 분
명히 어떤 관계가 있다. 에테르가 진동하면서 우리 눈
에 와 부딪치면, 음향 지각과 유사한 방식으로 진동하
는 에테르를 통해서 빛의 지각이 일어난다." 그렇다면
이 에테르는 어떻게 진동하는가 하는 질문을 해야겠지
요. 우리도 이 강의에서 실험을 해서 알아본 현상들이

있습니다. 바로 그런 현상을 통해 이 질문에 대한 답을 찾으려 합니다. 이런 정황이 의미하는 바는, 에테르 세계를 미리 고안한 다음에 그 에테르의 바다 속에서 어떤 일이 일어나는지 계산한다는 것입니다. 사람이 자연스럽게 지각할 수 없고 이론적으로만 가정할 수 있는 어떤 존재, 바로 이것을 계산합니다.

11. 이 자리에서 여러 가지 실험을 하면서 보았듯이 빛의 세계 내부에서 일어나는 것은 극히 복합적입니다. 그리고 새로운 물리학의 발달에서 특정 시점까지 사람들은 빛의 세계로서, 색채 세계로서 펼쳐지는 모든 것의 배후에 에테르, 즉 탄력적인 섬세한 질료가 있다고 가정했습니다. 탄력적인 물체가 서로 충돌할 때 법칙은 쉽게 알아볼 수 있습니다. 에테르를 단순히 탄력적인 작은 물체라고 고찰했고, 특정한 의미에서 그 자체로 탄력적인 어떤 것이라 상상했습니다. 그래서 팔짝거리며 뛰어다니는 작은 요괴들이 에테르의 바다 속에서 하는 짓을 계산할 수 있었습니다. 그런 계산으로 색채 스펙트럼 현상을 해명할 수 있습니다. 에테르의 진동을 단순하게 여러 종류로 분류하고, 그 다음에 그렇게 분류된 에테르가 여러 가지 다른 색으로 드러난다

고 합니다. 우리가 그저께 한 실험에서 본 그 삭제, 그러니까 나트륨선과 같은 것도 에테르의 탄력성을 근거로 삼아 특정 방식의 계산을 통해 이해시킬 수 있습니다.(169쪽 나트륨 램프를 이용한 실험 참조)

12. 그런데 최근 들어 다른 것이 이 현상에 더해졌습니다. 빛으로 실험해서 색채 스펙트럼이 생겨나게 하는데, 그 속에 ―여러분이 원하는 대로― 검은색 나트륨선을 만들어 낼 수도 있고 없앨 수도 있습니다. 그런데 이제 안 그래도 복잡한 이 실험에 다른 것을 더합니다. 이 원통형 빛에 특정 방식으로 전자석을 설치해 넣습니다. 그러면 빛 현상에 전자석으로 인한 효과가 생겨납니다. 나트륨선이 생겨나야 할 곳에 생기지 않는 대신에 두 가지 다른 현상이 전기 작용을 통해서 생깁니다. 그런데 전기는 언제나 조금은 자기와 연결되어 있습니다. 이 현상을 좀 더 자세히 설명하자면, 우리가 빛 현상으로 보면서 그 배후에는 단순히 탄력적인 에테르가 있다고 생각했던 그 과정에 흔히 전기라고 설명되는 것의 효과가 일어났다는 것입니다. 빛 현상에 대한 이 전기 효과를 보고 나서 이제 빛 현상과 전자 현상 사이에 모종의 유사성이 있다고 가정합니다. 근래의 이 발

견이 좀 충격적이기는 했습니다. 그 이전에는 이 상호 작용을 몰랐기 때문에 일을 대충 해도 괜찮았습니다. 이제는 한 가지 현상이 다른 현상과 모종의 관계가 있다고 말해야 하는 상황이 된 것이지요. 이로 인해 현재 다수의 물리학자가 빛으로 세상에 펼쳐지는 것에서 전자 효과도 역시 들어 있다는 생각을 하게 되었습니다. 그러니까 빛으로서 공간을 통과하는 것이 실은 전자 광선이라고 합니다. 이 과정에서 무엇이 일어나는지 한번 생각해 보십시오. 예전에는 빛 현상의 배후에 있는 것을 알고 있다고 생각했습니다. 탄력성이 있는 에테르의 진동, 파동, 그런 것이 있다고 가정했습니다. 그런데 이제 빛과 전기가 상호 작용한다는 사실을 발견했기 때문에 그 진동이 실은 전기라 간주해야 하는 상황이 되었습니다. 광선을 발하는 전기라는 것입니다. 여러분은 이 모든 것을 극히 엄밀하게 파악해야 합니다! 빛과 색채 현상을 파악하려고 하면서 예전에는 진동하는 에테르를 그 원인으로 보았습니다. 어떤 것이 공간을 통과한다고 생각했습니다. 빛이 실제로 무엇인지 알아냈다고, 빛은 탄력적인 에테르의 진동이라고 믿었습니다. 그런데 이제는 다음과 같이 말해야 하도록 궁지에 몰렸습니다. "탄력적인 에테르의 진동인 것은 전자기적 흐름이다." 이제 빛이 무엇인지 예전보다 훨씬 더 자세히 알게 되었습니다. 빛은 전자기적 흐름입니다. 그런데 문제는 이 전자기적 흐름이 무엇인지 모른다는 것입니다. 감각에 드러나는 것을 해명하기 위해 에테르의 파동이라는 알 수 없는 초감각적인 것을 가정하는 훌륭한 길에 들어서기는 했습니다. 그런데 그 길에서 이 초감각적인 것을 다시금 감각적인 것에 귀착시키도록 차츰차츰 강요되었습니다. 그와 동시에 그 과정에서 생겨난 것이 과연 무엇인지 알 수 없다고 자백해야 하는 상황에 빠진 것이지요. 알 수 없는 것을 가정한 다음에 현상을 해명하려고 나섰는데 또 다른 알 수 없는 것을 통해서 앞서 가정한 알 수 없는 것을 해명하려 하니, 이는 실로 흥미진진하기 짝이 없는 방법인 것이지요. 이에 물리학자 키르히호프가 경악해서 실제로 다음과 같이 말했습니다. "이 새로운 현상이 진동하는 에테르를 더는 믿을 수 없는 것으로 만든다면, 이는 물리학자에게 전혀 유리하지 않다." **헬름홀츠**는 이 새로운 현상을 본 다음에 다음과 같이 말했습니다. "그래, 좋다. 빛을 일종의 전자기적 사출로 보아야 한다는 사실은 무시할 수 없는 노릇이다. 그렇다면 이것 역시 탄력적인 에테르의 진동이라는 것을 증명하면 되는 일이다. 그리고 결국 그렇게 될 것이다."[5] 이 모든 상황에서 본질적인 것은, 모든 가정이 문자 그대로 가정이 될 수밖에 없는 영역에 우리가 음향을 지각할 때 실제로 일어나는 공기 진동, 진짜 파동 현상을 순수하게 유추해서 대입한다는 데에 있습니다.

13. 다음 시간에 관찰할 현상에서 가장 중요한 사항들을 신속히 처리하기 위해서 오늘은 이렇게 원리에 해당하는 사항을 짚어 보았습니다. 이제 기본 바탕을 마련했으니, 남은 강의에서는 음향 현상, 열 현상, 전자기 현상, 그리고 이 현상들이 다시금 시각 현상에 미치는 영향을 더 다루도록 하겠습니다.

5   헤르만 헬름홀츠Hermann Helmholtz(1821~1894)_ 독일 물리학자, 생리학자. 이 강의에서 언급된 헬름홀츠의 생각은 연구 생활 마지막 20년에 걸쳐 완성된다. 1893년에 발표한 논문 〈에테르 운동에 관한 맥스웰 이론의 결과〉를 참조하라.

일곱 번째 강의

1919년 12월 30일

1. 오늘은 색채론에 대한 우리의 고찰에 연결되어야 할 실험으로 시작하겠습니다. 이미 말했듯이 사정상 저는 이 강의에서 임시 변통으로 급조한 것만, 특정한 의미에서 경구警句 같은 것만 가르칠 수 있을 뿐입니다. 그런 까닭에 보통 물리학 서적에서 읽을 수 있는 내용은 피할 수밖에 없습니다. 그것을 고수할 수 있다면 더 좋을 것이라고 말하고 싶지도 않습니다. 왜냐하면 저는 궁극적으로 여러분을 특정한 자연 과학적 인식으로 이끌어가고 싶기 때문입니다. 이 자리에서 제가 주제로 다루는 모든 것을 일종의 준비로 받아들이기 바랍니다. 그런데 이 준비는 사람들이 보통 하듯이 그저 일직선으로 똑바로 나가지 않습니다. 먼저 필요한 현상들을 찾아서 모두 함께 모아 특정한 의미에서 원을 형성하고, 그 다음에 그 원의 중심으로 뚫고 들어가는 식입니다.

2. 여러분도 이제는 색채의 생성이 빛과 암흑의 상호 작

용에 관한 문제라는 것을 알게 되었습니다. 그런데 이 상호 작용의 근저에 놓인 것에 대한 의견을 형성하기 전에 우리가 해야 할 일은 진짜 현상을 가능한 한 많이 관찰하는 것입니다. 그래서 제가 오늘은 이른바 색이 있는 그림자 현상을 먼저 실험으로 보여 주겠습니다.

3. 여기에 빛을 내는 것으로서 촛불 두 개가 있습니다. 제가 촛불에 이렇게 막대를 대면, 건너편에 있는 화면에 그림자가 생깁니다. 보다시피 명확한 색이 없는 두 개의 그림자가 생깁니다. 화면에 생긴 그림자를 한번 자세히 보십시오. 그러면 화면 오른쪽에 있는 그림자는 우리 쪽에서 보아 왼쪽에 있는 촛불로 생겼다는 것을 알아볼 수 있습니다. 우리 왼쪽에 있는 촛불의 빛이 제가 잡고 있는 막대로 가려진 것이지요. 그리고 이 그림자(화면에서 왼쪽)는 우리 오른쪽에 있는 촛불의 빛이 가려져서 생긴 그림자입니다. 이 현상은 근본적으로 보아 특정 정도로 어두운 공간의 생성과 관계하는 것일 뿐입니다. 화면에 그림자로 보이는 것은 그저 어두운 공간일 뿐입니다. 좁은 띠 모양으로 된 두 개의 그림자를 제외하고 그 외의 화면만 보면, 여러분은 다음과 같이 말할 것입니다. "화면이 두 곳에서 오는 빛으

로 환해졌다." 그러니까 이 부분에서 우리는 빛과 관계하는 것이지요. 이제 이 촛불 중에 하나를 채색하겠습니다. 이게 무슨 말이냐 하면, 촛불이 유색 유리를 통과하도록 해서 빛이 색을 띠도록 한다는 것입니다. 잘 보십시오. 저의 왼쪽에 있는 촛불을 막대로 가려서 화면(오른쪽)에 어두운 그림자가 생겼습니다. 지금 막대로 가린 이 촛불에 빨간색 유리를 갖다 대겠습니다. 빨간색으로 채색하는 것이지요. 그러면 화면에 그림자는 초록색이 됩니다. 빨간 유리로 채색을 했는데 어떻게 해서 초록색이 나올까요? 그것은 다음과 같습니다. 여러분이 예를 들어서 빨간색으로 된 작은 면을 뚫어지게 응시한다고 합시다. 잠시 빨간색을 응시한 다음에 곧바로 아무것도 없는 하얀 면을 봅니다. 그러면 방금 전에 본 빨간색이 하얀 면에 초록색으로 보입니다. 이 초록색은 조금 전에 보았던 빨간색 면의 시간적인 잔상입니다. 우리가 지금 하고 있는 실험에서 보는 것도 이와 똑같은 원리입니다. 보다시피 제가 빛이 생기는 곳을 빨간색 유리로 가려서 어둡게 만듭니다. 그럼 화면에 그 색의 그림자로 초록색이 생깁니다. 그러니까 그냥 막대로 촛불을 가렸을 적에는 어두운 그림자에 불과했던 부분을 이제는 초록색으로 보는 것이지요. 이제 제가 이 촛불을 초록색 유리로 가리면 화면에 무슨 색이 생길까요? 빨간색 그림자가 생깁니다. 파란색 유리로 가리면 그림자는 주황색이 됩니다. 촛불을 보라색 유리로 가리면, 물론 노란색 그림자가 생깁니다.

4. 이제 다음 사항을 반드시 유의하기 바랍니다. 방금 본 이 현상은 굉장히 중요하기 때문에 제가 다시 한 번 설명하겠습니다. 여러분이 예를 들어서 소파나 어디에 누워 있다고 합시다. 빨간색 베개를 베고 있는데 베갯잇은 하얀색 실로 격자무늬 코바늘뜨기를 한 것입니다. 결과적으로 베개가 빨간색의 격자무늬로 보이는 것이지요. 여러분이 이 베개를 잠시 응시한 후에 베개에서 시선을 돌려 하얀 벽을 보면 초록색 격자무늬가 보입니다. 물론 베개는 벽에 보이지 않습니다. 여러분 눈이 조금 전에 본 것의 여파를 아직 발휘하는 것입니다. 이 여파가, 여러분이 하얀 벽을 바라보는 동안 초록색의 ―보통 말하는― 주관적인 그림을 만들어 냅니다. **괴테**는 이 현상을 알고 있었습니다. 이뿐만 아니라 유색 그림자 현상도 알고 있었습니다. 광체를 가리면 녹색이 나오는 현상을 괴테

는 다음과 같이 상술합니다. "여기에 있는 광체를 가리면 하얀 화면 전체가 발그스름한 빛으로 덮힌다. 그래서 내가 실제로 보는 것은 하얀색 화면이 아니라 발그스름한 빛이다. 결국 화면이 발그스름해 보이는 것이다. 그로 인해 빨간색 베개를 보았을 때와 똑같이 내 눈이 그 보색인 초록색을 만들어 낸다. 그러니까 여기에(화면에) 진짜 초록색이 있는 게 아니라 화면이 발그스름한 색이기 때문에 보색으로 초록색이 보이는 거다." 그런데 괴테의 이 생각은 잘못된 것입니다. 다음과 같이 해 보면 이 생각이 오류라는 것을 곧바로 알아볼 수 있습니다. 가느다란 관을 통해서 화면의 어두운 부분만, 즉 초록색 띠만 보면 초록색으로 보입니다.[1] 그러니까 화면 전체가 아니라 가느다

---

[1] 영국 런던 킹스 칼리지의 물리학 강사인 베니V. C. Bennie가 1921년에 이 강의 필사본을 읽은 후 이 실험을 여러 차례 했다. 결과는 매번 부정적이었다. 이것이 계기가 되어 1922년 9월 도르나흐에서 이틀 저녁 동안 실험을 하게 되었다. 이 실험에는 루돌프 슈타이너, 수학자 블뤼멜 박사Dr. Ernst Blümel, 물리학자 베니V. C. Bennie, 약학자이며 괴테 색채학 강좌 대표인 슈미델 박사Dr. Oskar Schmiedel가 참석했다. 첫 번째 실험에는 발도르프학교 교사인 슈타인 박사Dr. Walter Johannes Stein도 참석했다. 이틀 동안 관을 들여다보는 이 실험을 했지만 슈타이너의 이 말은 증명되지 않았다. 참석자들 각자 결과에 대해 다르게 말했다. 사실 여기에서 중요한 것은, 블뤼멜 박사를 통해 전달한 루돌

프 슈타이너의 의향이 전혀 논의되지 않은 듯하다는 것이다. 루돌프 슈타이너는 슈투트가르트 연구소에서 사진 기술이나 화학적 방법으로 그림자에 보이는 색채의 객관성을 증명하도록 할 생각이었다. 당시 이 연구소에서 그런 실험을 했는지는 전혀 알려지지 않았다. 실험을 했더라도 결과는 긍정적이지 않았을 것이다. 1925년 루돌프 슈타이너 전집의 일환으로 이 책을 출판해야 했을 때도 사진을 이용한 실험 결과는 부정적이었다. 루돌프 슈타이너 시대 이래 사진 기술이 상당히 발달했다 해도, 색이 있는 그림자를 찍는 경우 그 색을 종이에 고정시킬 만큼은 되지 못했다. 사진 전체를 보면 그림자에 보여야 할 색이 보이는데, 그림자만 잘라서 보면 그저 회색으로 보였다. 오늘날에는 그렇지 않다. 실제로 고정된 색채가 나온다. 심지어 사진 인화에 특별한 과정을 거치지 않아도 된다.

전문 사진가이자 괴테 색채학 연구가인 헷첼Hans-Georg Hetzel이 도르나흐 괴테 색채 연구소에서 색이 있는 그림자 실험을 하는 중에 찍은 사진 한 장이 새로운 실험의 출발점이 되었다. 이 사진에는 보통 있어야 하는 세 가지, 즉 나와야 할 색채, 색이 있는 그림자, 주변에 밝아진 색이 있고, 그 외에도 앞쪽에 자그마한 회색 단계가 있다. 한 사진에서는 그림자의 색이 강하게 보이는데도 이 단계가 보인다! 오늘날에는 연속 촬영 기법으로 찍은 여러 가지 색의 그림자 사진이 있고, 재생산도 가능하다. 각각의 연속 사진은 하나의 필름으로 촬영하는데, 통제하는 차원에서 그림 사이마다 회색 그림자를 찍어서 보충한다. 여기서 말하는 것은 슬라이드 필름이다. 모든 필름은 산업 인화소에서 일반 사진과 함께 자동 기계로 인화한다. 이로써 하나의 연속 필름의 다양한 색채가 동일한 인화 과정을 거친다. 촬영 역시 별 특이한 사항이 없이 평범하게 진행된다. 카메라의 렌즈 앞에 붙이는 젤 필터, 그러니까 회색을 찍을 때 색채 온도를 보여 주는 젤 필터도 언제나 동일하다. 이로써 회색이 진짜 회색으로 찍힌다. 이 조건이 완벽하게 충족되지 않는다 해도 결정을 내릴 수 있다. 색이 있는 그림자가 모두 회색으로 보인다면, 그림자의 색채가 주관적인 것일 수 있다. 그림자가 회색이 아닌 다른 색으로 보인다면, 그 공간에 특이한 효과가 있는 것이다. 후자가 맞다는 것은 특이한 색채 과정을 보이는 폴라로이드 카메라에서 드러난다. 이 카메라로 찍으면 색이 있는 그림자가 회색이 아니라 심하게 녹색조를 띤다. 색이 있는 그림자가 회색과 똑같이 생겨난다는 것은 언급할 필요가 없다. 주관적인지 객관적인지에 관한 문제이기만 하다면, 이 정도에서 끝낼 수 있을 것이다. 하지만 그림자의 진짜 색에 가능한 한 가까이 접근하고자 한다면, 필수적으로 회색은 회색으로 보여야 한다.

지금까지 얻은 사진 중에서 최상의 것을 한번 묘사해 보자. 회색은 아름다운 쥐색이다. 파란색 그림자는 파란색 기운이 약간 도는 회색으로 보인다. 다른 색은 확실히 더 강렬하게 드러나는데, 모두 갈색 기운이 있다. 원래 보여야 할 색은 이 갈색조에 대조적으로 한 가지 뉘앙스로 드러난다. 초록색 그림자도 회색과 달리 분명하게 드러나기는 하는데, 대부분 갈색조라 할 수 있는 판단하기 좀 어려운 색조를 보인다. 자동 인화 과정에서 확대해서 종이에 인쇄된 사진을 보면 파란색과 초록색이 같아 보이고, 다른 색에는 갈색조가 너무 우세해서 원래 나와야 할 색은 거의 보이지 않는다. 이미 언급했지만 필름 종류가 커다란 역할을 한다. 흥미롭게도 조명 방식 역시 큰 의미가 있다. 예를 들어서 무대 조명처럼 조명을 방산시키면 엄격한 집중 조명에 비해 질적으로 더 나은 색이 나온다. 색이 있는 그림자를 찍은 사진 중에 색채가 훌륭하고 아름답게 고정된 것이 더러 있다. 그런데 이것은 촬영할 때마다 특별하게 취급하는 경우에만 나온다. 바로 그래서 슈타이너의 이 말은 증명될 수 없는 것이라고 한다. 증명력이 있다는 것은, 모든 사진이 평범한 색을 찍고, 일정 기준에 따라 숙련된 기술로 처리해서 나온 경우를 의미한다. 그런데 보통의 색을 위해 계발된 사진 기술이 색이 있는 그림자에도 반응한다는 사실은 역시 드러난 것이다. 이 지면에서는 이 이상으로 주장해서는 안 될 것이다. 색이 있는 그림자 전반에 관해서는 오트G. Ott와 프로스카우어H. O. Proskauer의 『색이 있는 그림자의 비밀』(바젤, 1979)을 참조하라. 위에 언급한 사진들은 도르나흐 루돌프 슈타이너 유고국에 보존되어 있다. 이 실험에 관한 더 상세한 내용은 〈루돌프 슈타이너 전집에 즈음한 기고문〉 중에 1987년 9월에 발간된 97호를 참조하라.

으로 존재하는 초록색 띠를 보는 것이지요. 이로써 여러분은 화면에 초록색이 객관적으로 정말로 있다는 것을 확신할 수 있습니다. 빨간색 유리로 광원을 가리면 여러분은 화면에 초록색을 봅니다. 그러니까 빨간색의 대조 현상이 아니라 객관적 현상으로 초록색이 화면에 생깁니다. 여러분 모두 이 관으로 녹색 띠를 보려면 시간이 너무 걸리니까 그렇게 할 수는 없겠습니다. 그런데 "두 목격자의 입을 통해 진실은 드러난다."[2]는 말이 있습니다. 제가 빨간색 유리를 이 촛불에 갖다 대면, 여러분 중에 두 명이 관을 통해 보도록 하지요. 화면의 초록색 선만 보아야 합니다. 초록색으로 보이지 않습니까? 이와 똑같이 초록색 유리로 실험을 하면 화면에 빨간색 그림자가 생깁니다. 괴테는 이 문제와 관련해 오류에 빠졌고, 그것을 색채학에 그대로 인용했습니다. 괴테의 이 오류는 당연히 교정되어야 합니다.

5. 제가 바라는 것은 다름 아니라 여러 현상 중에서도 순수하게 사실에 입각한 것만 고수해야 한다는 것입니다. 가장 먼저 우리가 보는 것은 회색입니다. 단순한

---

2   괴테의 『파우스트』 1부, 이웃 부인의 집

그림자로 생기는 어두운 부분이지요. 그 다음에 그 그림자를 색유리로 채색하면, 밝음과 어둠이 그렇게 하지 않았을 때와는 다른 방식으로 상호 작용합니다. 빛을 빨간색 유리로 가리면 화면에 객관적 현상으로 초록색이 생깁니다. 그런데 제가 조금 전에 주관적으로 보이는 것에 —사람들이 보통 '주관적'이라 말합니다— 관해 이야기했습니다. 우리가 한 이 실험에는 —역시 사람들이 보통 말하는 의미의— 객관적인 현상 하나가 있습니다. 바로 화면의 초록색입니다. 지금 화면에서는 확실하게 보이지 않는데 실험의 전제 조건을 제대로 채우면 초록색이 존재하는 것을 볼 수 있습니다. 앞에서 말했듯이 특정한 의미에서 주관적인 어떤 것, 우리 눈에만 의존하는 어떤 것이 있습니다. 얼마 동안 한 가지 색을 응시한 다음에 눈을 돌려 하얀 면을 보면 생겨나는 색, 그러니까 빨간색 면을 본 다음에 다른 곳을 보면 생기는 초록색이 있습니다. 괴테는 눈의 반작용으로 인해 생겨난 색이라는 의미에서 이 초록색을 강요된 색, 강요된 잔상이라고 명명했습니다.

6. 이제 여러분이 한 가지를 엄격하게 주시해야 합니다.

여기 화면에 잠정적으로 고정된 색(초록색)이 있습니다. 그리고 눈을 통해 외관상 단순한 잔상으로 강요된 색이 있습니다. 문제는, 이 양자 사이의 차이를 보여 줄 수 있는 객관적인 사실 정황이 전혀 없다는 것입니다. 제가 제 눈으로 여기 이 빨간색을 보는 경우에는 이미 설명한 육체의 물리적 기관 모두, 즉 수정체, 유리체, 수정체와 각막 사이의 수양맥 등 그 모든 것과 관계하는 문제입니다. 눈으로 무엇을 본다는 것은 굉장히 세분화된 육체 기관에 관한 문제입니다. 굉장히 다양한 방식으로 명암을 혼합하는 육체의 물리적 기관과 여기에 화면, 막대, 촛불 등으로 구성된 실험 기구가 있습니다. 객관적으로 존재하는 에테르에 대해 이 양자는 똑같은 관계에 있습니다. 이 모든 장비, 이 모든 기계 장치가 바로 제 눈과 똑같은 원리로 되어 있습니다. 제 눈을 통해서 객관적인 현상을 봅니다. 우리가 한 이 실험에서 이 객관적 현상을 우리 눈으로 봅니다. 그런데 실험의 이 현상은 그저 현상으로 머물 뿐입니다. 이제 제가 제 눈을 마음대로 조정할 수 있어서 눈이 어떤 색을 본 후에 이른바 강요된 색 속에서 작용할 수 있다고 가정합시다. 그러면 눈은 그 전제하에서 다시 중립적인 상태로 돌아갑니다. 그런데 초록색이 보이게 하는 과정은 여기의 이 실험에서 화면에 객관적으로 색을 고정시킬 때와 내 눈을 통해서 이른바 주관적으로 볼 때 똑같은 식으로 일어납니다. 바로 그래서 여러분이 여러분의 주관성을 가지고 사는 것은 에테르가 저 바깥에서 진동해서 생기는 효과를 색채로 지각하는 식은 아니라고 제가 말했습니다. 여러분은 에테르 속에서 유영하고 있으며, 에테르와 하나로 합일되어 있습니다. 그리고 여러분이 여기에 있는 실험 기구를 통해서 에테르와 하나가 되는지, 아니면 여러분의 눈 자체속에서 이루어지는 어떤 것을 통해서 에테르와 하나가 되는지, 이는 과정만 다를 뿐 본질적으로는 같은 것입니다. 그러니까 이 실험에서 촛불을 빨간색 유리로 가려서 생기는 초록색 그림자와 여러분이 빨간색 면을 본 다음에 시간적으로 나중에 생기는 초록색 잔영 사이에는 실재적, 본질적 차이가 전혀 없다는 말입니다. 이 양자는 —객관적으로 검사해도— 분명한 차이가 없습니다. 한 경우는 공간적인 과정이고 다른 경우는 시간적인 과정일 뿐입니다. 이것만 유일하게 본질적인 차이입니다. 이런 것을 충실하게 추적하다 보면, 현대 자연 과학이 늘 하듯이 주관성과 객관성의 대립을 보는 잘못된 방향으로는 가지 않게 됩니다. 그 대신에 사실을 있는 그대로 보기 시작합니다. 보다시피 한번은 실험 장치를 통해서 색을 생성시키는데, 이때 우리 눈은 중립적으로 머뭅니다. 이는 눈 자체가 색채의 생성에 대해 중립적인 자세를 취하면서 화면에 있는 것과 합일할 수 있다는 말입니다. 다른 한 번은 눈 자체가 물리적 기구로 작용합니다. 이 양자에서 물리적 기구가 이렇게 (실험 장치를 가리키면서) 외부에 있든 여러분 두개골 속에 있든 결국은 같은 원리입니다. 우리는 사물의 외부에 있으면서 공간에 현상을 투사하는 식으로 존재하지 않습니다. 우리는 우리 존재와 더불어 전적으로 사물 속에 들어 있습니다. 그리고 특정 물리 현상에서 다른 물리 현상으로 올라갈 때 더욱더 사물 속에 들어 있게 됩니다. 아무 편견 없이 철저하게 색채 현상을 연구하는 사람은 다음과 같이만 말할 수 있습니다. "우리 인간은 육체적 존재로는 사물 속에 들어 있지 않다. 하지만 우리의 에테르 존재로, 그에 따라 역시 우리의 아스트랄 존재로는 사물 속에 들어 있다."

7. 이제 빛에서 온기로 하강해 봅시다. 우리는 온기 역시

우리의 주변 상태에 속하는 어떤 것으로 지각합니다. 우리가 주변 상태에 노출되면 온기가 우리에게 중요하다는 것을 알아봅니다. 그리고 머지않아 온기 지각과 빛의 지각 사이에 의미심장한 차이가 있다는 것도 알아봅니다. 빛을 지각하는 위치는 눈이라는 물리적 기관이라고 정확하게 지적할 수 있습니다. 눈의 객관적 의미는 제가 이미 설명했습니다. 온기의 경우에는 그 지각 기관이 어디에 있다고 말해야 합니까? 이제 심각하게 다음과 같은 질문을 한번 해 보십시오. "어떻게 빛에 대한 내 관계를 온기에 대한 내 관계와 비교할 수 있는가?" 그러면 다음과 같은 대답만 할 수 있습니다. "빛에 대한 내 관계는 눈이라는 몸의 특정 부분에 한정되어 있다. 온기의 경우는 그렇지 않다. 온기의 경우에는 특정한 의미에서 내 전체가 감각 기관이다. 빛에 대해 눈이 하는 바로 그것을 온기에 대해서는 내가 한다." 그러니까 온기 지각은 빛의 지각에 대해 말할 때와는 달리 그 감각 기관을 특정할 수 없는 것이지요. 우리가 바로 이런 문제에 주의를 기울이면 역시 다른 것도 볼 수 있습니다.

8. 주변의 온기 상태와 관계하기 시작할 때 우리가 실제

로 지각하는 것은 무엇입니까? 네, 바로 이때 우리가 주변의 온기 요소 속에서 유영하고 있다는 것을 굉장히 분명하게 지각합니다. 다만 한 가지 질문이 있습니다. 무엇이 온기 속에서 유영하고 있습니까? 여러분이 주변의 온기 속에 유영한다면, 그때 실제로 유영하는 것이 무엇인가 하는 질문에 한번 대답해 보십시오. 다음과 같은 실험을 한번 봅시다. 세수대야나 어떤 용기에 적당히 따뜻한 물을 부어 넣습니다. 여기서 적당히 따뜻하다는 것은 두 손을 물에 넣었을 때 ―오랫동안은 아니고 잠깐만― 미지근하다는 느낌이 드는 온도입니다. 한번 시도해 보십시오. 일단 대야에 미지근한 물을 채워서 두 손을 담근 다음에 왼손은 간신히 참을 수 있을 정도의 뜨거운 물에, 오른손은 간신히 참을 수 있을 정도로 차가운 물에 넣습니다. 잠시 동안 그렇게 양손을 각기 찬물과 뜨거운 물에 담근 다음에 다시 미지근한 물에 넣어 보십시오. 그러면 미지근한 물이 찬물에 넣었던 오른손으로는 굉장히 따뜻하게 느껴지고, 뜨거운 물에 넣었던 왼손으로는 굉장히 차갑게 느껴집니다. 똑같이 미지근한 물인데 뜨거워진 왼손으로는 차갑게, 차가워진 오른손으로는 따뜻하게 느낍니다.

처음에는 물이 양손 모두에 똑같이 미지근하게 느껴졌습니다. 도대체 무엇이 그렇게 느낍니까? 여러분 자신의 온기가 그렇게 느끼는 것입니다. 여러분의 온기가 유영하면서 여러분과 주변의 차이를 느끼게 만듭니다. 여러분에게서 주변의 온기 요소 속에 유영하는 것은 다름 아니라 바로 여러분 자신의 온기 상태인 것이지요. 여러분의 유기체적 과정을 통해 생겨난 온기 상태는 무의식적인 어떤 것이 아닙니다. 그 속에는 여러분의 의식이 살아 있습니다. 피부로 둘러싸인 여러분은 온기 속에 살고 있습니다. 그리고 이 온기가 어떤 상태에 있는지에 따라 여러분은 주변의 온기 요소와 대결합니다. 주변의 온기 요소 속에서 여러분 자신의 육체적 온기가 유영합니다. 여러분의 온기 유기체가 주변 환경 속에서 유영하는 것이지요.

9. 이런 주제를 철저히 생각해 보십시오. 그러면 오늘날 완전히 추상화된, 모든 실재를 벗어젖힌 물리학이 여러분에게 제공할 수 있는 것과는 완전히 다르게 진짜 자연 과정에 접근하게 됩니다.

10. 이제 더 깊이 하강해 봅시다. 우리가 우리 자신의 온기 상태를 체험하는 것은 우리의 온기와 더불어 주변

의 온기 속에서 유영하기 때문에 가능하다는 것을 보았습니다. 그러니까 우리가 주변보다 따뜻하면 —거꾸로 보아 주변이 춥다면,— 주변이 우리를 흡입한다는 느낌이 들고, 우리가 주변보다 차다면 주변이 우리에게 어떤 것을 준다는 느낌이 듭니다. 그런데 다른 요소 속에 들어 있을 때는 상황이 완전히 달라집니다. 우리는 빛의 근저에 놓인 것 속에서도 살고 있습니다. 빛 요소 속에서도 유영합니다. 우리가 어떻게 온기 요소 속에서 유영하는지 이야기했습니다. 그런데 우리는 공기 요소 속에서도 역시 유영합니다. 사실은 공기 요소를 늘 우리 몸 속에 지니고 있습니다. 우리 몸은 아주 적은 부분만 고체로 되어 있지요. 인간으로서 우리 몸은 고작 몇 퍼센트만 고체입니다. 실제로 90% 이상이 물로 차 있는 물기둥입니다. 물은 공기 요소와 고체의 중간 상태입니다. 이는 물이 우리 속에 있을 때 특히 더 그렇습니다. 온기 요소 속에서 체험하는 것처럼 공기 요소 속에서도 우리를 제법 체험할 수 있습니다. 이는 우리 의식이 효과적으로 공기 요소에 들어갈 수 있다는 의미입니다. 우리 의식이 빛 요소로 올라가듯이, 온기 요소로 올라가듯이, 공기 요소로도 올라갑니다.

그런데 의식이 공기 요소로 올라가면, 주변의 공기 속에서 일어나는 것과 역시 대결합니다. 이 대결이 소리 현상으로, 즉 음향 현상으로 나타납니다. 보다시피 우리 의식의 특정 층들을 구분할 줄 알아야 합니다. 우리 스스로 빛과 관계할 때 우리는 완전히 다른 층의 의식으로 그 빛 요소와 함께 삽니다. 온기와 관계할 때 완전히 다른 층의 의식으로 그 온기 요소와 함께 삽니다. 우리가 공기와 관계할 때는 또 다른 층의 의식으로 공기 요소와 함께 삽니다. 우리 의식이 가스 같은, 공기 모양의 요소로 올라가는 동안 우리는 우리 주변의 공기 요소 속에 삽니다. 그렇게 함으로써 우리는 음향 현상을, 소리를 지각할 수 있습니다. 우리 주변의 빛 현상 속에서 유영할 수 있으려면 우리 자신이 의식을 가지고 빛 현상에 관여해야 합니다. 온기 속에서 유영할 수 있으려면 우리 자신이 의식을 가지고 온기 요소에 관여해야 합니다. 공기 요소에도 역시 그와 똑같이 관여해야 합니다. 우리 자신이 내면에 공기 같은 어떤 것을 분화해서 지니고 있어야 합니다. 그래야만 우리가 호각이나 북, 바이올린 등 어떤 것이라도 괜찮으니 외부의 어떤 것을 통해서 분화된 공기 요소를 지각할 수 있습니다.

11. 이 관계에서 보아 우리 유기체는 굉장히 흥미로운 모양으로 자신을 드러냅니다. 우리가 공기를 내쉽니다. 공기를 내쉬었다가 다시 들이쉬는 것이 호흡 과정이지요. 공기를 내쉴 때는 횡격막이 위로 당겨집니다. 이는 횡격막 아래에 있는 유기적 체계 전체를 완화하는 것과 관계합니다. 우리가 숨을 내쉴 때 횡격막을 위로 잡아당겨서 그 아래 있는 유기적 체계를 완화하기 때문에 두뇌가 담긴 뇌수가 아래쪽으로 밀려 내려갑니다. 이 뇌수는 사실 압축되어 변화된 공기일 뿐 다른 것이 아닙니다. 그런데 진실에서 보자면 인간이 내쉰 공기가 이 과정을 불러일으킵니다. 숨을 들이마시면 뇌수가 다시 위로 밀려 올라갑니다.[3] 호흡을 하는 한 인간은 위에서 아래로, 아래에서 위로 오르락내리락하는 뇌수의 진동 속에서 살고 있는 것입니다. 이 진동은 호흡 과정 전체를 명백하게 보여 주는 모형입니다. 인간 유기체가 호흡 과정의 진동에 참여함으로써 인간

---

3 필사본의 이 부분은 대략 다음과 같이 불완전한 문장으로 되어 있다. "... 위로 밀려 올라간다. ... 척수의 빈 공간 – 이것은 자루같이 생겼다 – 위로 밀려 올라간다. 그리고 내가 숨을 쉬는 동안 계속해서 산다. ... "

이 의식을 가지고 살며, 이것이 바로 공기 지각을 체험하는 데에 있어 일어나는 내적인 분화 중에 하나입니다. 제가 대략적으로 설명한 이 과정을 통해서 인간은 그 생성과 경과가 곧 끊임없는 공기 분화인 생명 리듬 내부에 사실상 지속적으로 들어 있습니다. 이 과정에서 내적으로 생겨나는 것은 물론 전혀 조야하지 않고 극히 다양하게 세분화되어 있습니다. 그래서 오르락내리락하는 리듬적인 힘의 진동 자체가 계속해서 생성되고 사라지는 복합적인 진동 유기체와 같은 어떤 것입니다. 이 내적인 진동 유기체를 우리가 귀 속에서 외부에서 오는 소리와 만나 부딪치게 합니다. 예를 들어 바이올린 현에서 울려 나는 소리가 귀 속에서 우리의 진동 유기체를 만나는 것이지요. 이는, 여러분이 미지근한 물에 손을 넣었을 때 손과 물의 온도 차이로 인해 손 자체의 온기를 지각하는 것과 똑같은 이치입니다. 여러분이 외부의 공기 속에 소리로, 음향으로 나타나는 것을 들을 수 있는 것은 경이롭게 구축된 내면의 악기가 여러분의 귀 속에서 그 해당 음향을 만나 함께 작용하기 때문입니다. 여러분의 귀는 일종의 가교 역할을 할 뿐입니다. 여러분 내면에 있는 아폴로의 리라가 귀 속에서 외부의 분화된 공기 운동으로 다가오는 것과 관계하고 조정합니다. 보다시피 분화된 음향, 분화된 소리를 들을 때의 진짜 과정은 ―제가 정말로 그 과정을 설명한다면 말입니다― 다음과 같이 말하면서 추상화하는 것과 완전히 다릅니다. "저 바깥에 어떤 것이 작용하고 그것이 내 귀에 영향을 미친다." 외부에서 귀에 미치는 영향이 내 주관적인 존재에 미치는 효과로 지각된다는 것이지요. 그 다음에 이 모든 것에 대해 ―물론 온갖 전문 용어를 동원해서[4]― 실은 설명이라 할 수 없는 설명을 합니다. 이렇게 하면서 사실상 언제나 그 근저에 관념으로서 놓인 것이 무엇인지 알아보려 하면 한 발도 더 나가지 못합니다. 사실에 입각한 연구! 오늘날의 물리학은 그런 것과 너무 먼 거리에 있습니다. 그래서 통상적으로 어떤 주제에 대한 연구를 시작은 해도 철저하게 끝까지 생각하지는 못합니다.

12. 외부 세계에 대한 인간의 관계는 실제로 세 단계로 이루어져 있습니다. 저는 그것을 빛 단계, 온기 단계, 그리고 음향 혹은 소리 단계라 명명하겠습니다. 그런데

---

4 필사본에는 전문 용어에 해당하는 'Terminologie' 대신에 '악마의 용어' 정도로 번역될 수 있는 'Dämonologie'가 쓰여 있다.

여기에 아주 기이한 점이 하나 있습니다. 이 세 단계에 대한 여러분의 관계를 아무 편견 없이 한번 고찰해 봅시다. 먼저 빛 요소 속에서의 유영을 고찰해 보면, 여러분은 단지 에테르 유기체로만 저 바깥 세상에서 일어나는 것 속에서 살 수 있다고 말해야 합니다. 여러분이 온기 요소 속에서 살 때는 여러분의 유기체 전체로 주변의 온기 요소 속에 들어서 살고 있습니다. 이제 이렇

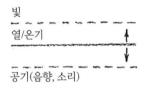

그림7-1

게 그 속에 들어서 살기에서 눈길을 아래로 돌려 음향 요소 혹은 소리 요소 속에 들어서 살기를 봅시다. 그러면 여러분 스스로 공기 유기체가 됨으로써 사실상 세분화된 외부 공기 속에 들어서 살고 있습니다. 이는 여러분이 에테르 속에 있지 않고, 사실상 외부의 물리적 물질 속에, 즉 공기 속에 들어서 살고 있다는 의미입니다. 이렇게 보면 공기 요소 속에서의 삶은 굉장히 의미

심장한 경계선입니다. 온기 요소는, 달리 말해 온기 요소 속에서 산다는 것은 특정한 의미에서 여러분의 의식을 위한 기준이 됩니다. 여러분이 외부 온기와 내적인 온기를 순수한 느낌에 따라서는 거의 구분할 수 없다는 사실을 통해서 이 기준을 아주 분명하게 지각할 수 있습니다. 이에 반해 빛 요소 속에서 살기는 이 기준 위에 있습니다. 여러분이 의식을 가지고 빛 요소 속에서 살려면 한 단계 더 높은 에테르 영역으로 올라가야 합니다. 그리고 여러분이 공기 인간으로서 음향이나 소리를 지각하며 공기와 대결할 때는 이 기준 아래로(그림에서 중간의 선 아래로) 내려갑니다. 상대적으로 쉬운 방식으로 외부 세계와 조정하는 곳으로 내려가는 것이지요.

13. 제가 해부학과 생리학에 대해 말했던 것을 지금 보여준 모든 것과 연결해 보면, 눈은 물리적 기구로 이해하는 것 말고는 별도리가 없습니다. 눈은 바깥쪽으로 나갈수록 더 물리적이고, 안쪽으로 들어갈수록 더 왕성한 활력으로 가득 차 있습니다. 그러므로 우리를 특정 기준 이상으로 고양시키기 위해 우리 몸 한 부분에 국한되어 있는 기관이 바로 눈인 것이지요. 그 다음에 우

리는 온기와 더불어 주변과 같은 수준에서 삽니다. 우리의 온기로 주변 환경과 대결하고, (부위를 특정할 수 없이) 몸의 어딘가에서 우리와 주변의 온기 차이를 지각할 때 우리는 주변과 같은 수준에서 사는 것입니다. 이경우에는 눈과 같은 특정 기관이 없이 우리 전체가 감각 기관입니다. 그런데 우리가 공기 인간인 경우에는 이 기준 이하로 잠수합니다. 우리가 분화된 외부 공기와 대결할 때는[5] 다시금 그 부위가 국한된다는 말입니다. 우리 내부에서 일어나는 것, 우리 유기체의 율동적인 움직임, 척수의 율동적인 움직임으로 표현되는 아폴로의 리라, 이것과 외부 공기 사이에 어떤 것이 우리 몸의 국한된 지점에서 일어납니다. 이 양자가 하나의 다리로 연결됩니다. 그런데 이 국한된 부위가 눈에는 기준 이상에 있는 반면 여기에서는 기준 이하에 있습니다.

14. 이제 오늘날의 심리학을 한번 봅시다. 사실 심리학은 생리학이나 물리학에 비해 훨씬 더 열악한 상태에 있습니다. 물리학자들이 외부 세계에 있는 것을 비현실

---

5 이 문장에서 '외부 공기'라는 단어는 이 책 241쪽 10단락의 설명에 따라 보충했다.

적으로 설명한다고 해서 심하게 나무랄 수는 없습니다. 왜냐하면 그들은 심리학자들의 지원을 받지 못하기 때문입니다. 심리학자들은 교회를 통해 조련되었고, 이 교회는 다시금 정신과 영혼에 대한 모든 앎을 자기들 것이라 주장합니다. 심리학자들은 교회를 통한 그 조련을 받아들였고, 그 결과로 외적인 유기체의 기관만 인간으로 고찰하게 되었습니다. 영혼과 정신은 빈 껍데기가 된 말, 상투어로 존재할 뿐입니다. 오늘날의 심리학은 그야말로 단어 모음집일 뿐입니다. 사람들이 '영혼'과 '정신'이라는 단어를 들을 때 무엇을 떠올려야 하는지, 그에 대한 것은 실제로 하나도 없습니다. 사정이 이렇다 보니 물리학자들이 다음과 같이 말한다 해도 별로 놀랄 일이 아닙니다. "외부에서 작용하는 빛이 눈에 영향을 미친다. 눈은 그 빛에 반응하고 인상을 받아들인다. 이 인상은 인간 내면의 주관적인 체험이다." 바로 여기에서 실타래가 헝클어지기 시작합니다. 다른 감각 기관도 이와 같은 방식으로 작용한다고 생각하는 거지요. 오늘날의 심리학 서적을 훑어보면 감각론도 들어 있습니다. 일반적인 감각에 관해 마치 그런 것이 있기라도 하다는 듯이 거론합니다.[6] 눈을 한번 연구해 보십시오. 눈은 귀와 완전히 다른 어떤 것입니다. 제가 앞에서 기준 이하와 기준 이상의 특징을 설명했습니다. 눈과 귀는 철저히 다른 양식으로 구축된 기관입니다. 이는 의미심장하게 고려해야 하는 문제입니다.

15. 일단 이 지점에서 숨을 한 번 고르기로 합시다. 이 사실을 숙고하십시오. 내일 이것을 출발점으로 삼아 음향학에 관해 이야기하겠습니다. 그렇게 하면 여러분이 그것을 바탕으로 해서 다른 물리 영역을 정복할 수 있을 것입니다.

16. 오늘 강의를 마치기 전에 한 가지만 더 이야기하겠습니다. 이것은 특정한 관계에서 현대 물리학의 보석이라 부를 수 있는 것입니다. 네, 특정한 의미에서 보석이긴 합니다. 여러분이 손가락으로 어떤 면을 문지른다고 합시다. 그런데 힘을 좀 써서 압력을 가하면서 문지른다고 합시다. 그러면 표면에 열이 납니다. 압력을 가해 문지르면 열이 납니다. 그러니까 객관적으로 기계

---

6 『교육학의 기초가 되는 인간에 대한 보편적인 앎』(GA293, 밝은누리, 2007) 다섯 번째 강의 마지막 부분을 참조하라.

적인 과정, 의심할 여지없이 명백한 기계적 과정을 통해서 열을 발생시킬 수 있는 것이지요. 우리가 내일 이 자리에서 관찰할 것을 위해 이런 실험 기구를 준비했습니다. 여기에 물로 채운 용기가 있고, 이 안에는 바퀴가 회전합니다. 온도계도 있는데 잘 보면 현재 16°C를 가리키고 있습니다. 이 바퀴를 빨리 회전시킵니다. 바퀴가 기계적인 노동을 하는 것이지요. 이렇게 빠르게 돌아가면 결국 빠르게 삽질을 하는 것이나 마찬가지라 물에 회오리가 일어납니다. 일정 시간이 지난 후에 온도계를 보면 온도가 좀 올라가 있을 것입니다. 회전 바퀴의 기계적인 노동을 통해서 물이 데워지는 것이지요. 달리 말해 기계적인 노동으로 열을 생성시킬 수 있다는 것입니다. 특히 **율리우스 로베르트 마이어**[7]가 이 현상을 학계에 보고했습니다. 처음에는 사람들이 이것을 수학적으로 계산하는 정도에 그쳤습니다. 사실은 율리우스 로베르트 마이어 자신이 이 현상을 이른바 열의 일당량으로 발달시켰습니다. 이것을 그의 의도에 따라 확장했다면 다음과 같이만 말할 수 있을 것

---

7 율리우스 로베르트 마이어Julius Robert Mayer(1814~1878)_ 독일 물리학자, 의사

입니다. "특정 숫자는 기계적 노동을 통해 생긴 열에서 측정할 수 있는 것의 표현이며, 거꾸로 열을 통해 생긴 기계적 노동에서 측정할 수 있는 것의 표현이다." 그런데 그렇게 하는 대신에 다음과 같이 말하면서 그의 생각을 초감각적, 형이상학적인 방식으로 해석합니다. "실행된 노동과 열 사이에 지속적인 관계가 있다면, 열은 곧 변화된 노동이다." 네, '변화된'이라는 단어를 씁니다! 여기서 원래는 무엇에 관한 문제였습니까? 기계적 노동과 열 사이의 관계를 숫자로 표현하는 것에 관한 문제일 뿐이었습니다.

여덟 번째 강의

1919년 12월 31일

음향과 진동
실재로서 속도
음향은 주관적인 것인가?
현상의 공감적인 동시 발생
아폴로의 리라인 청각 조직
귀는 후두와 함께 보는 경우에만 전체로서 눈에 비교될 수 있다.
공기 진동에 대한 음향의 관계

1. 오늘날 사람들은 통상적인 물리학의 설명에 따라 음향
   과 소리에 관해 말합니다. 그런데 그렇게 말하기 시작
   한 것은 그리 오래 되지 않았습니다. 겨우 15세기 이래
   로 그렇다고 할 수 있습니다. 제가 일반 강의에서 15세
   기 이후에 인간의 표상과 사고 전체가 그 이전과 완전
   히 달라졌다는 것을 정신과학적 인식으로서 자주 이야
   기하는데, 바로 음향에 대한 물리학의 의견에서 그것
   이 최상으로 증명됩니다. 오늘날 학교의 물리 수업에
   서 음향 현상에 관해 가르치는 식으로 말하는 것은 최
   근까지 차츰차츰 그 모양을 갖추어 왔습니다. 사람들
   이 처음에는 소리가 전달되는 속도에 관심을 두었습니
   다. 소리의 전달로 이해할 수 있는 것이 무엇인지, 이는
   특정 접근 방식으로 비교적 쉽게 해결할 수 있습니다.
   어느 곳에서 대포를 쏜다고 합시다. 그러면 그곳에서
   일정 정도 먼 거리에 있는 사람은 대포가 발사될 때의
   화염을 먼저 보고 조금 지난 후에 폭발 소리를 듣습니

다. 번개가 치고 몇 초 지난 후에 천둥 소리가 나는 것과 같은 이치지요. 이제 이 현상에서 광속이 있다는 사실을 간과하면, 빛의 지각과 음향 지각 사이에 흐른 시간을 음향이 해당 구간을 통과하는 동안 흐른 시간이라고 말할 수 있습니다. 그러면 음향이 공기 속에서 얼마나 빠르게 전달되는지 계산할 수 있습니다. 그러니까 일종의 음향 전달 속도 같은 것을 초당 계산하는 것입니다.

2. 바로 이것이 이 영역에서 사람들이 최초로 주시한 요소입니다. 오늘날 사람들이 알고 있는 공명 혹은 반향을 최초로 주시한 사람을 꼽는다면 다른 누구보다도 **레오나르도 다빈치**[1]가 있습니다. 여러분이 어떤 공간에서 현악기의 현을 쳐서 울린다고 합시다. 그 다음에 같은 음도로 조율한 현이나 다른 악기를 울립니다. 그러면 두 악기가 화음을 내면서 공명합니다. 특히 예수회에서 이런 것을 많이 연구했습니다. 그중에서도 17세기에 음향학에 지대한 공헌을 한 **메르센**[2] 신부가 있습니다. 메르센은 주로 음의 고저와 관계하는 분야에

---

1   레오나르도 다빈치ㅣLeonardo da Vinci(1452~1519)

2   마랭 메르센ㅣMarin Mersenne(1588~1648)_ 프랑스 수학자, 음악 이론가

서 큰 업적을 세웠습니다. 음향에서 세 가지를 알아볼 수 있습니다. 그 첫 번째는 모든 소리, 음향에 특정 강도가 있다는 것입니다. 두 번째로 알아볼 수 있는 것은 특정 고저입니다. 그리고 세 번째는 음색입니다. 이 세 가지 중에서 제일 중요하고 제일 본질적인 것은 음의 고저입니다. 이제 문제는, 다름 아니라 음향학을 위해 차츰차츰 받아들인 관점에서 음의 고저에 해당하는 것이 무엇인지 확인하는 것입니다. 그런데 우리가 어떤 소리를 지각하는 경우 소리와 함께 진동하는 어떤 것, 그 소리와 함께 일어나는 어떤 것이 있다는 사실은 굉장히 쉽게 확인할 수 있습니다. 제가 이미 말했기 때문에 여러분은 다시 옛날로 돌아가 학교에서 배운 것을 떠올리는 수고를 할 필요도 없습니다. 누구나 할 수 있는 평범한 실험으로 공기나 어떤 사물의 진동을 확인할 수 있습니다. 예를 들어서 소리굽쇠에 연필을 연결해서[3] 두드린 후에 그을음을 입힌 판에 대고 죽 걸어갑니다. 그러면 소리굽쇠가 규칙적으로 움직였다는 것을 보여 주는 일정한 그림이 그을음 판에 생깁니다. 이

---

3   진동하는 소리굽쇠를 그을음으로 검게 만든 판에 대고 옆으로 움직이면 소리
     굽쇠의 한쪽에 고정시킨 연필이 그을음을 긁어내면서 파동선을 남긴다.

규칙적인 운동은 당연히 공기로 전이됩니다. 이제 다음과 같이 말할 수 있습니다. "우리가 소리를 내는 어떤 물체를 듣는다는 것은, 그 물체와 우리 사이에 있는 공기가 움직인다는 것이다." 이 '공기 운동을 야기하기'를 우리가 직접적으로 실행하는 기법이 바로 휘파람입니다. 음향 현상이 실제로 어떤 종류의 운동에 관한 것인지 사람들이 차츰차츰 알게 되었습니다. 음향은 이른바 종진동, 세로로 움직이는 진동입니다. 공기 속에서 일어나는 종진동 역시 다음과 같은 식으로 확인할 수 있습니다. 여기에 금속으로 된 관이 있습니다. 이것을 두드려서 소리가 나게 한 다음에 공기로 채운 다른 금속관과 연결해서 운동이 전달되도록 합니다. 그런데 공기를 채운 이 두 번째 관에 아주 가벼워서 쉽게 움직이는 먼지 같은 것을 넣습니다. 그러면 먼지의 움직임에서 소리가 다음과 같이 전달되는 것을 볼 수 있습니다. 일단 공기가 압축됩니다. 그 다음에 두 번째 관이 역진동하면서 압축된 공기가 되받아치고 그로 인해 공기가 희박해집니다. 첫 번째 금속관이 다시 진동하는 순간에 처음에 압축된 공기가 다시 밀려나갑니다. 이런 식으로 압축과 희박이 반복해서 일어납니다. 공기의 압축과 희박에 관한 문제라는 것도 실험을 통해 직접적으로 증명할 수 있습니다. 그런데 이런 것은 너무 뻔한 사실이라 이 자리에서 굳이 실험을 할 필요가 없겠습니다. 책을 읽어 보면 알 수 있는 것을 이 자리에서 일부러 보여 줄 생각은 없습니다. 여기에서 중요한 것은, 근대가 시작될 무렵 예수회가 사회 관계를 통해 물리학의 이 분야에서 지대한 공헌을 했다는 것입니다. 여기에서 예수회 신부들이 언제나 추구한 것이 있습니다. 어떻게든 자연 과정을 정신적으로 관철하지 않으려고, 자연 과정에서 정신적인 것을 고찰하지 않으려고 했습니다. 정신적인 것은 종교의 문제로 남겨 두려 했던 것이지요. **괴테**를 통해 우리가 익히 알고 있는 표현[4] 중에 '정신에 상응하는 고찰 방식'이 있습니다. 예수회 쪽에서는 괴테의 이 고찰 방식을 자연 현상에 적용하는 것은 위험하다고 간주했습니다. 예수회는

---

4   『도입문, 주해를 단 괴테의 자연 과학 논설문』 제1권 107쪽의 식물학 연구에 얽힌 비화와 이 책 11쪽 각주6을 참조하라.
"…그럼에도 불구하고 그 훌륭한 남성은 본다는 것과 본다는 것 사이에 차이가 있으리라는 생각은 하지 않았다. 본디 정신의 눈과 신체의 눈은 언제나 생생하게 결합해서 작용해야 하니, 그렇지 않으면 보기는 해도 보지 못하는 위험에 빠질 염려가 있으므로 …"

자연을 순수하게 물질적으로 고찰하고자 했습니다. 정신으로 자연에 접근해서는 안 된다는 것이지요. 여러 관계에서 보아 바로 예수회 신부들이 오늘날 유별나게 지배적인 물질주의적 사고방식을 처음으로 양육한 장본인입니다. 오늘날 물리학에서 적용하는 식으로 사고하는 것이 근본적으로 보아 이 가톨릭 전통의 산물임을 ―물론 역사상의 사실로는 알고 있지만― 사람들이 보통은 상상하지 못합니다.

3   그런데 이외에도 우리가 알아내려고 하는 것은 사람이 소리를 다양한 높이로 들을 수 있는 원인입니다. 소리가 날 때 생기는 외적인 진동 현상은 다양한 높이의 음과 관련해 어떻게 구분됩니까? 그것은 다음과 같은 실험으로 증명될 수 있습니다. 여기에 원반 하나가 있습니다. 그런데 보다시피 원반에 수많은 구멍이 뚫려 있습니다. 제가 이 원반을 빠르게 회전시키겠습니다. 슈톡마이어[5] 박사님, 회전하는 이 원반 쪽으로 공기가 바람처럼 불도록 해 주세요. (슈토크마이어 박사가 그렇게 한다) 음의 높이가 다르다는 것을 쉽게 구별할 수 있지

---

5   카를 슈토크마이어E. A. Karl Stockmeier(1886~1963)_ 독일 수학자, 철학자. 슈투트가르트 초대 발도르프학교 교사

않습니까? 무엇으로 인해 이 차이가 생겨나겠습니까? 잘 보면 원반 안쪽에는 구멍 수가 적습니다. 40개의 구멍이 나란히 뚫려 있습니다. 슈토크마이어 박사님이 이쪽으로 바람이 불도록 했습니다. 그 기류가 구멍에 도착하면 그냥 통과합니다. 그 다음에는 원반에 부딪쳐서 통과하지 못합니다. 원반이 회전하니까 구멍이 있던 자리가 순간적으로 막혔다가 다음 구멍이 오는 식으로 계속됩니다. 그래서 구멍의 수만큼 공기가 통과하고 막히는 과정이 원반 안쪽에는 40회 일어납니다. 원반 가장자리에는 구멍이 80개 뚫려 있습니다. 공기가 원반을 80번 통과하고 막히면서 파동이, 즉 진동이 생깁니다. 80개의 구멍과 40개의 구멍이 같은 시간 안에 한 바퀴 돌기 때문에 공기가 통과하고 막히는 수가 가장자리에서는 80회고, 안쪽에는 40회입니다. 그러니까 가장자리에는 80회의 진동이, 안쪽에는 40회의 진동이 일어나는 셈이지요. 잘 들어 보면 80번의 진동이 일어나는 곳의 소리는 40회의 진동이 일어나는 곳의 소리에 비해 두 배로 높은 고음입니다. 음의 고저는 소리를 전달하는 매개에서 생기는 진동수와 관계한다는 것을 이런 실험이나 다른 유사한 실험으로 증명할 수 있습니다.

4. 여러분이 제가 방금 이야기한 것을 마음에 깊이 새기면, 다음 사항도 역시 숙고할 수 있게 됩니다. 진동이라 하는 것을, 그러니까 압축과 희박의 반복을 한번 보십시오. 이것을 파장으로 표시할 수 있습니다. 1초에 해당하는 n시간 동안에 길이가 l인 파동이 생긴다고 합시다. 그러면 전체 파동은 $n×l$로 전진합니다. 전체 파동이 1초 동안 움직인 거리를 v라고 명기하겠습니다. $v=n×l$입니다. 이제 주의하십시오. 제가 이 자리에서 이미 고찰한 것 중에 한 가지를 기억하기 바랍니다. 제가 다음과 말했습니다. "내적인 표상생활을 통해서 생각해 낸 것뿐만 아니라 외적인 실재인 것에서도 운동학적인 모든 것을 세심하게 구분해 내야 한다." 그리고 다음과 같은 말도 했지요. "외적인 실재는 단순히 셀 수 있는 것, 공간적인 것, 운동이 절대로 아니다. 외적인 실재는 언제나 속도다." 이는 우리가 음향이나 소리에 관해 말할 때도 당연히 해당하는 사항입니다. l에도, n에도 외적인 체험은 들어 있지 않습니다. 왜냐하면 l은 그저 공간적인 것이고 n은 단순한 숫자에 불과하기 때문입니다. 실재는 다름 아니라 바로 속도 속에

들어 있습니다. 우리가 소리나 음향이라고 말하는 그 존재를 내포하는 것은 속도입니다. 그리고 속도를 추상적인 두 가지로 나누는데, 진짜 실재는 그 추상적인 두 가지 속에 들어 있지 않습니다. 그렇게 해서 우리가 얻는 것은 추상화한 것, 분리한 것, 나눈 것입니다. 그렇게 분리된 것이 바로 파동, 공간의 크기, n이라는 숫자입니다. 소리의 실재를, 소리의 외적인 실재를 보고 싶다. 그렇다면 소리에 있는 내적인 능력을, 속도를 지니는 그 능력을 주시해야 합니다. 이것을 주시할 줄 알아야 소리를 질적으로 고찰할 수 있습니다. 오늘날의 물리학에서 습관이 된 고찰은 음향의 양적인 고찰입니다. 현대 물리학은 ―다름 아니라 바로 소리의 경우, 음향학과 음성학의 경우에 더 유별나게 알아볼 수 있는데,― 외적으로, 양적으로, 공간적으로, 시간적으로, 운동과 관계해서, 숫자로 계산해서 확인해야 할 것을 하필이면 질적인 것을 위한 자리에 집어넣습니다. 그런데 질적인 것은 오로지, 유일하게 특정 속도 능력으로만 드러납니다.

5. 오늘날에는 더 깊이 들어갈 필요도 없이 근본적으로 보아 이미 음향학에서 물질적인 것의 미로 속에 빠져

듭니다. 그런데 요즘 사람들은 그런 것을 조금도 알아차리지 못합니다. "너무나 뻔한 사실인데, 우리가 듣는 그대로의 소리는 우리 외부에 존재하지 않는다. 우리 외부에는 진동만 있을 뿐이다." 이렇게 말하는 상태이니 어떤 것이 다음의 말보다 더 명백할 수 있겠습니까? "공기의 압축과 희박을 불러일으키는 기류가 생성되면, 그리고 내 귀가 그것을 듣는다면, 내 내면에 있는 미지의 어떤 것이, ㅡ물론 물리학은 이것에 관여할 필요가 없습니다. 왜냐하면 이것은 물리학에 속하지 않기 때문입니다ㅡ 공기 진동을 순수하게 주관적인 체험으로 변화시킨다. 물체의 진동을 음향의 질적인 면에 해당하는 것으로 번역한다." 이런 식으로 생각하면, 우리 외부에 진동이 있고 우리 내면에는 그 진동의 효과가, 순수하게 주관적인 효과가 있다는 것을 수없이 다양한 모양으로 발견하게 됩니다. 이런 생각이 차츰차츰 피와 살이 되고, 이제는 뼛속 깊이 박혔습니다. 상황이 이렇다 보니, **로베르트 하멜링**[6]처럼 글을 쓰

---

6   로베르트 하멜링Robert Hamerling(1830~1889)_ 오스트리아 시인, 철학자. 이
     부분과 관련하는 내용은 『철학사 내부에서 윤곽으로 그린 철학의 수수께끼』
     (GA18, 도르나흐, 1985)를 참조하라.

는 사람도 생겨나는 것입니다. 제 저서 『철학의 수수께끼』에 그의 책을 인용했으니 여러분도 찾아서 읽어볼 수 있습니다. 물리학 이론을 받아들인 로베르트 하멜링은 자신의 그 책을 다음과 같이 시작합니다. "굉음으로 듣는 것은 우리 외부에서 일어나는 공기의 진동이지 다른 것이 절대 아니다. 그리고 어떤 사람이 이 생각에서 출발하면서도 감각의 느낌으로 체험하는 것은 자신 내면에 있을 뿐이고 외부에는 진동하는 공기 혹은 진동하는 에테르만 있다는 것을 믿을 수 없다고 한다면, 그는 이 책을 읽지 말아야 할 것이다." 로베르트 하멜링은 심지어 다음과 같이 말했습니다. "자신이 알고 있는 말馬의 형상이 외부에 있는 실제의 말과 정말로 상응한다고 믿는 사람은 아무것도 이해하지 못하는 것이니 부디 이 책을 덮기 바란다."

6. 사랑하는 여러분, 이런 문제를 그냥 넘겨서는 안 되고 반드시 한번쯤은 그 논리적 일관성을 추적해 보아야 합니다. 제가 이 교실에 앉아 있는 여러분을 물리학적 사고방식에 따라 다룬다고 합시다. 네, 제가 사고 방법이 아니라 사고방식이라고 말했습니다. 물리학자는 이미 습관이 되어버린 그 사고방식으로 음향 현상과 소

리 현상을 다룹니다. 제가 바로 그 사고방식으로 여러분을 다루면 다음과 같은 것만 나옵니다. 이 교실에 앉아 있는 여러분 모두 저한테는 제가 받은 인상을 통해서만 존재할 뿐입니다. 그런데 제가 가지고 있는 이 인상은 빛이나 소리를 감지할 때와 마찬가지로 완전히 주관적입니다. 제가 보고 있는 그대로의 여러분은 존재하지 않는다는 것이지요. 저와 여러분 사이에 있는 것은 공기 진동입니다. 이 진동이 저를 여러분 내면에 있는 진동으로 이끌어 갑니다. 결과적으로 저는 여러분 내면의 영적인 존재 모두 전혀 존재하지 않는다고 생각해야 합니다. 여러분이 내면에 있다고 확신하는 모든 것이 실은 존재하지 않는다는 결론이 나오는 것이지요. 여러분 모두의 내면에 있는 영적인 것은 그저 제 마음속에 일어난 효과에 불과하다는 말이고, 여기 의자에 앉아 있는 여러분은 진동 축적물일 뿐이라는 생각입니다. 이는, 여러분의 내적인 본성도 단순히 주관적인 체험이기 때문에 음향과 빛의 내적인 본성을 부인하는 것과 똑같은 사고방식입니다. 제가 앞에 앉아 있는 여러분을 저의 주관적인 인상일 뿐이라고 하면서 여러분한테 내적인 체험이 없다고 하는 것과 똑같습니다.

7. 제가 지금 언급한 것은 너무 뻔하고 너무 진부해서 물리학자나 생리학자는 자신이 그런 오류를 범한다는 것을 꿈에도 상상하지 못합니다. 그래도 그들은 그런 오류를 범하고 있습니다. 객관적인 과정에서 주관적인 인상을 —더 정확히 말해 주관적이라 생각하는 것의 인상을— 구분하는 것에 있어서도 역시 다를 바가 전혀 없습니다. 솔직하게 일을 하면서 다음과 같이 말하면 되는 문제입니다. "나는 물리학자로서 음향을 절대로 연구하지 않겠다. 음향의 질적인 것에 절대 관여하지 않고 버려 두겠다. 그 대신에 외적, 공간적인 과정만 —객관적이라 말해서는 안 됩니다— 연구하겠다. 그런데 이 객관적인 것도 내 안으로 연속된다. 그래서 나는 그것을 전체에서 추상성으로 분리해 내고 질적인 것은 버려 두겠다." 차라리 이렇게 말한다면 솔직하기라도 합니다. 하지만 적어도 이것은 객관적이고 저것은 주관적이라는 식의 주장은 하지 말아야 합니다. 이것은 저것의 효과라는 식의 주장도 해서는 안 됩니다. 여러분이 영혼 속에서 어떤 체험을 하는데 제가 그것을 함께 체험한다고 합시다. 그 경우에 여러분의 그 체험

은 저에 대한 여러분 두뇌의 진동 효과가 아닙니다. 이런 것을 인정한다는 것은 의미심장합니다. 인류에 대한 현시대의 요구 사항과 과학의 요구 사항을 위해 이보다 더 의미심장한 것은 없습니다.

8. 바로 이런 주제의 경우 반드시 더 깊은 연관성을 다루어야 합니다. 예를 들어 보통 다음과 같이 말합니다. "음향 혹은 소리의 전형적인 진동은 화음을 이루는 두 개의 현을 한 공간에서 동시에 울리면 생겨난다." 이는, 진동이 매개로 건너 가고, 소리와 평행인 진동이 이 매개 속에서 전달된다고 생각하는 것이지요. 그런데 이 경우에 관찰하는 것을 훨씬 더 일반적인 현상의 한 부분으로 보지 않으면 이해할 수 없습니다. 이 일반적인 현상이란 바로 다음과 같은 것입니다. 이런 현상은 이미 관찰되었습니다.

9. 어떤 방에 괘종 시계가 있다고 합시다. 여러분이 태엽을 감아서 그 시계를 작동시켰습니다. 그 방에는 다른 괘종 시계가 하나 더 있습니다. 단 이것은 특이한 방식으로 조립된 것입니다. 여러분이 이 시계도 작동시켜 보려고 하는데 되지 않습니다. 그런데 상황이 유리하게 들어맞아서인지 이따금씩 이 시계가 저절로 작동하

는 것을 발견합니다. 이것을 현상의 공감이라 명명할 수 있습니다. 이 현상의 공감은 광범위한 영역에서 연구할 수 있습니다. 이는, 외부 세계와 관계가 좀 있는 현상들 중에서 현재 보통 이루어지고 있는 것보다 훨씬 더 많이 연구되어야 할 마지막 보루입니다. 이런 현상은 생각보다 훨씬 더 자주 일어나기 때문에 현재보다 더 많이 연구되어야 합니다. 여러분이 누군가와 함께 앉아 있다고 합시다. 그런데 여러분이 조금 전에 생각했던 것을 그 사람이 이야기하는 경우가 왕왕 있지 않습니까? 여러분은 어떤 것을 생각만 했고 말하지는 않았는데 옆사람이 그것을 말하는 경우가 정말로 자주 있습니다. 이런 현상을 특정한 방식으로 조율된 사건 혹은 사건 연관성의 공감적인 동시 발생이라 하는데, 극히 정신적인 차원에서 정당화됩니다. 단순한 현의 공명이 있습니다. 사람들은 이 공명이 외적, 물리적 사건 속에 우연히 위치된 것이라고 조야한 표상에 따라 물질주의적으로 고찰합니다. 그리고 다른 사람의 생각을 함께 체험하는 것과 같이 '평행 현상'으로서 이미 정신적으로 등장하는 것이 있습니다. 이 양자 사이에 있는 사실들의 일관적인 배열을 반드시 볼 수 있어야 합니다.

10. 그런데 어떻게 인간 스스로 이른바 물리적 자연이라 불리는 것 속에 위치되어 있는지, 그 양식과 방식을 알아보겠다는 의지가 없다면, 이런 주제를 절대로 명확하게 투시할 수 없습니다. 며칠 전에 이 자리에서 인간의 눈을 다루면서 조금 분석해 보았습니다. 오늘은 인간의 귀를 보기로 하겠습니다. 여러분도 이제는 눈 안쪽에 수정체가 있다는 것을 알고 있습니다. 이 수정체에 생기가 아주 없다고는 말할 수 없습니다. 생기가 조금은 들어 있습니다. 수정체 앞에, 그러니까 눈의 바깥쪽에 렌즈와 각막이 있고 그 사이에 수분이 있습니다. 눈 바깥쪽에서 안쪽으로 점점 더 들어갈수록 점점 더 생기를 띱니다. 바깥쪽에 면한 부분은 좀 더 물리적인 성격을 띱니다. 이런 방식으로 눈을 설명할 수 있는데, 귀도 이와 똑같이 설명할 수 있습니다. 물론 다음과 같이 피상적으로 말할 수도 있습니다. "빛이 눈에 영향을 미쳐서, 혹은 —어떤 식으로 표현해도 괜찮습니다— 신경이 빛의 자극을 받아서 인상이 생긴다. 그와 마찬가지로 음향 진동이 귀에 영향을 미친다. 그러면 이 효과가 외이도를 타고 들어가 그 끝에 있는 고막을 두드

린다. 고막 안쪽에 청소골이, 즉 그 모양에 따라 명명된 망치뼈, 모루뼈, 등자뼈가 연결되어 있다." 이제 이것을 물리학적으로 말해 보지요. 저기 바깥에서 일어나는 것, 그러니까 외부 공기 속에서 압축과 희박으로 드러나는 것이 청소골의 체계를 통해서 내이 속에 있는 것으로 전달됩니다. 내이를 보면 이른바 달팽이관이 있습니다. 이 달팽이관에 림프액이 들어 있고 내이신경은 여기에서 끝납니다. 앞쪽 위로, 그러니까 중이쪽으로 이른바 세 개의 반고리관이 붙어 있습니다. 그런데 특이하게도 이 반고리관의 세 면은 공간적으로 각기 90° 각도를 이루면서 세 방향으로 되어 있습니다. 그래서 다음과 같이 생각할 수 있다는 것이지요. 소리가 공기의 파동으로 외이로 들어옵니다. 청소골을 통해서 내이로 전달되고 달팽이관의 액체에 도달합니다. 그 다음에 그곳에 연결된 내이신경에 닿아서 두뇌가 감지합니다. 이렇게 해서 눈이 하나의 감각 기관이 되고, 귀도 하나의 또 다른 감각 기관이 됩니다. 이 두 가지를 이렇게 예쁘게 나란히 정리해서 고찰할 수 있습니다. 그리고 두 가지 모두에 해당하는 감각 이론을 또 다른 추상성으로서 생리학적으로 발견할 수 있습니다.

11. 이제 제가 앞에서 이야기한 것을 고려하면 문제는 달라집니다. 인간이 호흡을 할 때 뇌수가 척추 속에서 오르락내리락한다고 말했습니다. 뇌수의 이 리듬과 외부 공기 속에서 일어나는 것의 공동 작용을 보면 문제가 그렇게 간단해 보이지 않습니다. 여러분이 아직 기억할 것이라 믿는데, 외적으로 완결된 듯이 보인다고 해서 그것을 완성된 실재라 생각해서는 안 된다고 제가 말했습니다. 어떤 것이 겉으로 그렇게 보인다 해도 완성된 실재여야 할 이유가 없습니다. 장미 넝쿨에서 꺾어 온 장미꽃은 절대로 실재가 아닙니다. 왜냐하면 꺾인 장미꽃은 그 자체로 절대 존재할 수 없기 때문입니다. 장미꽃은 넝쿨에 달려 있어야 존재할 수 있습니다. 제가 넝쿨에서 잘라낸 장미꽃을 보면서 단순히 장미라고 생각하지만, 사실 그것은 추상성에 불과합니다. 그것의 총체성을, 적어도 장미 넝쿨을 고려해야 합니다. 이와 마찬가지로 소리를 들을 때 사람들이 보통 말하는 귀는 실재가 전혀 아닙니다. 왜냐하면 바깥에서 귀를 통해 안으로 전달되는 것은 내적인 리듬으로 일어나는 것, 즉 뇌수가 오르락내리락할 때 일어나는 것과 특정한 의미에서 일단 공동 작용해야 하기 때문입

니다. 그러니까 우리가 귀 안에서 일어나는 것을 뇌수의 율동적인 운동 속에 일어나는 것에 전달합니다. 그런데 이게 전부가 아닙니다. 리듬으로서 진행되고 두뇌를 특정한 의미에서 그 자체의 작용 범위에 끌어넣는 것, 이것은 인간의 본질에 따라 유기체의 완전히 다른 쪽에서 후두를 위시한 언어 기관을 통해 전면에 나타나는 것의 근거를 이루고 있습니다. 이는 능동적으로 말하기 위한 도구가 호흡 과정에 개입되어 있고, 이 호흡 과정은 다시금 오르락내리락하는 뇌수의 리듬 과정의 근거가 된다는 말입니다. 한편으로는 여러분이 호흡을 할 때 내면에서 리듬으로 생겨나는 모든 것에 언어 과정을, 말하는 과정을 개입시킬 수 있습니다. 다른 한편으로는 듣기를 그것에 개입시키는 것입니다. 이로써 하나의 전체가 완성되는데, 한편으로는 듣기에서 좀 더 지성적인 것이, 다른 한편으로는 말하기에서 좀 더 의지적인 것이 전면에 나타나는 식입니다. 후두를 통해 활발하게 고동치는 의지적인 것, 그리고 귀를 통과하는 좀 더 '감각적, 지성적인 것', 이 두 가지를 함께 보아야 하나의 전체를 알 수 있습니다. 이 두 가지가 함께 하나를 이루고 있다는 것은 사실 정황으로서 그냥 받아들여야 하는 문제입니다. 한쪽으로는 귀만 따로 보고, 다른 쪽으로는 후두만 따로 본다면, 그것이 바로 추상화입니다. 서로 속하는 두 가지를 따로 떼어내서 관찰하면 절대로 전체를 보지 못합니다. 생리학적 물리학자 혹은 물리학적 생리학자로서 어떤 사람이 귀와 후두를 따로따로 관찰한다면, 그 사람의 연구 과정은 생동하는 상호 작용으로서 주제를 고찰하는 것이 아니라 인간을 살리려고 하면서 몸을 따로따로 절단하는 것과 다를 바 없습니다.

12. 이 모든 것이 실제로 무엇에 관한 문제인지 올바르게 파악했다면, 조금 다른 어떤 것을 보게 됩니다. 그것은 바로 다음과 같습니다. 눈 속에 있는 모든 것을 일단 관찰해 봅시다. 눈에서 유리체를 제거한다면, 여기에 망막으로 펼쳐지는 것 전부 혹은 한 부분을 제거한다면, 눈 속에 들어 있는 것들을 모두 밀어낸다고 한다면, 그래도 남아 있는 어떤 것이 있습니다. 바로 섬모체근, 수정체 그리고 바깥쪽의 용액이 남습니다. 이렇게 남은 것을 과연 무슨 기관이라고 할 수 있겠습니까? 정말로 그렇게 한 다음에 남아 있는 기관은 절대로 귀와 비교할 수 없습니다. 이 기관은 후두와 비교해

야 합니다. 그것은 귀의 변형이 아니라 정말로 후두의
변형입니다. 후두를 잘 보면, ―대략적으로만 암시하
겠습니다― 후두덮개가 성대를 감싸고 있어서 갈라진
틈이 하나 더 있습니다. 그러니까 성대로 인해 더 좁은
틈이 생기는 것이지요. 눈의 섬모체근을 보면 이와 똑
같습니다. 안쪽에서 움직이는 수정체를 섬모체근이 둘
러싸고 있습니다. 공기를 위해 후두가 후두 노릇을 하
듯이, 특정한 의미에서 에테르적인 것을 위해 후두 노
릇을 하는 것을 눈에서 이런 식으로 벗겨 낸 것입니다.
이제 먼저 망막을, 그 다음에 유리체를 다시 집어넣으
면, ―어떤 동물의 경우에는 이 외에도 부채살 모양의
특정 기관을 더 집어넣을 것입니다. 인간의 경우 이런
것들이 에테르적으로만 존재합니다. 혹은 검상돌기 모
양의 것도 있습니다. 특정 하등 동물의 경우 이런 것이
혈액 기관처럼 눈 속에 연장되어 있습니다.[7]― 이 모

---

7   **옮긴이** 슈테판 레버Stefan Leber의 『루돌프 슈타이너 강의록 『교육학의 기초
     가 되는 인간에 대한 보편적인 앎』에 대한 주해』 1권(프라이에스 가이스테스레
     벤 출판사, 2002) 614쪽을 참조하라. "눈의 구조에 있어 인간과 동물 사이에 의
     미심장한 차이가 있다. 동물의 경우에는 개체 발생적인 맥락막 틈새에서 여러
     가지 모양의 기관이 자라 나와 수정체 속으로 뚫고 들어가 자리를 잡는다. 피
     가 충분히 통하는 맥락막 조직에서 원뿔 모양(파충류의 Conus papillaris)이

든 것을 제자리에 함께 집어넣은 다음에 보면, 이에 비교될 수 있는 것은 오로지 귀일 뿐입니다. 여기에서 부채처럼 펼쳐지는 것은 귀 안에서 미로처럼 펼쳐지는 것과 비교할 수 있습니다. 그러니까 한편으로는 인간 유기체 내부의 한 단계에 눈이 있습니다. 눈 안쪽은 변형된 귀입니다. 눈 바깥쪽은 변형된 후두로 둘러싸여 있습니다. 이제 다른 한편으로 후두와 귀를 하나의 전체로 봅시다. 그러면 다른 단계에서 변형된 눈이 있습니다.

13. 제가 방금 설명한 것은 굉장히 중요한 길로 인도하는 어떤 것입니다. 귀와 눈을 단순하게 병렬해서 잘못된 방식으로 비교하면 이런 것을 절대로 알아볼 수 없기 때문입니다. 저는 눈 속에서도 수정체의 후방, 즉 안쪽에 좀 더 활력을 띠고 있는 것을 귀와 비교했고, 바깥으로 좀 튀어나온, 좀 더 근육으로 된 부분은 후두와

나, 빗, 부채, 빗살 모양(조류, 설치류, 유대류의 경우), 혹은 둥근 낫 모양(어류의 Processus falciformis)의 기관이 형성되어 나온다. 이 강의에서 말하는 '검상돌기 모양'이라는 용어는 오늘날 더 이상 쓰지 않는다. 루돌프 슈타이너는 1899년 출판된 틸로Wilhelm Otto Thilo(1848~1917, 구 소련, 현 라트비아 출신의 의사, 동물학자)의 저서(어떤 책인지는 정확하게 알려지지 않음)에서 이 용어를 인용했다.

비교했습니다. 단순하게 1대1로 비교해서는 변형을 절대로 알아볼 수 없습니다. 변형론의 난점은 대상의 내적인 역동성, 실재성, 사실성을 다루어야 한다는 데에 있습니다. 사실을 이런 각도에서 보면, 음향이나 소리 현상에서 일어나는 것을 단순하게 빛의 현상에 그대로 대입해서는 안 된다는 생각이 들겠지요. 게다가 눈은 하나의 감각 기관이고 귀도 하나의 감각 기관이라는 잘못된 전제 조건에서 출발한다면, 이 관계에서 나오는 것을 당연히 잘못된 방식으로 고찰하게 됩니다. 눈으로 보는 것은 귀로 듣는 것과는 완전히 다른 어떤 것입니다. 제가 눈으로 볼 때는 귀로 듣는 동시에 말을 할 때와 똑같은 것이 눈 속에 일어납니다. 오직 말하기와 비교할 수 있는 행위는 더 높은 차원에서 이루어지는데, 그것은 눈의 경우 수용하는 행위, 받아들이는 행위입니다. 바로 이런 실체적인 것들을 파악하려고 노력할 때만 이 영역에서 비로소 어떤 것을 달성할 수 있습니다. 보통은 소리와 관계하는, 외관상 완전히 다른 두 가지 육체 기관이 눈 속에 합일되어 있다는 것을 알아보면, 일종의 '자신과 소통하기'와 같은 어떤 것이 눈에, 눈으로 보는 경우에 있다는 사실도 명확하게 알아봅니다. 여러분이 어떤 단어를 듣는다고 합시다. 이제 그것을 확실히 이해하기 위해 따라서 말합니다. 눈은 언제나 바로 이와 같은 방식으로 활동합니다. 누군가가 "그가 글을 쓴다."라고 말합니다. 그런데 불분명한 생각이 들어서 여러분이 "그가 글을 쓴다."라고 재차 말합니다. 그제야 모든 것이 확실해집니다. 눈의 활동이 바로 그런 식입니다. 눈의 경우 빛 현상과 관계해서 그런 식입니다. 우리 눈 속에 생기에 찬 부분이 있다는 그 기이한 연관성을 통해서 우리 의식에 들어오는 것을 우리가 눈 바깥쪽으로 나온 부분에, 즉 후두에 상응하는 부분에 주어야 비로소 그것을 완벽하게 본 것이라 체험합니다. 우리가 본다는 것은 우리 자신과 에테르적으로 소통한다는 의미입니다. 눈이 실행하는 독백입니다. 그러므로 인간의 자체적 능동성이 들어 있는 독백의 결과를 한 순간 혹은 한 부분일 뿐인 것, 즉 듣기와 단순하게 비교할 수 없습니다. 여러분이 여러분 자신을 예로 삼아 여러분 자신에게서 찾아보면서 철저히 공부한다면, 대단히 많은 것을 얻을 수 있으리라 저는 믿습니다. 그렇게 하면 물질주의적 물리학적 세계 고찰이 절대적인 비현실성 속에서 얼마나 헤매고 있는지 분명하게 알아볼 것입니다. 물리학적 고찰은 귀와 눈처럼 절대 직접적으로 서로 비교할 수 없는 것을 단순하게 1대1로 비교합니다. 이렇게 사실상의 전체성을 주시하지 않고 순수하게 외적으로 고찰하기 때문에 자연을 정신적으로 고찰하는 것에 소원하게 머뭅니다. 괴테가 색채학의 마지막 장인 감각적, 윤리적 부분에서 어떻게 물리학적인 것에서 정신적인 것을 논리적으로 발달시키는지 한번 생각해 보십시오. 오늘날의 물리학적 색채학을 근거로 해서는 절대 그런 것을 이룰 수 없습니다.

14. 그런데 소리와 음향의 경우 의구심이 생겨납니다. 소리의 경우 외적으로 진동만 일어난다는 것은 아무도 부정할 수 없는 사실이라고 합니다. 그런데 제가 부탁하는데 사실이 정말로 그런지 한번 질문을 해 보십시오. ―또 다른 부탁은, 여러분이 이 질문을 올바르게 하기만 하면 특정한 방식으로 이미 답을 얻지는 않았는지, 여러분 스스로 결정하라는 것입니다― 다음과 같은 경우가 혹시 있는 것은 아닌지 물어봅시다. 공기로 가득 차서 빵빵한 풍선이 하나 있다고 합시다. 이 풍선 속 공기와 외부 공기가 같은 밀도인 한, 풍선에

구멍을 뚫어도, 심지어는 수탉이 쪼아서 구멍을 뚫어도 아무 일이 일어나지 않습니다. 그런데 진공 상태의 풍선에 구멍을 뚫으면 난리가 납니다. 외부 공기가 고음으로 '삑' 하는 소리를 내면서 풍선에 빨려 들어갑니다. 그렇다면, 이렇게 풍선에 빨려 들어간 공기가 풍선 안의 상태 때문에 생겨났다는 식으로 말하겠습니까? 아니지요. 여러분은 당연히 다음과 같이 말할 것입니다. "바깥에 있던 공기가 안으로 들어갔다. 그런데 순수한 관찰에 따르면, 풍선의 진공 상태가 외부 공기를 빨아들인 것이다." 여기 이 원반을 돌리면 휘파람 소리 같은 것이 납니다. 이는, 일종의 흡입이라 표현해야 하는 것이 생겨나게 하는 전제 조건을 우리가 이 원반을 돌려서 준비한 것입니다. 제가 경적을 울려서 공기를 진동시키면 그 다음에 소리로서 생겨나는 것, 네, 그것은 공간을 초월한 곳에 존재합니다. 달리 말해 그것은 공간 내부에 아직 존재하지 않는다는 것입니다. 제가 소리를 위한 전제 조건을 만들지 않는 한, 소리가 공간에 들어와도 드러날 전제 조건이 없습니다. 제가 여기 이 원반을 돌려서 전제 조건을 만들지 않는 한, 외부 공기가 이 구멍을 통과할 수 없는 것과 똑같습니다. 외

부의 공기 진동인 것은 순전히 이 풍선 속의 진공 상태
와 비교할 수 있습니다. 그 다음에 귀로 들을 수 있는
것은, 전제 조건이 만들어지면 바깥 공간에서 이 진공
상태의 공간으로 밀려드는 어떤 것과 비교할 수 있을
뿐입니다. 공기 진동인 것은 내적, 본질적으로 소리와
아무 관계가 없습니다. 다만, 공기 진동이 있는 곳에 흡
입 과정이 생겨나서 소리를 다른 차원에서 가져올 뿐
입니다. 물론 공기 진동의 양식을 통해서 소리로 가져
오는 것이 수정됩니다. 그런데 저도 소리를 수정할 수
있습니다. 이 진공 상태의 공간에 통로를 만들어서 공
기가 이 통로를 통해서만 흡입되도록 하는 것이지요.
공기가 지나가는 선이 소리의 모사 형상으로 나옵니
다. 진동 과정으로서 있는 것에 이렇게 음향 과정이 외
적으로 그려져 있습니다.

15. 네, 보다시피 이 자리에서 진정한 물리학을 근거로 해
서 설명한 것은 진동 과정에 대한 몇 가지 수학적 표상
을 통해서는 이해하기가 쉽지 않습니다. 물리학을 이
렇게 하려면 인간의 사고가 더 심층적으로 되어야 합
니다. 이 요구 사항을 채우지 않는다면, 오늘날 숭앙되
는 물리학적 세계 형상과 같은 그림만 나올 수 있습니

다. 이 세계 형상이 실재에 대해 취하는 태도는, 종이로 된 인간이 자신을 진짜 인간이라 생각하는 것과 비교할 수 있습니다. 이 점을 숙고하기 바랍니다. 다음 금요일에 계속하겠습니다.

아홉 번째 강의

1920년 1월 2일

전기 현상

자연의 다양한 힘에서 추상적인 유사성을 찾으려 한 19세기 자연 과학의 추구

그 절정으로서 헤르츠의 전기파

음극선의 혁명적 현상

음극선의 수정 형태인 뢴트겐선, 알파선, 베타선, 감마선

깬 상태와 잠자는 상태, 사고와 의지, 빛과 전기

전기와 자기력에서 물질을 구체적으로 연구한다.

1. 상황이 여의치 않아 임시변통으로 실험을 준비하다 보니 더 깊이 파고들 수 없어서 참으로 아쉽습니다. 남은 이틀 동안에도 어쩔 수 없이 몇 가지 관점을 제시하는 정도에서 그쳐야 하겠습니다. 제가 몇 달 후 다시 이곳에 올 예정이고, 그때 이 주제를 계속해서 다루도록 하겠습니다. 그러면 여러분이 이 분야에 관해 어느 정도 완결된 내용을 얻을 수 있을 것입니다. 우선 자연 과학적 인식을 어떻게 교육에 활용할 것인지 알려주는 지표가 될 만한 몇 가지 관점을 이야기하겠습니다. 내일 계속해서 이 관점들을 더 다루기 위해 오늘은 일단 전기 현상의 발달을 주시해야 합니다. 여러분이 학교에서 배워서 이미 잘 알고 있는 것에 연결해 시작할 것인데, 내일 그것에서 출발해 물리학의 전 분야를 개관하며 그 성격을 설명하려고 하기 때문입니다.

2. 여러분도 전기에 관한 기본적인 것은 다 배웠다고 생각합니다. 마찰 전기라 하는 것이 있다는 것도 알고 있

을 테지요. 유리 막대나 수지樹脂 막대를 어떤 물체에 대고 문지르면 일종의 힘이 발생합니다. 보통 전기가 일어난다고 말하지요. 어떤 물체에 문지른 유리 막대나 수지 덩어리에 종잇조각이나 작은 물건이 들러붙는 현상입니다. 그런데 이 현상을 잘 관찰해 보았더니 유리 막대를 문지를 때와 수지 막대나 봉랍封蠟 막대를 문지를 때 생기는 힘이 완전히 다른 양상을 보인다는 것도 차츰차츰 알게되었습니다. 두 종류의 막대 모두에 종잇조각이 달라붙기는 합니다. 그런데 전기가 일어나는 양식, 즉 하전荷電되는 양식은 완전히 반대입니다. 그래서 좀 더 질적인 면을 고려해서 이 두 가지 다른 현상을 유리 전기와 수지 전기로 구분합니다. 일반적으로는 양전기와 음전기로 알려져 있지요. 그러니까 유리 전기는 양전기고 수지 전기는 음전기입니다.[1]

3. 그런데 기이한 것이 양전기는 언제나 특정 방식으로

---

[1] **감수자** 마찰 전기는 물체를 마찰시킬 때 전자의 이동에 의해 생긴다. 전자가 이동한 쪽은 (+)전기, 전자를 받은 쪽은 (−)전기를 띠게 되는데 물체의 종류에 따라 다르게 나타난다. 과학에서는 대전열이라고 하는데 털가죽-상아-수정-유리-종이-명주-에보나이트-플라스틱 차례로 두 개의 물체를 문지를 때 앞쪽은 양전기, 뒤에 있는 것은 음전기를 띤다. 예를 들어서 털가죽과 유리를 문지르면 털가죽은 양전기 유리는 음전기로 대전된다.

음전기가 생겨나게 합니다. 일종의 축전기인 이른바 라이덴 병에서 이 현상을 볼 수 있습니다. 여기에 이 라이덴 병을 보면 유리병의 외벽과 내벽을 이 지점까지만(그림9-1 참조) 하전이 가능한 금속으로 도장했습니다. 유리 자체는 절연 역할을 합니다. 뚜껑에는 금속

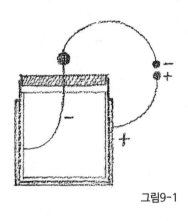

그림9-1

전건電鍵이 달린 금속 회로가 연결되어 있습니다. 이제 금속 회로 하나를 대전帶電시켜서 그 전기를 병의 외벽에 전달합니다. 그렇게 할 수 있습니다. 그러면 외벽이 예를 들어서 양전기를 띱니다. 양전기 현상이 일어나는 것이지요. 이로써 내벽에 도장된 금속은 음전기를 띠게 됩니다. 이제 양전기를 띠는 외벽과 음전기를 띠

는 내벽을 이 금속 회로로 연결할 수 있습니다. 그러니까 한쪽 전류를 여기까지(그림에서 오른쪽의 +) 오게 하고, 바로 그 앞에 다른 쪽 전류(-)를 갖다 대면 양전기와 음전기가 연결되는 것이지요. 이제 이 두 전기 사이에 일정 전압이 생기고 서로 대치하면서 균형을 잡으려 합니다. 한쪽에서 다른 쪽으로 불꽃이 튀어 건너갑니다. 이 현상에서 무엇을 알아볼 수 있습니까? 이렇게 대치하는 두 전기에는 특정 전압이 생기고 서로 균형을 잡으려 한다는 것이지요. 여러분도 이런 실험을 해봤을 겁니다.

4. 여기에 라이덴 병이 있는데, 방전 집게가 하나 필요합니다. 이 외벽을 충전해야 하거든요. 아직은 너무 약합니다. 도장된 금속이 조금 밀쳐 내기는 합니다. 외벽의 양전기가 충분히 충전되면 내벽에 음전기가 생겨납니다. 그 다음에 이 두 가지 전기를 대치시키고 방전 집게를 이용해서 불꽃이 튀어 건너가도록 할 수 있습니다. 여러분도 알고 있을 것이라 생각하는데, 이런 방식으로 일어난 전기를 마찰 전기라고 합니다. 마찰로 일어난 힘, 그런 방식으로 생긴 힘과 관계하기 때문에 그렇게 부르는 것이지요.

5. 이 마찰 전기에 더해 18세기에서 19세기로 넘어가는 시기에 비로소 접촉 전기라 하는 것이 발견되었습니다. 이로써 물리학의 물질주의적 외형을 갖추는 데에 매우 훌륭하게 기여한 분야가 열렸습니다. 여러분도 다 아는 것이라 복습하는 셈 치고 짤막하게 그 원리만 설명하겠습니다. **갈바니**[2]가 개구리를 금속판에 올려놓고 해부 실험을 하고 있었습니다. 그런데 번개가 칠 때마다 가위에 닿은 개구리의 근육이 경련을 일으키는 것이었습니다. 갈바니는 이 현상에서 굉장히 의미심장한 것을 발견했습니다. 사실 알고 보면 갈바니는 두 가지를 한꺼번에 발견했습니다. 이 두 가지가 반드시 구분되어야 하는데, 아직까지 제대로 구분되지 않고 있으니 자연 과학을 위해서는 커다란 불행입니다. 갈바니가 당시에 발견한 것은 그 얼마 후 **볼타**[3]가 접촉 전기라 명명한 것입니다.[4] 그러니까 액체를 통해 서로 접촉된 두 개의 금속에 전기가 전류 형태로 전달된다는 사

---

2   루이지 갈바니Luigi Galvani(1737~1798)_ 이태리 의사, 자연 과학자

3   알레산드로 볼타Alessandro Volta(1745~1827)_ 이태리 물리학자

4   **감수자** 금속의 산화 환원 반응을 이용하여 볼타는 묽은 황산에 아연판과 구리판을 넣고, 전선을 연결하여 전류가 흐르는 최초의 화학 전지를 만들었다.

실을 발견한 것이지요. 이로써 외관상 순수하게 비유기적인 영역에서 일어나는 전류가 있습니다. 그런데 갈바니가 실제로 밝혀낸 것을 주시하면, 특정한 의미에서 생리학적 전기라 부르는 것이 나옵니다. 이는 일종의 힘의 긴장 상태인데, 실은 근육과 신경 사이에 늘 존재하고, 전류를 통하게 해서 깨울 수 있습니다. 그러니까 당시 갈바니는 실제로 두 가지를 본 것입니다. 그중 하나는 비유기적인 영역에서 모사할 수 있는 것입니다. 즉 액체를 매개로 해서 금속이 전류를 형성하도록 하면 됩니다. 다른 하나는 모든 유기체 속에 있는 것입니다. 근육과 신경의 이 긴장 상태를 발전어라고 불리는 전기를 내는 어종에서 특히 잘 관찰할 수 있습니다. 발전어가 전기를 방출하는 것을 보면 보통 전류가 흐를 때의 효과와 똑같습니다. 이로써 한편으로는 과학이 물질주의적 영역에서 엄청난 진보를 이루도록 한 것이, 다른 한편으로는 기술을 위한 획기적인 근거가 생겨나도록 한 것이 발견된 것입니다.

6. 이제 19세기에 만연한 사조를 한번 들여다봅시다. 그 시대 사람들은 모든 자연력의 —보통 이렇게 부릅니다— 근저에 추상적인 합일성으로서 놓인 어떤 것을

찾아내야 한다고 생각했습니다. 제가 다른 시간에 이미 이야기했는데 하일브론 출신의 유명한 천재 의사 율리우스 로베르트 마이어가 19세기의 40년대에 발견한 것도 이 방향으로 해석되었습니다. 우리도 이 자리에서 마이어가 발견한 것을 실험해 보았습니다. 물속에 바퀴를 작동시켜 소용돌이치도록 하면 기계적 동력이 생겨나 물이 따뜻해집니다. 물의 온도가 올라간다는 것을 실험에서 보았습니다. 이 열의 생성은 바퀴가 돌아 생긴 기계적 성과, 즉 기계적 노동의 효과라고 말할 수 있습니다. 그런데 당시 사람들은 이것을 갖가지 자연 현상에 적용할 수 있도록 해석했습니다. 물론 특정 경계 안에서는 별 어려움 없이 그렇게 할 수 있습니다. 화학적인 힘을 생성시킬 수 있었고, 이때도 열이 생겨난다는 것을 볼 수 있었습니다. 거꾸로 증기 기관에서 포괄적인 의미에서 일어나듯 기계적 노동을 위해 열을 이용할 수 있었습니다.[5] 사람들이 특히 자연

---

5 **감수자** 열과 관련된 과학 영역은 열역학이다. 열역학 제1법칙은 기체 외부에 열을 가하면 일부는 내부 에너지(온도) 증가로 나머지는 일(부피와 압력의 변화)로 변한다는 것이다. 열역학 제2법칙은 열기관(증기 기관, 자동차 엔진)에 고온의 열을 가하면 일부는 일로 바뀌고 나머지는 열에너지로 방출한다는 것이다. 그러므로 반대로 일을 해 주면 열이 발생하여 온도가 올라간다.

력의 변환을 집중적으로 주시한 것이지요. 원래는 율리우스 로베르트 마이어에서 시작한 것을 점점 더 확장 해석하다 보니 그렇게 되었습니다. 계산할 수 있는 특정 노동을 불러일으키기 위해서 얼마나 많은 열이 필요한지, 그리고 이와 반대로 잴 수 있는 특정 열량을 생산하기 위해 어느 정도의 기계적 노동이 필요한지를 숫자로 계산할 수 있게 되었습니다. 사실 그렇게 해야 할 이유가 전혀 없었는데도 사람들은 물속에 바퀴를 돌려서 처리한 노동이 변환된다고, 이 기계적 노동이 열로 바뀐다고 생각했습니다. 증기 기관에 열을 적용하면, 그 열이 기계적 성과로서 생겨나는 것으로 변환된다고 무비판적으로 그냥 받아들였습니다. 19세기의 물리학적 고찰이 이 사조를 따랐습니다. 그 결과로 물리학이 이른바 다양한 자연력 사이의 유사성을 발견하기 위해 노력합니다. 달리 말해 여러 종류의 자연력 모두에 실제로 추상적으로 동일한 어떤 것이 박혀 있다는 것을 보여 주는 유사성을 찾으려 했다는 것이지요.

7. 이 추구는 19세기 말경에 천재적인 물리학자 **헤르츠**[6]
가 이른바 전기파를 —여기서도 역시 파동을 말하고
있습니다— 발견함으로써 절정에 이르렀습니다. 전자
파의 발견은 전기로 전달되는 것과 빛으로 확산되는
것이 유사하다는 생각에 어느 정도의 정당성을 부여
했습니다. 빛도 에테르의 파동이라 생각하지 않았습니
까? 이른바 전기라고 칭하는 것, 그중에서도 특히 흐
르는 전기를 기계적인 기본 개념으로 파악하기는 쉽지
않았고, 물리학의 전망을 조금은 질적인 쪽으로 확장
할 필요가 있었습니다. 이런 정황에서 당시에 이미 유
도 전류라 불리는 것의 존재도 알릴 수 있었습니다. 유
도 전류란, —여기서는 아주 간략하게 암시만 할 수 있
을 뿐인데,— 전류가 전선을 타고 흐르면 바로 그 옆에
있는 다른 전선에 전기가 생겨나는 현상을 말합니다.
그러니까 전기 효과가 공간을 건너뛰어 일어나는 것이
라고 대략 말할 수 있겠습니다.

8. 그런데 헤르츠가 굉장히 흥미로운 것을 알아냈습니다.
전기적 동인의 확산이 파상형으로 확산하는 것 혹은

---

6   하인리히 헤르츠Heinrich Hertz(1857~1894)_ 독일 물리학자

그럴 것이라 생각될 수 있는 모든 것과 유사한 어떤 것을 실제로 띠고 있다는 것입니다. 이로써 헤르츠는 이 라이덴 병에서 생겨나는 것과 같은 방식으로 전기 불꽃을 만들어 내면, 달리 말해 전압을 점점 더 높이면 다음과 같은 것에 이를 수 있다는 것을 발견했습니다. 여기에 불꽃이 튀어 건너간다고 가정해 보십시오.(그림 9-1 참조) 그런데 이런 것 두 개를 —이것은 소형 유도 장치라고 부를 수 있습니다— 적절한 위치에 대립해서 설치할 수 있습니다. 이 두 개를 한 장소에 서로 대치시켜야 합니다. 이 두 개 사이에 적정 거리를 두면, 전기가 건너뛰는 현상이 일어납니다. 이는 다음 현상과 똑같습니다. 여기에 촛불이 있고, 그 옆에 있는 왼쪽 거울에 촛불이 비친다고 합시다. 그런데 이 거울 건너편에 일정 거리를 두고 다른 거울이 하나 더 있다고 합시다. 이 두 번째 거울이 첫 번째 거울에 비친 불빛을 모읍니다. 그러면 여기쯤에 그림이 생겨납니다.(그림 오른쪽에 점이 찍힌 원) 이 경우 빛의 확산과 일정 거리 안에서의 그 효과에 관해 말할 수 있습니다. 이와 똑같은 원리로 헤르츠는 전기의 확산과 일정 거리 안에서 지각할 수 있는 그 효과에 관해 말할 수 있었습니다. 이

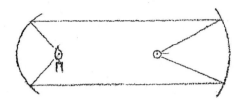

그림9-2

로써 헤르츠는 자신과 다른 물리학자들의 의견에 따라 파동에 준하는 어떤 것이 전기를 통해서 정말로 확산한다는 것을 위한 증명이라 할 만한 것을 성립시켰습니다. 확산하는 파동을 일반적으로 어떻게 생각해야 하는지 결정한 것이지요. 그러니까 빛이 파동하면서 공간을 통해 확산되어 일정 거리 안에 있는 어떤 물체에 부딪쳐 특정한 의미에서 펼쳐질 수 있으면 그 효과를 드러내는 것과 똑같이 전기파도 확산되어 일정 거리 안에서 다시 효과를 보인다는 말입니다. 여러분도 알겠지만 바로 이 생각이 이른바 무선 전신의 근거가 됩니다. 그리고 19세기 물리학자들이 즐겨 하던 생각이 이로써 특정한 의미에서 성립된 것입니다. 음향과 빛에서 파동으로서 표상한 것, 그리고 열 현상이 그와 유사한 현상을 보였기 때문에 확산되는 열에서 파동으로서 표상한 것, 바로 그것을 이제 전기의 경우에도 역시 표상할 수 있게 되었습니다.[7] 이 경우에는 파동이 상당히 길다고 표상해야 할 뿐입니다. 이로써 19세기의 물리학적 사고방식이 완벽하게 확립되었다는 것을 반박할 여지없이 증명하는 것이 나온 셈입니다.

9. 그런데 헤르츠의 실험과 더불어 사실상 주어진 것은 낡은 것이 종결되었음을 알리는 어떤 것이었습니다. 사실 특정 영역에서 실현되는 모든 것은 그 영역 내부에서만 적절하게 판단될 수 있는 문제가 아니겠습니까? 예를 들어서 우리가 지금 혁명을 거치는 중이라 한다면, 그것이 우리에게 엄청난 사회적 격변으로 보일 것입니다. 왜냐하면 혁명이 일어나는 영역을 특히 주시하기 때문이지요. 1890년대에, 더 정확히 말해 1800년대 마지막 15년 동안 물리학 영역에서 일어난 것을 주시하는 사람은 그 영역에 사실상 혁명이 일어

---

7   **감수자** 현재 자연 과학에서는 음향은 (공기 같은) 매질의 진동에 의해 전파되는 파동, 열은 분자 운동(분자가 활발하게 움직일수록 열 즉 온도가 높아짐)으로 인해 나타나는 에너지 현상, 전기는 전기를 띤 물체 사이에 작용하는 전기력에 의한 현상, 전류가 흐르면 주변에 자기장의 변화가 생기고 자기장이 변하면 전기장의 변화가 생기는 전자기파 파동이라 설명한다. 즉 전기와 자기를 같은 현상으로 보는 것이다.

났다고 말할 수밖에 없습니다. 그런데 이 혁명은, 다른 사회 분야의 혁명이 그 자체에 영향을 미치는 것보다 물리학 영역 자체에서 훨씬 더 강렬하게 일어났습니다. 이는 다음과 같이 표현할 수 있을 뿐 그 이상도 이하도 아닙니다. "근본적으로 보아 물리학적 영역에서 낡은 물리학적 개념이 완전히 해체되는 과정에 있었고, 물리학자들은 그 해체를 정말로 인정하기 싫어서 발버둥쳤을 뿐이다." 헤르츠가 알아낸 것은 물론 낡은 것의 석양에 속했습니다. 왜냐하면 그것은 낡은 파동설을 더욱더 확신하도록 만들었기 때문입니다. 그리고 헤르츠가 살던 시대에 이미 존재했지만 나중에야 생겨난 것이 어느 정도는 당시에 이미 준비되고 있었다는 것, 바로 이것이 물리학에 혁명적인 의미가 있습니다. 그것은 다름 아니라 일정 정도까지 공기를 빼낸 관을 통해서 전기를 전달하는 방법입니다. 그러니까 극히 희박한 공기를 통해서 전기를 전달하는 것이지요. 여기에 있는 이 관 속에 다음과 같이 굉장히 간단하게 전압을 발생시킬 수 있습니다.[8] 이 관 속에 전기를 양쪽

---

8 여기서 말하고 있는 실험을 정확하게 어떤 모양으로 하였는지 참조할 만한 문건도, 그림도 남아 있지 않다. 그러므로 루돌프 슈타이너가 한 말의 문맥에 따

끝으로 분리해서 전압이 생기도록 하는 것입니다. 한쪽 끝에는 양전기가, 다른 쪽 끝에는 음전기가 모이도록 합니다. 관의 양 끝으로 바싹 몰아서 양극과 음극이 되는 것이지요. 이 두 극 사이에 전기가 흐릅니다. 여기에 색이 있는 선으로 빛을 내는 것이 보이지요? 이것이 전기가 흐르는 길입니다. 이제 다음과 같이 말할 수 있습니다. "보통은 전선을 통해서 전달되는 것이 희박한 공기를 통해서 전달되면서 여기에 보이는 이 형태를 띤다." 공기가 희박할수록 이 형태가 더 강해집니다. 지금 보이지 않습니까? 한쪽에서 다른 쪽으로 가는 일종의 움직임이 일어나고 있을 뿐 아니라 현상이 본질적으로 변하고 있습니다. 이로써 전기로서 전선을 타고 흐르는 것이 다른 것과의 상호 작용에서 그 내적인 본질을 드러내도록 그 길의 한 부분에서 그것을 다

라 대략적으로 상상할 수밖에 없다.

감수자 이 실험은 음극선 실험인 듯하다. 음극선 실험의 역사를 보면 처음에는 관내부의 공기를 많이 제거할 수 없는 상태에서 실험을 했다. 그 이후 기술의 발달로 관 내부를 진공에 가까운 기체의 양이 거의 없는 상태로 실험을 할 수 있게 되었다. 대표적인 예가 크룩스관 실험이다. 이 실험에서 기체는 부도체여서 전기가 통하지 않지만 기압이 낮은(공기의 양이 극히 적은) 상태에서 전기를 연결하면, 기체 분자가 양이온과 음이온으로 이온화 되어 처음에는 불꽃 방전이 일어난다. 압력이 더욱 낮아지면 관 전체가 형광을 발한다.

룰 가능성이 생긴 것입니다. 이는, 전기가 전선 속에 숨을 수 없기 때문에 그 자체인 그대로 드러난다는 말입니다. 여기 유리 속의 녹색 빛을 보십시오! 이것은 형광 현상[9]을 보이는 빛입니다.

10. 더 정확하고 상세하게 이 주제를 다루어야 하는데 그렇게 하지 못해서 안타깝습니다. 그런데 제가 윤곽을 그리는 식으로 이렇게 대략적으로 말하지 않으면 정말로 다루고 싶은 것을 시간상의 문제로 다룰 수 없을 것입니다.

11. 관 속의 극히 희박한 공기 속에 많이 퍼진 상태이기는 해도, 그 안에서 통과하는 것을 여러분이 직접 보고 있습니다. 희박한 공기나 가스로 채운 관 속에서 일어나는 현상, 이것을 이제 연구해야 하지 않겠습니까? 물론 굉장히 많은 인물이 이것을 연구했습니다. 그중에

---

9   **감수자** 음극선 실험에서 최초로 전자의 존재를 알게 되었다. 공기가 희박한 관 양쪽에 음극과 양극을 설치하고 전류를 흘려 주면 음극에 있는 전자가 튀어 나와 양극으로 이동한다. 관 내부의 기체가 희박하므로 전자가 이동하면서 에너지를 전달해 기체가 형광 현상을 일으킨다. 기체가 희박하다는 것은 압력이 아주 낮다는 것이고, 그 때문에 기체가 이온화되어 형광 현상이 일어난다. 즉 음극선(음극에서 나오는 선이라는 의미로 음극선이라 불렀음)은 전자가 빠르게 이동하는 것이라 보이지 않기 때문에 대신 빛을 내는 기체를 우리 눈으로 보는 것이다.

는 **크룩스**[10]라는 인물도 있습니다. 이들이 다룬 것은 이 현상이 관 속에서 실제로 어떤 상태에 있는지 추적하고, 관 속에 생겨나는 현상으로 실험을 하는 것이었습니다. 그런데 특정 실험들이 기이한 것을 입증했습니다. 크룩스도 그런 실험을 했는데, 전기를 전선이 아니라 희박한 공기를 통과하도록 했을 때 드러난 '전기의 내적인 성격'이라 표현할 수 있는 것은, 빛이 에테르의 파동 운동을 통해서 전달된다고 생각할 때 전달되는 것과 전혀 관계하지 않는다는 사실을 발견했습니다. 유리관 속에서 돌진하는 것에 아주 기이한 성격이 있는데, 이는 단순한 물질인 것의 성격을 강하게 상기시킵니다. 시간상 오늘 모든 것을 다룰 수도 없는 노릇이고 여러분이 이미 알고 있는 것에 연결해야 하기 때문에 자석이나 전자석을 예로 들겠습니다. 자석으로 특정 물질을 잡아당길 수 있습니다. 이렇게 자석을 통해 잡아당겨질 수 있는 성질이 희박한 공기나 가스를 통과하는 광체에, 즉 변화된 전기에 있습니다. 자석에 대한 전기의 이 상태는 자석에 대한 특정 물질의 상태

---

10 윌리엄 크룩스William Crooks(1832~1919)_ 영국 물리학자, 화학자

와 똑같습니다. 그러니까 자장磁場이 희박한 공기를 통과해서 돌진하는 것을 수정修正합니다.

12. 크룩스와 다른 인물 몇몇은 이런 실험을 통해 낡은 의미에서 전진하는 파동이라 부를 수 있는 것이 아니라 공간을 통과해 질주하는 물질적인 입자가 유리관 속에 들어 있다고 생각하기 시작했습니다. 그리고 그것은 물질적 입자로서 자력에 끌리는 성질이 있다고 합니다. 그래서 크룩스는 관 속에서 한쪽에서 다른 쪽으로 질주하는 것을 빛나는 물질이라 명명했습니다. 크룩스는 관 속에 들어 있는 물질이 점점 더 희석되어서 결국 가스가 아니라 가스 상태를 벗어난 어떤 것, 다름 아니라 빛을 내는 물질이 되었을 것이라고 상상했습니다. 물질이지만 그 미립자가 공간을 통과해서 빛을 냅니다. 그러니까 아주 미세하게 분산된 먼지 같은 것인데 그 알갱이 하나하나가 대전帶電되어서 공간을 통과해 질주하는 성질을 띤다는 말이지요. 그 다음에 이 미립자 자체가 전자력에 끌리는 것이라 하면서, 바로 이 사실이 우리가 진짜 물질에서 마지막으로 남은 것과 관계하고 있다는 것을 증명한다고 합니다. 그러니까 낡은 의미에서 생각했던 에테르 운동 양식에 따르

는 움직임에 관한 것에 그치지 않는다는 말이지요. 이런 실험은 특히 방사하는 것, 이른바 캐소드라 불리는 음전극에서 방사하는 것으로서 생겨나는 것과 관련해 많이 실시되었습니다. 캐소드의 방사를 연구했고, 그것을 음극선이라 불렀습니다. 저는 이로써 낡은 물리학적 개념에 첫 번째 누수가 시작되었다고 표현하겠습니다. 바로 **히토르프**[11] 관에서, 공간을 통과해 질주하는 물질에 관한 문제임을 증명한 과정을 얻었습니다. 비록 극히 미세하게 분해된 상태이기는 하지만 그래도 공간을 통과해 움직이는 것은 물질이라는 생각입니다. 그렇게 물질이라 명명한 것 속에 무엇이 박혀 있는지, 네, 이것은 물론 해결되지 않았습니다. 그래도 물질과 동일한 것이라고 인정할 수밖에 없는 어떤 것을 가리킨 것입니다.

13. 크룩스는 먼지처럼 휘날리며 공간을 통과하는 물질에 관한 것이라고 확신했습니다. 이 생각이 구식 파동설을 뒤흔들었습니다. 그런데 다른 한편으로는 크룩스의 생각을 정당화하지 않는 실험도 있었습니다. 예를

---

11   요한 빌헬름 히토르프Johann Wilhelm Hittorf(1824~1914)_ 독일 물리학자

들어서 **레나르트**[12]는 1893년에 음극에서 나가는 이른
바 음극선이 그 길을 벗어나도록 할 수 있었습니다. 그
렇게 할 수 있습니다. 레나르트는 관의 한쪽 끝에 얇은
알루미늄 판을 설치해서[13] 음극선이 이 판을 통과해
바깥으로 나오도록 유도했습니다.[14] 여기에서 일단 다
음과 같은 질문이 생겼습니다. "아무리 극소한 미립자
라 해도 역시 물질인데 아무 문제없이 물질로 된 벽을
통과할 수 있을까?" 결국 다음과 같은 물음이 생겨날
수밖에 없습니다. "분해된 상태에서 공간 속에서 움직
이는 것이 정말로 물질적인 미립자일까? 공간을 통과
해 번져 나가는 것이 혹시 다른 어떤 것이 아닐까?" 이
런 상황에서 물리학자들이 차츰차츰 알아보기 시작합

---

12 필리프 레나르트Philipp Lenard(1862~1947)_ 독일 물리학자

13 이 실험 기구는 '레나르트의 창문'으로 알려져 있다.

14 **감수자** 음극선은 실제로 전자가 이동하는 것이기 때문에 바람개비에 부딪히
면 바람개비를 돌릴 수 있고 십자가가 있으면 부딪혀 통과하지 못하므로 어두
운 그림자가 만들어지며, +전기를 가져가면 +쪽으로 휘고(전기력은 서로 다
른 극끼리 잡아 당기므로) 자석을 가까이 하면 휘어지게(전자기력-전기와 자
기가 함께 있을 때 작용하는 힘) 된다.
현대 자연 과학은 전기와 자기 현상을 동일한 것으로 간주한다. 전류가 흐르면
주위에 자기장이 생기고 자석을 코일에 넣었다 뺐다 하면 코일에 전류가 흐른
다는 것을 근거로 그렇게 설명한다.

니다. 이 영역에서는 파동과 물질에 대한 낡은 개념으로 더 이상 진보할 수 없다는 생각에 이르렀습니다. 히토르프의 관이라는 샛길을 통해 몰래 전기를 뒤따라갈 수 있게 되었습니다. 파동의 성질을 발견할 것이라 기대했는데 발견하지 못했습니다. 그래서 전기는 공간을 통과해 질주하는 물질이라는 생각으로 실망한 마음을 달랬습니다. 그런데 이 생각도 들어맞지 않았습니다. 온갖 실험을 거쳐서 —이 중에서 아주 특별한 몇 가지만 이 자리에서 설명했습니다— 발견한 결론을 다음과 같이 표현했습니다. "파동은 존재하지 않는다. 분산된 물질도 역시 아니다. 움직이는 유동 전기가 존재할 뿐이다." 전기 자체가 유동적으로 흐르는데, 그렇게 흐르면서 특정 성질을 보인다고 합니다. 바로 이 성질로 인해 다른 것과, 특히 자석과 물질처럼 관계한다고 합니다. 어떤 공간 속에 금속으로 된 구가 획획 날아다닌다고 한번 가정해 보십시오. 그 공간의 어떤 위치에 자석을 설치하면, 당연히 금속 구가 날아가는 방향을 조금 바꿀 것입니다. 전기도 그렇게 한다는 것이지요. 이는 전기가 물질적인 어떤 것이라는 말입니다. 그런데 전기는 아무 문제없이 알루미늄 판을 통과하니 역시 물질이라고 증명할 수도 없습니다. 어떤 물질이 다른 물질을 통과하면 예를 들어서 구멍이 나야하지 않겠습니까? 문제가 이만저만이 아닙니다. 그래서 나온 결론이 바로 '유동 전기'라 하는 것입니다.

14. 이제부터 이 유동 전기가 갖가지 기기묘묘한 것을 보여 줍니다. 그 상황을 다음과 같이 표현하고 싶습니다. "관찰을 위해 주어진 방향에서 기묘한 발견을 할 수 있었다." 그렇게 실험을 하면서 어떻게 음극선과 만나는 다른 극에서도 역시 전기가 나오는지 추적할 수 있었습니다. 이 다른 극을 양극이라, 이 극에서 나오는 광선을 양극선이라 명명했습니다. 그래서 이런 관 속에는 서로 만나는 두 가지 광선이 있다고 믿었습니다.

15. 1890년대에 특히 흥미로운 일이 일어났습니다. **뢴트겐**[15]이 음극선을 유도하는 실험을 하면서 일종의 화면 같은 것을 음극선이 가는 길목에 설치했습니다.[16] 화

---

15 빌헬름 콘라드 뢴트겐Wilhelm Conrad Röntgen(1845~1923)_ 독일 물리학자

16 **감수자** 음극선 실험에서는 전자가 높은 에너지로 튀어나온다. 이 전자가 가벼운 기체와 부딪히면 기체는 우리가 볼 수 있는 가시광선의 빛을 낸다. 무거운 원자와 충돌하면 에너지가 큰 X선을 낸다. 뢴트겐은 미지의 광선이라고 해서 X선이라고 명명했다. 뢴트겐 이전에도 음극선 실험에서 X선이 나왔는데 음극선에만 관심을 두어 알아채지 못한 과학자들이 여러 명이었을 것으로 추정된다.

면에 음극선을 받아 모으면 부분적으로 수정된 광선이 나옵니다. 그렇게 수정된 상태에서 계속 나갑니다. 그러면 특정 물체를 전화電化할 뿐 아니라 특정 전자기와 상호 작용하는 광선이 생깁니다. 우리도 익히 알고 있는 뢴트겐선, 엑스레이라 불리는 것이 나옵니다. 이로써 또 다른 발견을 한 것입니다. 여러분도 엑스레이의 특성을 알고 있지요. 뢴트겐 사진을 찍으면 사람이 전혀 알아차리지 못하는 사이에 엑스레이가 몸을 통과합니다. 엑스레이는 인간의 살과 뼈를 다양한 방식으로 통과합니다. 그래서 생리학과 해부학을 위해 커다란 의미를 얻었습니다.

16. 그런데 더 생각할 필요가 있는 현상이 등장했습니다. 음극선이나 그것의 수정된 형태가 유리나 다른 물체를 만나면, 예를 들어서 특정한 화학 이론을 근거로 해서 시안화백금바륨이라 불리는 물질을 만나면, 특정 종류의 형광이 생기는 현상입니다. 그러니까 특정 물질이 음극선을 만나면 일정하게 빛을 내는 것이지요. 그러자 광선이 더 수정된 것일 수밖에 없다고 말합니다. 그러니까 굉장히 많은 종류의 광선에 관한 문제인 것이지요. 특히 음극에서 나오는 광선은 여러 가지 다른

것으로 수정할 수 있다고 판명되었습니다. 그래서 광선을 굉장히 강하게 수정할 수 있다고 생각되는 물체를 찾기 시작했습니다. 그 결과 와 닿는 광선을 굉장히 심하게 다른 것으로, 예를 들어서 형광 같은 것으로 변화시키는 물체를 찾았습니다. 이렇게 찾다 보니 우라늄 염과 같은 물체가 있다는 것도 알아냈습니다. 우라늄 염은 어떤 경우에도 방사될 필요가 전혀 없고 특정 상황하에서는 그 자체가 방사하는 물체입니다. 그러니까 방사하는 내적인 성질이 있는 물체입니다. 이런 물체들 중에 특히 라듐을 함유하는 것들이 있습니다. 어떤 물체는 실로 기이한 성격을 지닙니다. 그런 것에서 일단 일정한 역선力線으로 방사되면, 이것을 다시금 기이한 방식으로 다룰 수 있습니다. 어떤 라듐 함유체가 방사한다고 가정합시다. 납으로 된 작은 통에 라듐 함유체를 넣습니다. 그리고 여기에서 방사됩니다. 이제 자석으로 이것을 연구할 수 있습니다. 이 방사에서 어떤 것이 분리되어 나오는데, 자석을 이용해서 그것을 한쪽으로 유도할 수 있습니다. 그러면 다음과 같은 모양을 띱니다.(그림9-3) 조금 다른 것은 꼿꼿하게 앞으로 나갑니다. 그리고 또 다른 것이 처음 것과 반대 방

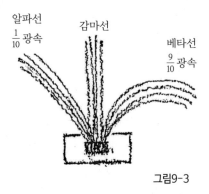

알파선
$\frac{1}{10}$ 광속

감마선

베타선
$\frac{9}{10}$ 광속

그림9-3

향으로 나뉘어져 나갑니다. 이것이 의미하는 바는 납통 속 이 물체에 세 가지가 들어 있다는 것입니다. 처음 이 현상을 발견했을 때는 각기의 광선에 붙일 이름조차 남아 있질 않았습니다. 그래서 오른쪽으로 방향을 변경하는 것은 베타선, 똑바로 나가는 것은 감마선, 베타선에 반대되는 방향으로 꺾이는 광선은 알파선이라고 명명했습니다.[17] 납 통 옆쪽 이 구멍에서 방사하

---

17 **감수자** 라듐 같은 물질은 방사능 물질로 원자가 붕괴할 때 알파선, 베타선, 감마선을 방출한다. 알파선은 헬륨원자핵으로 +전기를 가진 양성자 2개와 중성자 2개로 이루어진 것으로 방사선 중에 질량이 가장 무겁다. 베타선은 전자가 튀어나오는 것으로 −전기를 띠고, 감마선은 물질이 아닌 전자기파가 나오는 것으로 파장이 아주 짧아 투과성이 좋다. 알파선과 베타선은 전기적 성질이 반대이므로 자석을 갖다 대면 반대로 움직이고 감마선은 전기적 성질이 없으

는 것에 자석을 갖다 대면 방사 방향이 바뀌는 것을 볼 수 있습니다. 그리고 일정한 방식으로 계산을 해 보면 흥미로운 결과가 나옵니다. 베타선은 $\frac{9}{10}$ 광속으로, 알파선은 $\frac{1}{10}$ 광속으로[18] 움직입니다. 그러니까 우리가 자석으로 분리해서 분석해 보았더니 방사가 특이하게 다른 속도로 각기 다른 방향으로 나가는 바로 그 지점에 일종의 에너지 폭발이 일어난다는 것이지요.

17. 이제 제가 여러분께 한 가지를 상기시켜야 합니다. 이 연속 강의 초반에 $v = \frac{s}{t}$ 라 하는 공식을 순수하게 정신적으로 이해해 보려고 했습니다. 그때 제가 다음과 같이 말했습니다. "공간 속에 실재는 속도뿐이다. 이 공식에서 실재라고 말해도 정당한 것은 속도일 뿐이다." 이제 여기 납 통의 구멍에서 나오는 것의 특성이 어떤 식으로 설명되는지 한번 보십시오. 저는 폭발해 나온다고 표현하고 싶은데요, 구멍에서 방사하는 것에서 우리는 다양한 강도로 상호 작용하는 속도와 관계합니

므로 곧바로 나간다. 속도도 무거운 알파선은 느리고 베타선은 빠르고 감마선은 전자기파이므로 빛의 속도로 움직인다.

18 1902년 영국 물리학자 러더퍼드Ernest Rutherford가 최초로 기록한 속도는 라듐의 경우 $\frac{1}{12}$ 광속이었다. 후일 대략 $\frac{1}{20}$ 광속까지 낮아진다.

다. 한번 생각해 보십시오. 여기에 방사하는 원통형 힘 속에는 다른 것보다 9배나 더 빠르게 움직이려 하는 것이 들어 있다는 것, 돌진해 나오기는 해도 9배나 빠르게 가려는 다른 것에 저항하며 머무르고자 하는 힘이 있다는 것, 이것이 무엇을 의미하는지. 그리고 이제 오직 인지학을 하는 사람만 오늘날 미친 소리라 생각하지 않을 권리가 있는 것을 주시하기 바랍니다. 우리가 조망할 수 있는 가장 중대한 세계 사건 중에서 본질적인 것은 속도의 차이라는 것을 얼마나 자주 반복해서 이야기했는지 생각해 보십시오. 가장 중요한 현상들이 무엇을 통해서 우리의 현시대로 흘러듭니까? 보통의 효과, 루시퍼의 효과, 아리만의 효과[19], 이 세 가지가 다양한 속도로 서로 뒤섞여서 일어남으로써, 달리 말해 세계 구조가 예속된 정신적 사조에 속도의 차이가 있음으로 해서, 최근 들어 물리학에 열린 길은 이 속도 차이를 보라고 물리학에 강요합니다. 그런데 정신과학이 포괄적인 세계 원동력을 위해 그 속도 차이를 정당화할 수밖에 없는 것과 완전히 유사한 의미에

---

19 『윤곽으로 그린 신비학』(GA13, 도르나흐, 1977)의 '세계 발달과 인간' 80~115 문단까지 참조하라.(푸른씨앗 씨앗주머니, 2023)

서 —물론 당장에는 무의식적으로— 그렇게 하도록 강요합니다.

18. 라듐 함유체에서 방사하는 것[20]은 이것이 전부가 아닙니다. 또 다른 것이 방사하고, 이것의 작용도 역시 증명할 수 있습니다. 그런데 이 작용에서 라듐 물질의 방사처럼 방사하는 어떤 것으로 증명되는 것이 시간이 지나며 차츰차츰 더 이상 라듐이 아니라 예를 들어서 헬륨으로 드러납니다. 완전히 다른 물질입니다. 라듐이 그 자체에 내재하는 것을 동인으로서 방사하지 않고, 스스로를 완전히 바쳐서 다른 것이 됩니다. 여기에서는 물질의 항구성과 더 이상 관계하지 않고, 물질의 변형에 관한 문제가 됩니다.

19. 오늘 제가 이야기한 모든 현상은 전기 영역이라고 명명할 수 있는 영역에서 일어나는 것입니다. 그런데 이 현상들 모두 한 가지 공통점이 있습니다. 이 현상들은 우리 자신에 대해 예를 들어서 음향 현상과 빛 현상과 완전히 다른 상태, 심지어는 온기 현상과도 완전히 다른 상태에 있습니다. 다른 시간에 이미 설명했듯이 특

---

20 라듐(Rn), 여기에서 라듐 납에 관해서는 언급되지 않았다. 『정신과학과 의학』
(GA312, 도르나흐, 1985) 235쪽을 참조하라.

정한 의미에서 우리는 음향, 빛, 온기 속에서 유영하고 있습니다. 전기 현상에 관해서는 그와 같은 식으로 말할 수 없습니다. 왜냐하면 우리는 전기를 빛처럼 구체적인 것으로 지각하지 않기 때문입니다. 전기가 그 자체를 드러내도록 강요되는 경우라 해도 우리는 빛 현상으로만 그것을 지각합니다. 바로 그래서 인간은 전기에 대한 감각 기관이 없다는 말을 하게 되는 것입니다. "빛을 위한 감각 기관으로 눈이 있고, 음향을 위한 감각 기관으로 귀가 있다. 온기를 위해서도 일종의 온 감각이 있다. 하지만 전기를 위해서는 그와 유사한 것이 인간에게 존재하지 않는다." 이미 오래전부터 이렇게 말합니다. 인간은 전기를 간접적으로 지각합니다. 그런데 우리가 이 자리에서 시작한 바와 같은 자연 과학적 고찰로 전진하지 않는다면, 이 간접적 지각의 성격을 극복할 수 없습니다. 우리가 빛에 노출되면 그 빛요소 속에서 유영합니다. 그리고 우리 자신이 적어도 부분적으로는 의식을 가지고 빛에 참여합니다. 음향과 소리, 온기의 경우에도 그렇습니다. 하지만 전기의 경우에는 그렇게 말할 수 없습니다.

20. 이제 다시 한 가지를 상기하기 바랍니다. 제가 끊임

없이 반복해서 이야기하는 것입니다. 대략적으로 보아 인간은 이중적인 존재입니다. 더 정확히 말해 실은 세 가지로 나뉘어진 존재입니다. 사고하는 존재, 느끼는 존재, 의지 존재. 이에 덧붙여 제가 늘 말하기를, 우리는 사고 속에서만 실제로 깨어 있고, 느낌 속에서는 꿈을 꾸며, 의지 과정 속에서는 비록 우리가 눈을 뜨고 깨어 있다 해도 실은 잠자는 상태에 있다고 했습니다. 의지 과정은 우리가 직접적으로 체험하지 못합니다. 우리는 본질적인 의지 속에 있는 것을 잠자면서 흘려보냅니다. 제가 이 강의를 시작하면서 여러분께 유의시킨 것이 있습니다. 덩어리를 m으로 표시하는 물리학 공식이 있습니다. 우리가 덩어리와 관련해 셀 수 있는 것에서, 그러니까 운동, 시간, 공간에서 단순하게 운동학적인 것이 아닌 것으로 건너간다면, 그렇게 건너가는 것은 우리 의식이 수면 상태로 건너가는 것과 대등하다는 것을 반드시 명심해야 한다고 말했습니다. 여러분이 인간 존재의 구성체를 편견 없이 고찰한다면, 다음과 같이 말할 수 있습니다. "빛, 음향, 온기 체험은 일정 정도까지, 어떤 경우에는 고도로 우리가 감각-표상생활을 통해 포괄하는 영역에 들어온다. 그중에서도 빛 현상은 특히 더 강하게 그렇다." 그러니까 인간을 편견 없이 연구하기만 하면 빛, 음향, 온기 체험은 우리의 의식적인 영혼력과 유사한 것으로 드러납니다. 사실상 덩어리인 것으로, 물질인 것으로 가면, 잠자는 동안 우리 내면에서 생성되어 발달하는 힘과 유사한 것에 접근하는 것입니다.

21. 빛, 음향, 온기 영역을 벗어나 전기 현상 영역으로 들어서면 바로 이와 똑같은 길에 들어서는 것입니다. 우리는 우리의 의지 현상 중에서 표상할 수 있는 것만 체험하지, 의지 현상 자체는 직접적으로 체험하지 않습니다. 이와 똑같이 우리는 자연의 전기 현상을 직접적으로 체험하지 않습니다. 자연이 빛, 음향, 온기 영역으로 내보낸 전기를 체험합니다. 우리가 잠이 들면 저승길에 들어섭니다. 표상하는 의식생활을 벗어나 의지생활로 내려가면 우리 내면에서 바로 그 저승길에 들어섭니다. 전기 현상의 체험에 있어서는 외부 세계에서 우리가 바로 저승길로 들어서는 것입니다. 빛, 음향, 온기인 모든 것은 우리의 의식생활과 유사한 반면에, 전기와 자기 영역에서 일어나는 모든 것은 우리의 무의식적인 의지생활과 굉장히 밀접한 유사성이 있습니다.

물리적 전기를 방출하는 특정 하등 동물이 있는데, 이는 사람이 보통 알아채지 못하지만 사실은 일반적인 현상이 자연의 특정 부분에서 드러나는 일종의 증상입니다. 의지가 신진대사를 통해서 드러나는 곳은 어디든 외적인 전기와 자기 현상과 유사한 현상이 작용합니다. 오늘 대충 윤곽으로 그려 보았는데, 실은 아주 복합적인 길을 통해 전기 현상의 영역으로 내려가다 보면 결과적으로 덩어리에 도달하기 위해 내려갈 수밖에 없는 바로 그 영역으로 내려가게 됩니다. 전기와 자기 연구는 과연 무엇을 한다는 것입니까? 물질을 구체적으로 연구한다는 의미입니다. 전기와 자기를 연구하면서 물질로 내려가십시오! 어떤 영국 철학자가 한 말[21]은 진실입니다. 그 철학자는 예전에 사람들이 전기의 근거는 물질이라는 것을 아주 다양한 방식으로 믿었다고 말했습니다. 그렇게 한때는 사람들이 물질일 것이라고 믿었던 것을 이제는 다른 아무것도 아닌 유동 전기라고 간주해야 합니다. 예전에는 물질을 원자화했습니다. 이제

---

21 영국 수상 벨푸어Arthur James Belfour(1848~1930)가 1904년 영국 의회에서 한 연설. 『루시퍼-그노시스 1903-1908 논설 모음』(GA34, 도르나흐, 1987) 467쪽을 참조하라.

는 공간을 통과해 질주하는 전자가 옛날의 그 물질과 비슷한 성격을 띠고 있다고 생각합니다. 그저 인정을 하지 않으려 할 뿐이지 인간은 물질을 극복하기 위한 첫걸음을 내딛었습니다. 빛 현상, 음향 현상, 온기 현상에서 전기 현상으로 건너가면서 자연계로 내려간다는 것을, 표상생활에 대한 의지처럼 빛, 음향, 온기 현상과 관계하는 것으로 하강한다는 것을 인정하는 첫걸음을 내딛었습니다. 바로 이것을 오늘 고찰의 결론으로서 여러분 마음속에 들여놓고 싶습니다. 저는 자연 과학 서적에서 찾아볼 수 없는 것을 주로 말하려고 했습니다. 그래도 그중에서 예로 든 몇 가지는 다른 것의 근거가 되는 것이라 거론했습니다.

열 번째 강의

1920년 1월 3일

음극선과 뢴트겐선 실험

요약하자면 물리학의 발달 과정이 물질주의를 뒤엎었다.

표상을 하며 현상 자체를 뚫고 들어가야 하는 불가피성

19세기에 로바쳅스키가 낡은 기하학에 충격을 가하다.

동역학적 표상은 감각 현상이 아니라 의지에서 유래한다.

현재 인류의 '자연-꿈'

통계학적 방법은 사고내용을 소실하고, 그로써 실재에 들어선다.

전기 현상과 음향

1. 자연 과학적 고찰을 위해 급히 준비된 이 강의를 오늘 잠정적으로 마무리하며 여러분께 몇 가지 지침을 제시하겠습니다. 이 지침은 실험을 통해 직접 볼 수 있는, 특색 있는 사실을 근거로 해서 여러분이 스스로 자연 고찰을 연마하는 데에 도움이 될 것입니다. 오늘날 자연 과학 영역에서 ─특히 교사들을 위해─ 가장 중요한 것은 자연이 제공하는 것을 올바르게 관찰하고 표상하는 방식에 어떻게 익숙해질 수 있는가 하는 것입니다. 어제 제가 바로 이 질문에 중점을 두면서 1890년대 이후 물리학의 길이 특정한 의미에서 물질주의에서 생겨난 물리학에 의해 완전히 뒤집어졌다는 것을 설명하고자 했습니다. 그리고 사실은 여러분이 바로 이 관점을 크게 중요시해야 합니다.

2. 파동하는 본질의 보편성을 진정으로 증명했다고 믿은 시기가 있었습니다. 그 다음에 낡은 파동설이나 '파동-가설'에 들러붙어 있기가 불가능하다고 생각하는 시기

가 왔습니다. 이는 지난 30년을 의미합니다. 어떤 분야에서 혁명적인 어떤 것으로 일어나리라 상상할 수 있는 모든 것을 능가하는 사건이 바로 지난 30년 동안 물리학에서 일어났습니다. 왜냐하면 이 시기에 생겨난 사실 정황의 강요하에 물리학이 잃어버린 것은 낡은 형태의 물질 개념일 뿐 그 이상도 이하도 아니기 때문입니다. 우리가 지난 시간에 보았듯이, 빛 현상을 낡은 관찰 방식에서 끄집어내서 전자기 현상과 가까운 관계로 만들었습니다. 확산하는 빛 자체 속에서 확산하는 전기 같은 어떤 것을 보여 주기 위해 전기 과정의 현상을 공기나 가스가 희박하게 들어 있는 관을 통과시키는 실험 말입니다. 저는 이로써 그런 주장이 정당화되었다고는 말하지 않겠습니다. 다만 상황이 그렇게 되었습니다. 그런데 이렇게 할 수 있었던 것은, 보통 포장된 것처럼 철사 속에 들어 있는 전류를 다름 아니라 바로 **옴**[1]의 법칙에 따라 관찰할 수 있었기 때문입니다. 달리 말해 철사를 벗어나 멀리 떨어진 다른 극으로 건너가는 과정에 있는 전기를 그 자체 그대로 몰래 관찰

---

1 게오르크 시몬 옴Georg Simon Ohm(1789~1854)_ 독일 물리학자

하는 것입니다. 전기가 통과해야 할 물질을 벗어난다는 것은 특정한 의미에서 그 속에 더 이상 숨지 못하고 있는 그대로 드러난다는 의미입니다. 그런데 이로써 극히 복합적인 어떤 것이 전면에 등장합니다. 어제 제가 여러 종류의 광선이 어떻게 그 모양을 드러내는지 설명했습니다. 그 중에서 제일 먼저 알려진 것은 이른바 음극선이라 하는 것입니다. 이 역시 제가 여러분께 현상으로 보여 주었습니다. 희박한 공기로 채워진 히토르프 관의 한쪽, 즉 음극에서 나온 전기가 관을 통과해 다른 극으로 가면서 빛을 냅니다. 한편으로 이 음극선은 자력으로 방향이 바뀌기 때문에 우리가 보통 물질이라고 생각하는 것과 유사한 면이 있는 것으로 드러납니다. 다른 한편으로는 이 음극선에 인간이 방사를 통해 지각하는 것과 유사한 어떤 것이 있습니다. 이는 다음과 같은 실험을 해 보면 분명하게 알아볼 수 있습니다. 어떤 식이든 전극에서 나오는 방사선을 빛처럼 화면이나 다른 대상물로 받습니다. 빛은 그림자를 만들지요. 이처럼 이런 방사선 역시 그림자를 만듭니다. 바로 이런 성질 때문에 보통 생각하는 물질적인 요소와 관계가 있다고 생각하는 것이지요. 그런데 어제 보았듯이 예를 들어 크룩스의 생각에 따라 음극선의 경우에 일어나는 것과 똑같이 바로 이 지점에서 폭발이 일어난다고 가정해 보면, 이 폭탄이 방해물을 통과해 나가지도 않고, 이 지점 뒤에 있는 것도 그대로 남아 있습니다. 화면에 이 음극선을 받는 식으로 크룩스의 실험을 통해 이 현상을 더 분명히 할 수 있습니다.

3. 이제 여기에 전류를 생성시키겠습니다. 그 다음에 공기가 희박하게 든 이 관을 통과하도록 하겠습니다. 이 관의 한쪽은 음극이고 다른 쪽은 양극입니다. 이 관에 전기를 통과시키면 이른바 음극선을 얻습니다. 이 음극선을 여기에 삽입된 성 안드레아 십자가로 받겠습니다. 그러니까 음극선이 십자가에 부딪치도록 하는 것이지요. 그러면 십자가 뒤편에 그림자 같은 것이 보일 것입니다. 이로써 안드레아 십자가가 음극선을 저지한다는 것이 증명됩니다. 아주 세심하게 관찰하기 바랍니다. 안드레아 십자가가 이 안에 꽂혀 있습니다. 음극선을 이렇게 나가도록 해서 여기에 세운 십자가로 받는 것이지요. 이제 십자가 뒤편에 그림자가 보입니다. 여기에 보이는 그림자를 자기장 안에 들도록 하겠습니다. 이제 안드레아 십자가의 그림자를 보십시

오. 그림자가 자기장의 영향을 받는 것을 볼 수 있습니다. 보입니까? 여기에 일종의 그림자로 생겨나는 것이 쇠로 된 물건을 자석으로 잡아당길 때처럼, 쇠 같은 물질처럼 반응합니다. 그러니까 물질적으로 반응한다는 말이지요.

4. 한편으로는 여기에 크룩스가 그 근원이 방사하는 물질에 있다고 생각한 일종의 광선이 있습니다. 크룩스는 이 방사하는 물질이 고체도 액체도 가스 형태도 아닌 섬세한 결합체라 생각했습니다. 전기가 흐를 때 단순한 물질처럼 반응하는 것으로 드러나는 것이 바로 이 방사하는 물질이라고 합니다. 말하자면 우리가 특정한 의미에서 유동적인 전기의 흐름을 주시하는 것이고, 그렇게 하면서 우리가 보는 것은 보통 물질 내부에서 효과로 보는 것과 같은 식으로 드러난다는 것입니다.

5. 어제 제가 보여 주지 못했는데 반대 극에서 나오는 광선도 있습니다. 양극선이라 불리는 이 광선이 어떻게 생겨나는지 한번 봅시다. 보다시피 여기 음극에서 나와서 이 방향으로(반대편으로) 가는 광선은 희미한 보라색 빛을 냅니다. 그리고 이 음극선에 훨씬 더 느린 속도로 다가오는 양극선, 즉 커낼선은 초록색 빛을 냅니

다. 여러분도 이 차이를 알아볼 수 있지요? 이제 이 실험 기구를 통해 생성되는 방사선의 종류를 보기로 합시다. 이 방사선은 유리관에 전류가 통과하면 형광 현상을 일으키면서 드러납니다. 우리가 여기에서 얻는 방사선의 종류는 보통 시안화백금으로 된 화면에 통과시키면 시각화되고, 유리를 상당히 강하게 형광화시키는 성질이 있습니다. 특히 이 유리관을 주의해서 보기 바랍니다. 굉장히 강하게 녹황색의 형광을 발합니다. 이렇게 강한 형광 현상으로 드러나는 방사선은 어제 이미 말했듯이 뢴트겐선입니다. 이렇게 이쪽 분야도 한번 들여다보았습니다.

6. 이런 과정들을 추적해 보면 질료로 간주되는 특정 실체에서 여러 다발의 방사선이 나온다는 것도 지난 시간에 이야기했습니다. 일단 적어도 세 종류의 방사선이 나오는데 각기 분명하게 다른 성질을 띠는 알파선, 베타선, 감마선이 그것입니다. 그런데 라듐 등으로 불리는 성분에서 네 번째 방사선이 나옵니다.[1] 특정한 의미에서 요소 자체가 방사된 후에 그대로 머물기를 포

---

1   이 책 311쪽 각주20을 참조하라.

기하고 변화합니다. 그러니까 라듐이 방사되는 과정에서 이미 헬륨으로 변합니다. 완전히 다른 것으로 바뀌는 것이지요. 그러니까 이 과정에서 우리는 견고하게 그대로 머무는 물질이 아니라 현상의 변형과 관계하는 것입니다.

7. 이제 바로 이것에 연결해서 하나의 관점을 발달시켜 보고자 합니다. 이 관점은 어느 정도는 여러분이 이 현상으로, 더 나아가 자연 현상으로 들어가는 길잡이가 될 수 있을 것입니다. 19세기의 물리학적 사고가 병이든 원인은, 인간이 자연 현상을 추적하기 위해 필요한 내적인 활동성이 내면에서 충분히 유연하지 못했다는 데에 있습니다. 다른 무엇보다 외부 세계에 있는 그대로의 사실을 파고들 능력이 아직 없었습니다. 빛에서 색채가 생성되는 것을 보았습니다. 하지만 인간이 자신의 표상으로, 자신의 사고로 그 색채를 수용하는 상태로 훌쩍 뛰어오르지 못했습니다. 색채를 더 이상 생각할 수 없었습니다. 그래서 사고할 수 없는 색채를 사고할 수 있는 것으로, 달리 말해 운동학적인 것으로 대체했습니다. 알 수 없는 에테르를 계산이 가능한 진동으로 대체했습니다. 그런데 보다시피 이 에테르는 좀

간사한 어떤 것입니다. 왜냐하면 에테르는 아무리 찾아도 그 본모를 절대 드러내지 않기 때문입니다. 여러 가지 광선을 발견한 이 모든 실험도 사실은 외부 세계에 현상 형태로서 존재하는 어떤 것인 유동 전기만 보여 주었을 뿐이고, 에테르 자체는 여전히 그 진짜 모습을 드러내지 않으려 합니다. 현상 자체에 파고들 능력이 19세기의 사고에는 아직 주어지지 않았습니다. 그런데 현 시점부터 물리학에 필수불가결한 것은 다름 아니라 인간이 표상과 더불어 현상 자체 속에 파고드는 것입니다. 그렇게 하기 위해서 바로 물리적 현상의 관찰을 위해 특정 길이 반드시 열려야 합니다.

8. 인간에게 더 다가오고 있는 객관적인 세력, 이들은 사실 사고가 더 유연해지도록 이미 강요했다고 말해도 괜찮습니다. 그런데 잘못된 구석에서 그렇게 했다고 말할 수 있겠습니다. 물리학자들이 확실하다고 간주하면서 철석같이 신봉한 생각은 다름 아니라 계산과 기하학으로, 공간 안에 선과 면, 입방체를 적당히 정리하는 것으로 현상을 해명할 수 있다는 것이었습니다. 그러나 여기 이 히토르프 관 속에 일어나는 현상은 인간이 사실 자체에 더 접근해야 한다고 강요합니다. 그리

고 옛날에 파동설에서 했던 것처럼 그렇게 추상적인 형태로 적용하는 계산은 이 경우에 오히려 실패하고 만다는 것을 시사합니다.

9. 이제 산술적 사고와 기하학적 사고를 유연하게 만들라는 일종의 강요 같은 어떤 것이 나온 그 구석에 관해 먼저 이야기하겠습니다. 기하학은 사실 굉장히 오래된 학문 아닙니까? 기하학을 바탕으로 선, 삼각형, 사각형 등의 법칙성을 생각해 내는데, 이는 굉장히 오래된 것입니다. 사람들은 자연에서 외적인 현상으로 제공되는 것에 기하학을 적용해 왔습니다. 그런데 바로 19세기의 사고방식 앞에서 이 기하학이 다음과 같은 방식으로 좀 흔들렸습니다. 이제 여러분이 다시 학교 시절로 돌아가야 합니다. 그 시절에 여러분이 귀에 못이 박히도록 들은 것이 있습니다. ―우리 발도르프학교 선생님들도 당연히 그것을 가르쳐야 합니다. 그렇게 가르치라고 하니까요.― 여기에 삼각형 하나가 있습니다. 이 삼각형의 세 각도를 모두 합하면 직선이 되거나 180°가 된다고 배웠을 것입니다. 그렇지 않습니까? 이제 교사로서 이 세 개의 각을 더하면 180°가 된다는 것을 아이들한테 증명해 보여야 한다는 기분이 듭니다.

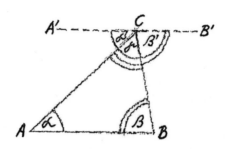

그림10-1

교사라면 당연히 이 기분이 들어야 합니다. 이 명제를
증명하기 위해 삼각형 위쪽의 꼭지점에 밑변과 평행을
이루는 직선을 하나 긋습니다. 그리고 다음과 같이 말
합니다. "삼각형의 각 α는 여기에 각 α′와 같다. α와 α′
는 엇각으로 그 크기가 같다. 그러니까 각 α를 각 α′로
옮길 수 있다. 이와 같은 방법으로 여기의 각 β도 여기
의 β′로 옮길 수 있다. 그러면 이제 각 γ만 남았다. 이렇
게 보면 γ=γ , α=α′, β=β′라고 할 수 있다. 이제 α′+β′+γ
는 세 각의 합이다. 고로 α+β+γ도 역시 세 각의 합일 수
밖에 없다." 이렇게 알아보기 쉽게 증명할 수 있습니다.
이보다 더 분명하고 쉽게 알아볼 수 있는 것은 없다고

말해도 좋을 정도입니다. 그런데 삼각형의 세 각의 합은 180°라는 것을 증명하기 위해 만드는 전제 조건을 한번 보십시오. 그것은 밑변 $\overline{AB}$에 평행으로 직선 $\overline{A'B'}$를 긋는 것입니다. 그렇게 해야지만 증명을 할 상태가 마련됩니다. 그런데 여기서 문제는 **유클리드**[2] 기하학을 샅샅이 뒤져 보아도, 두 개의 선이 평행이라는 것, 즉 무한한 거리에서만 비로소 서로 교차한다는 것을, 달리 말해 두 개의 선이 절대 교차하지 않는다는 것을 증명할 방법은 들어 있지 않습니다. 이 두 개의 선은, 제가 생각하는 공간 속에 머무는 한에서만 평행인 듯이 보입니다. 이 두 개의 선이 진짜 공간 속에서도 평행이라고 저한테 보증하는 것이 전혀 없습니다. 그러므로 여기에 있는 이 두 개의 직선이 무한한 거리에서 교차하지 않고 실제로는 그 이전에 교차한다고 가정해야 한다면, 그러면 세 각의 합은 180°라는 증명이 완전히 망가지고 맙니다. 달리 말해 제가 생각으로 구성해서 보통의 기하학을 하는 공간에서는 그렇지 않겠지만, ─물론 생각된 공간 속에서는 삼각형의 세 각의 합이 180°입니다─ 다른 공간을, 필시 진짜 공간을 주시

---

2   유클리드Euklid(기원전 3세기경)

하는 즉시 세 각의 합이 180°가 아니라 더 크거나 작을 수 있다는 것이지요. 이는, 유클리드가 창안한 보통의 기하학 외에 다른 기하학이 더 있을 수 있고, 이 기하학에서는 세 각의 합이 180°가 아닐 수 있다는 것입니다. 특히 **로바쳅스키**[3]를 필두로 19세기 사상가들이 이 방향으로 부지런히 연구했고, 결과적으로 다음과 같은 질문이 생겨날 수밖에 없었습니다. "우리가 생각해 낸 공간 속에서 기하학적 표상으로서 획득한 표상으로 정말로 완벽하고 정당하게 우리 감각으로 추적하는 현실의 과정들을 파악할 수 있는가?" 우리가 생각해 낸 공간은 의심할 여지없이 생각된 것이지요. 우리 외부에서 일어나는 것이 우리가 그에 대해 생각해 내는 것과 부분적으로 만난다는 표상을 소중히 품을 수는 있습니다. 하지만 저 바깥에서 일어나는 것이 우리가 고안해 낸 유클리드 기하학을 통해 의심할 여지없이 파악할 수 있는 식으로 작용한다는 보증은 전혀 없습니다. 이 경우 굉장히 큰 가능성은, —물론 이에 대해서는 사실 자체만 우리에게 가르침을 줄 수 있습니다— 저 바

---

3   니콜라이 이바노비치 로바쳅스키|Nicolay Iwanowitsch Lobachevskii (1792~1856)_ 러시아 수학자

깔에 사물과 사건은 완전히 다른 기하학에 따라 일어나고 우리가 그것을 파악하는 과정에서 유클리드 기하학과 그 공식으로 번역한다는 것입니다. 이것이 의미하는 바는, 자연에 대한 오늘날 학문에 재량껏 이용하도록 주어진 것만 받아들이면 우리의 기하학적 표상이, 특히 운동학적 표상이 저 바깥 자연에서 우리에게 드러나는 것과 어떤 관계에 있는지에 대한 것을 결정할 가능성이 일단은 전혀 없다는 것입니다. 자연 현상이 물리적인 한에서만 우리가 그것을 계산하고 그립니다. 하지만 우리가 거기에서 어떤 것을 그저 외적으로 껍데기만 그리는지, 아니면 자연의 어떤 것으로 파고드는지, 이에 대해서는 일단 아무것도 결정할 수 없습니다. 그리고 이른바 물리학적 자연 과학에서 철저하게 근본적으로 생각하기 시작하면, 아주 끔찍한 진퇴유곡에 빠지게 됩니다. 더 이상 나갈 수 없다는 사실을 알아보게 됩니다. 이 궁지를 빠져나와 더 나아가는 길은 단 하나만 있을 뿐입니다. 우리의 운동학적 표상, 숫자와 기하학에 대한 우리의 표상, 힘이 아니라 단순한 운동에 대한 우리의 표상, 이런 표상의 근원에 대해 먼저 배우는 것입니다. 그렇다면 이 모든 운동학적 표상은 어디에서 생겨났겠습니까? 이에 대해 사람들이 보통 어떻게 믿고 있습니까? 우리가 자연의 외적인 사실과 관여하고, 이것을 이성으로 이해하면서 처리하면·얻을 수 있는 표상이 있습니다. 사람들은 우리의 운동학적인 표상도 바로 그런 표상과 같은 근저에서 나온다고 믿습니다. 우리는 눈으로 보고, 귀로 듣고, 감각을 통해 지각한 것을 일단은 이성을 통해 대략 처리합니다. 그렇게 하면서 숫자로 계산도 하지 않고, 그림을 그리지도 않고, 움직임에 주의를 기울이지도 않습니다. 완전히 다른 개념의 범주를 기준으로 삼습니다. 거기에서는 우리의 이성이 감각 현상을 근거로 해서 활동합니다. 그런데 외적으로 일어나는 것에 이른바 기하학적 표상, 수학적 표상, 대수적 표상, 운동학적 표상을 적용하기 시작하면, 그러면 좀 다른 어떤 것을 추가하는 것입니다. 외부 세계에서 획득하지 않고 우리 내면에서 고안해 낸 표상을 적용하는 것입니다. 그렇다면 이런 표상은 도대체 어디에서 옵니까? 바로 이것이 가장 근본적인 질문입니다. 이 표상은, 우리가 감각 표상을 처리할 때 적용하는 지능에서 나오는 것이 절대로 아닙니다. 이 표상은 사실 우리 의지의 지능적인 부분에서 나옵니다. 우리의 의지 구조로, 우리 영혼의 의지 부분으로 이 표상을 만들어 냅니다. 우리의 지능에서 나오는 표상과 기하학적, 산술적, 운동학적 표상 사이에는 지대한 차이가 있습니다. 전자는 외부 세계의 체험에서 획득합니다. 후자, 즉 기하학적, 산술적 표상은 우리의 무의식적인 부분에서 올라옵니다. 더 정확히 말해 신진대사에 그 육체적 기관을 두는 의지 부분에서 올라옵니다. 바로 인간의 의지 부분에서 탁월한 의미의 기하학적 표상이 올라옵니다. 인간 내면의 무의식에서 나온다는 말이지요. 여러분이 이 기하학적 표상을 적용하면, —이제부터는 이 기하학적 표상이라는 말을 산술적, 대수적, 운동학적 표상을 모두 포함하는 의미에서 사용하겠습니다— 이 기하학적 표상을 빛 현상이나 음향 현상, 소리 현상에 적용하면, 그러면 인식 과정에서 여러분의 내면에서 올라오는 것을 외부에서 지각하는 것과 연결하는 것입니다. 이 과정에서 무의식적으로 머무는 것은 그렇게 이용한 기하학의 전체적인 원천입니다. 이는, 여러분이 이용하는 이 기하학을 외적인 현상과 결합하는데, 그 과정에서 전체적인 원천은 무의식적으로 머문다는 말입니다. 음향 현상처

럼 의식하는 낮 생활로서 등장하는 것에 여러분의 무
의식적인 부분에서 올라오는 것을 연결하면서, 파동설
같은 ―파동설이든 뉴턴의 방사설이든, 무엇이라 해도
상관없습니다― 이론을 형성합니다. 의식하는 부분을
무의식에서 나오는 것으로 관통하는 것이지요. 이 양
자는 사실 서로 함께 속하는 것이 아닙니다. 이는, 여러
분의 반은 잠자고 있다고 할 수 있는 일종의 반숙면 상
태에서 지각하는 외부 대상과 여러분의 표상 능력은
같은 종류에 속하지 않는 것과 같은 이치입니다. 사람
이 꾸는 꿈이 어떻게 상징화되는지 제가 인지학 강의
에서 자주 든 예가 하나 있습니다. 어떤 사람이 학생이
되어 어떤 강의실 문 앞에 다른 학생들과 서 있는 꿈을
꿉니다. 그 꿈속에서 옆에 있는 사람과 다투게 되었습
니다. 다툼이 점점 더 격화되어 마침내 바깥으로 나가
서 양자 대결을 하기로 합니다. 바깥에 나가서 상대에
게 총을 쏘는 그 순간에도 아직 꿈을 꾸고 있는 중입니
다. 총을 탕하고 쏘았습니다. 그 순간에 꿈에서 깨어나
벌떡 일어나 앉았습니다. 침대 옆에 있는 의자가 바닥
에 넘어져 있는 것을 보았습니다. 바로 의자가 넘어지
는 소리가 꿈속에서 '탕' 하는 총소리까지 계속해서 진

행된 것입니다. 인간의 표상하는 힘은 대상에 들어맞는 현상으로가 아니라 이렇게 상징화하는 방식으로만 외부 현상과 결합합니다. 여러분 존재의 무의식적인 부분에서 운동학적인 것으로 끌어올리는 것도 이와 유사한 방식으로 빛 현상과 결합합니다. 여러분이 광선을 기하학적으로 그립니다. 그렇게 실행하는 것은, 의자가 넘어질 때 나는 소리처럼 객관적인 사실을 상징화하면서 표상할 때 꿈속에 표현되는 것 이상의 실재 가치는 전혀 없습니다. 시각적, 청각적 외부 세계, 그리고 부분적으로는 온기 세계를 기하학적 표상, 산술적 표상, 운동학적 표상을 통해 처리하는 방식이 비록 굉장히 공정해 보이지만, 그래도 실제로는 깨어 있는 상태에서 자연을 꿈꾸는 것입니다. 그리고 그것이 어떻게 깨어 있으면서 꿈을 꾸는 것인지 알아보기 전에는 자연 과학을 제대로 다룰 수 없고, 그로써 역시 자연 과학에서 실재를 얻지도 못합니다. 완벽하게 정확한 과학을 소유한다고 믿는 것이 현대 인류의 '자연-꿈'입니다.

10. 그런데 이제 여러분이 빛 현상에서, 음향 현상에서 온기 현상을 거쳐서 전기 이론의 특별한 장인 방사 현상

과 만나는 영역으로 내려가면, 그러면 외부 자연 속에서 인간의 의지와 동등한 가치로 존재하는 것과 여러분 자신을 연결하게 됩니다. 인간 내면의 의지 영역과 등가인 영역에서, 그러니까 음극선, 양극선, 뢴트겐선, 알파선, 베타선, 감마선 등의 작용 영역에서 우리의 수학과 기하학에, 우리의 운동학적 표상에 들어 있는 것이 드러납니다. 거기에서 우리가 비로소 유사한 영역에 들어섭니다. 다만 오늘날 인간의 사고는 이 영역 속으로 정말로 사고하면서 파고들 정도로 발달하지 못했습니다. 오늘날 인간은 파동설 같은 것을 고안해 내면서 꿈을 꿀 수는 있습니다. 하지만 현상 영역이 인간의 의지 영역과, 기하학과 대수학의 근원인 인간 의지 영역과 유사한 한에서는 오늘날 인간은 아직 수학적으로 그 현상 영역을 파악할 상태에 있지 못합니다. 그렇게 하기 위해서는 수학적, 대수적, 기하학적 표상 자체가 실재를 훨씬 더 많이 빨아들여야 합니다. 그리고 물리학은 다름 아니라 바로 이 길에 들어서야 합니다. 아직 파동설이 한창이던 시절에 공부를 한 물리학자를 요즘 만나서 대화를 나눠 보면, 그중에 다수가 새로운 현상들에 상당히 불편한 심기를 보입니다. 왜냐하면 수학적 표상이 도처에서 조금씩 사라지기 때문입니다. 수학과 기하학을 법칙에 완전히 들어맞도록 할 수 없기 때문에 최근 들어서는 심지어 다른 보조 도구로서 통계적 방법까지 도입했습니다. 이 방법은 외적, 경험적 사실에 경험적 숫자를 연결하고, 그것을 확률론으로 다룰 가능성을 줍니다. 이렇게 하면 어느 정도까지 계속해서 이어지는 법칙성을 계산해 낸다고 말하는 것이 허용됩니다. 하지만 언젠가는 이야기가 더 이상 계속되지 않는 지점에 도달하기 마련입니다. 바로 이런 것이 현대 물리학의 발달 과정에서 어떻게 생각을 잃어버렸는지, 그런데 그렇게 생각을 잃어버림으로 해서 어떻게 실재 속에 들어서는지 보여 줍니다. 예를 들어서 가열된 가스나 공기의 성질에 대한 경직된 표상이 있고, 가열된 공기가 특정 조건의 주변 환경에 반응한다고 합시다. 이런 전제 조건하에서 어떤 사람이 앞에 말한 수학적 확신을 가지고 공기는 절대로 액화될 수 없다는 것을 증명한다는 것은 사실 식은 죽 먹기일 것입니다. 그런데 공기는 액화됩니다! 왜냐하면 일련의 법칙성을 연결한 특정 표상들이 결국 끝에 가서 보면 들어맞지 않는다는 게 특정 부분에서 드러나기 때문입니다. 이런 예시를 수없이 들 수 있습니다. 이런 예시들이 오늘날 어떻게 실재가 바로 물리적 영역에서 다음과 같이 고백하도록 빈번히 강요하는지 보여 줍니다. "너의 사고와 더불어, 너의 표상과 더불어 너는 더 이상 실재 속에 완전히 파고들 수 없다. 모든 것을 다른 끝에서 시작하는 수밖에 없다." 네, 바로 이 다른 끝에서 시작하기 위해 필수불가결한 것이 있습니다. 인간 의지에서 나오는 모든 것과 ─운동학도 역시 인간 의지에서 나옵니다─ 인간에서 분리된 채 외부에서 다가오는 모든 것, (이 유리관의) 다른 극의 현상을 통해서만 그 접근을 예고하는 모든 것 사이의 유사성을 느끼는 것입니다. 여기 이 유리관을 통과하는 모든 것은 빛 등 다른 것을 통해 그 접근을 예고합니다. 전기로서 흐르는 것은 그 자체를 통해서는 절대 지각될 수 없습니다. 그렇기 때문에 사람들은 전기를 위한 여섯 번째 감각이 있기만 하다면 역시 직접적으로 그것을 지각할 수 있을 것이라고 말합니다. 물론 이는 헛소리입니다. 왜냐하면 인간이 의지 속에 그 토대를 두는 직관[4]으로 올

---

4   이 책 32쪽 각주13을 참조하라.

라가야만 전기가 살아서 활동하는 영역으로 외부 세계를 위해서도 진입할 수 있기 때문입니다. 그런데 이와 함께 동시에 알아볼 수 있습니다. 이 자리에서 마지막으로 고찰한 영역에서 본 현상에는 음향이나 소리의 경우와 특정한 의미에서 거꾸로 된 것이 들어 있다는 것입니다. 음향이나 소리의 경우에는 인간이 음향 세계나 소리 세계 안에 단순히 위치되기 때문에 생기는 특성이 있습니다. 제가 그에 대해 이미 자세히 설명했습니다. 인간은 오직 영혼으로만 있는 그대로의 소리나 음향에 들어가서 삽니다. 그리고 인간이 신체를 통해서 들어가 사는 것, 바로 그것만, 제가 지난 며칠 동안 고찰한 의미에서 음향이나 소리의 진짜 본질을 흡입합니다. —제가 공기를 빼낸 배기종排氣鐘을 예로 들면서 비교했는데 기억나는지 모르겠습니다— 네, 흡입합니다! 인간은 소리에서, 음향에서 가장 정신적인 것 안에 들어 있습니다. 물리학자는 당연히 정신적인 것을 관찰하지 못합니다. 영적인 것도 관찰하지 못하지요. 그런 물리학자가 관찰하는 것은 이른바 운동, 즉 파동의 외적, 물리적 '평행-현상'입니다. 우리가 이 자리에서 마지막으로 고찰한 영역의 현상에 도착하면, 나는 나 외에 객관적인 —이른바— 물질성만 지니지 않습니다. 거기에서는 나 외에도 보통 내 내면의 영적인 것, 정신적인 것 안에서 음향과 소리로서 살고 있는 것도 지니는데, 이것은 본질적으로 외부의 것에도 들어 있습니다. 그런데 나는 이 외부의 것과 연결되어 있습니다. 저는 일종의 범주라 부르고 싶은데요, 음향의 파동, 즉 물질적인 파동이 있는 바로 그 범주 안에서 내가 음향에서 오직 영혼으로만 지각할 수 있는 것을 역시 지니고 있습니다. 이 범주 안에서는 내가 소리를 들을 때 영혼으로만 지각할 수 있는 것을 몸으로, 물리적으로 들을 수밖에 없도록 되어 있습니다. 외부 세계에 대한 인간의 관계에 있어 음향 지각과 전기 현상의 지각은 완전히 반대편에 위치합니다. 여러분이 소리를 들을 때는 특정한 의미에서 인간으로서 여러분 자신을 두 존재로 분리합니다. 여러분은 외적으로 증명할 수 있는 파동 요소, 진동 요소 속에서 유영합니다. 그런데 그 안에 단순한 물질과는 다른 어떤 것이 또 있다고 알아봅니다. 음향을 지각하기 위해 내적으로 깨어 있도록 강요됩니다. 여러분의 신체로, 제가 대략적으로 그리는데 보통 알고 있는 이 신체로 파동을, 진동을 지각합니다. 그러면 여러분이 에테르체와 아스트랄체를 안으로 수축시킵니다. 그러면 에테르체와 아스트랄체가 여러분 신체 속 공간의 한 부분만 채웁니다. 이로써 여러분의 존재 중에서도 그렇게 내적으로 응집된 에테르적인 것과 아스트랄적인 것 속에서 여러분이 소리에서 들어야 할 것을 체험합니다. 우리가 이 자리에서 마지막으로 다룬 영역의 현상을 여러분이 인간으로서 만나면, 거기에는 진동 같은 것이 전혀 없습니다. 그 대신에 음향의 경우 여러분이 안으로 집중했던 것을 거기에서는 확장해야 한다고 느낍니다. 여러분이 에테르체와

그림10-2

아스트랄체를 피부를 넘어서서 사방으로 퍼져 나가도록 합니다. 여러분이 점점 더 커지고, 그로써 전기 현상을 지각합니다. 인간의 정신적, 영적인 면으로 나아가

지 않고는 물리적 현상에 대해 진실에 걸맞은, 실재에 걸맞은 입장을 얻을 수 있는 상태에 절대 도달하지 못합니다. 우리는 점점 더 많이 다음과 같이 표상할 줄 알아야 합니다. "음향 현상, 소리 현상, 빛 현상은 우리의 의식적인 표상 요소와 유사하다. 전기 현상과 자기 현상은 우리의 무의식적인 의지 요소와 유사하다." 온기는 그 중간에 있습니다. 표상과 의지 사이에 느낌이 있는 것처럼 자연의 외적인 온기는 한쪽으로는 음향과 빛을, 다른 한쪽으로는 전기와 자기를 두고 있습니다. 그러므로 자연 현상을 고찰하기 위한 기본 구조가 점점 더 바뀌어야 합니다. 이것은 괴테 색채학을 연구하면 가능합니다. 그러니까 한쪽에서는 '빛-음향-요소'를, 그 반대쪽에서는 '전기-자기-요소'를 고찰하는 것입니다. 우리가 정신적인 것에서 '루시퍼적-빛의 양식'과 '아리만적-전기 양식과 자기 양식'[5]을 구분하듯이, 자연 현상의 구조 역시 그렇게 구분해서 고찰해야 합니다. 온기 현상에서 우리에게 다가오는 것은 이 양자와 무관하게 그 사이에 놓여 있습니다.

---

5   이 책 310쪽 각주19를 참조하라.

11. 이로써 여러분께 이 영역으로 가는 일종의 지름길을 보여 주었습니다. 이는 급조된 몇 시간의 강의에서 제가 말할 수 있는 것을 잠정적으로 요약한 기본 지침입니다. 주어진 상황으로 인해 강의를 포함한 모든 것을 급하게 준비했기 때문에 몇 가지 조언만 줄 수 있겠다는 의도를 벗어나지 못했지만, 가까운 시일 안에 이 자리에서 다시 만나 이 주제를 더 확장해서 고찰할 수 있기를 기대합니다.[6] 그럼에도 불구하고 이 강의에서 이야기한 내용은 특히 발도르프 교사인 여러분께 도움이 될 수 있다고 믿습니다. 발도르프학교에서도 아이들한테 자연 과학적 표상을 가르쳐야 합니다. 그런데 우리가 이 자리에서 다룬 내용을 ―저는 광신적이라고 표현하고 싶은데,― 직접적으로 가르치지 않도록 주의해야 합니다. 그렇게 하면 아이들이 나중에 바깥 세상에 나가서 "대학 교수들은 모두 멍텅구리다!"라는 식으로 말을 하는 경우가 생길 수 있습니다. 이런 문제에 있어서 중점은 실재가 적절한 방식으로 발달할 수 있어야 한다는 것입니다. 그러니까 우리 아이들이 혼란스러

---

6 이 책 40쪽 각주2를 참조하라.

워하지 않도록 수업을 해야 합니다. 그렇게 할 수 있습니다. 우리가 적어도 수업에 말도 안 되는 표상을, 즉 자연에 관해 만들어진 '꿈 형상'에 외적인 실재가 있다는 믿음에서 건져 낸 표상을 너무 많이 섞어 넣지 않으면 됩니다. 특정한 과학적 의향으로, 예를 들어 제가 지난 며칠 동안 이 자리에서 이야기한 것을 관통하는 그런 과학적 의향으로 여러분 자신을 관통시키면, 바로 그렇게 한다는 그 자체가 여러분이 아이들한테 어떻게 자연 현상에 대해 말하는지, 그 양식과 방법을 위해, 그리고 그 양식과 방법을 통해서 여러분에게 쓸모 있는 것이 됩니다. 뿐만 아니라 방법적인 면에서도 어떤 것을 얻을 수 있다고 저는 믿습니다. 비록 제 바람과는 달리 현상들을 필요 이상으로 빨리빨리 보고 지나갔는데, 그래도 대상에 대한 표상을 불러일으켜서 인간이 그 대상을 뚫어지게 바라보지만 않고 생각을 하게 만드는 것과 실험에서 외적으로 바라보는 것을 특정 방식으로 연결할 수 있다는 것을 알아보았을 것입니다. 여러분이 자연 과학 수업에서 실험을 하고, 아이들이 그 실험에서 생각을 하도록 하면, 실험에 대해 아이들과 이성적으로 이야기를 나누면, 여러분에게 맡겨진 아이들을 위해 자연 과학이 풍부한 결실을 맺도록 하는 방법론을 다름 아니라 바로 자연 과학 수업 자체에서 발달시킬 수 있게 됩니다. 이로써 저는 발도르프학교 건립에 즈음한 교사 연수[7]에서 말했던 것에 어떤 것을 더했다는 생각입니다.

12 다른 한편으로는 우리가 이 강의를 할 수 있었다는 사실을 통해 우리 발도르프학교의 번영에 일조할 수 있는 것을 했다고 믿습니다. 발도르프학교는 발달해야 하고, 칭찬해도 좋을 만큼 훌륭한 첫 발걸음을 내딛은 바 앞으로 더 발달할 것입니다. 발도르프학교는 인류 발달을 위해 완전히 새로운 샘에서 퍼올리는 활동의 시작입니다. 다음 생각을 의식적으로 체화하십시오. "인류 발달 과정에서 지금까지 생겨난 것 중에는 불확실한 것이 너무 많다. 새로이 형성된 다른 것이 그 자리에 들어서야 한다." 우리가 이 생각을 체화해야 발도르프학교를 위한 올바른 의식을 지닐 수 있습니다. 표상들 상당수가 정말로 대단히 불확실하다는 것이 바로

---

7   최초의 루돌프 슈타이너 학교인 슈투트가르트 발도르프학교 건립에 즈음해 1919년 8월 21일부터 9월 5일까지 행한 총 14회의 교육학 강의. 『교육학의 기초가 되는 인간에 대한 보편적인 앎』(GA293, 밝은누리, 2007)

물리학에서 드러나지 않습니까? 그리고 이 사실은 사람들이 생각하는 것보다 훨씬 더 깊이 우리 시대의 모든 불행과 연결되어 있습니다. 사람들이 사회학적으로 생각하는 경우, 그 생각이 어떤 면에서 삐딱한지 알아볼 수 있지 않습니까? 이는 사람들 대다수가 이런 것도 알아보지 못한다는 말이기는 합니다. 그래도 사회학적 표상이 사회 질서 속에 파고든다는 것을 알고 있기 때문에 어떤 생각이 삐딱한지 정도는 알아보기 마련입니다. 그런데 물리학적 사고가 얼마나 근본적으로 인류 생활 전체를 파고드는지, 이에 대해서는 사람들이 적절한 표상을 형성하지 않고, 결과적으로 더러는 끔찍하기도 한 물리학적 표상이 실제로 야기한 참화를 전혀 알아보지 못합니다. 제가 **헤르만 그림**[8]처럼 자주 인용하는 문장이 있습니다. 그림은 자신의 식이라고 표현할 수 있는 방식으로 외부에서 자연 과학적 표상을 들여다보았습니다. 그림이 말하기를 미래 세대는 지구를 포함한 태양계 전체의 발달을 '칸트-라플라

---

8   헤르만 그림Hermann Grimm(1828~1901)_ 독일 예술사가. 여기에서 언급하는 인용문은 그림의 저서 『괴테』(베를린, 1877) 제2권 23쪽과, 171쪽 이하에 실려 있다.

스 이론'을 바탕으로 해명한 어리석은 세상이 과거 한 때에 있었다는 것을 이해하기 힘들어 할 것이라고 했습니다. 이 과학적 어리석음을 이해하기가 미래의 어떤 시점에 이르면 쉽지 않을 것이라는 이 말은 어느 정도 일리가 있습니다. 이 칸트-라플라스 이론 같은 것이 오늘날 무기적 자연에 대한 우리의 표상 속에 많이 들어 있습니다. 그런데 가차 없이 건강한 표상에 도달하려면, 반드시 이런 '쾨니히베르크의 칸트식'이나 그와 유사한 표상에서 자유로워져야 합니다! 이런 것을 들여다보면 정말 기이한 일들이 일어납니다. 어떻게 한쪽에 있는 틀린 것이 다른 쪽에 있는 틀린 것과 함께 접합되는지 볼 수 있습니다. 마치 벽을 타고 기어오르는 어떤 것이나 다름없습니다. 이런 상황을 다음과 같은 일에서 경험할 수 있습니다. 최근에 —보통 말하듯이, 우연히— '쾨니히베르크의 칸트' 추종자라고 고백하는 어떤 독일 대학 교수의 강연집을 받았습니다. 그 교수가 발트해 연안의 어떤 나라에 있는 대학에서 물리학과 기술의 관계에 대해 강연했습니다. 강연 일자는 1918년 5월 1일입니다. 일자를 주시하기 바랍니다. 1918년 5월 1일! 현시대의 저명한 물리학자가 그 강연을 마무리하면서 자신의 이상을 말하는데, 그 내용은 대략 다음과 같습니다. "이 세계 대전의 경과가 우리에게 분명하게 보여 준 것이 있습니다. 우리가 대학교 과학 실험실의 연구와 군국주의를 너무 조금밖에 연결하지 못했다는 것입니다. 인류가 적절한 방식으로 발달할 수 있도록 미래에는 군부와 대학교에서 일어나는 것 사이에 훨씬 더 밀접한 관계가 이루어지도록 해야 합니다. 왜냐하면 미래의 전시 체제에 관한 문제에는 과학을 기반으로 해서 그 체제를 특히 강력한 것으로 만들 수 있는 모든 것을 계산해 넣어야 하기 때문입니다. 바로 이 관계가 밀접하게 이루어지지 않았기 때문에 이 전쟁의 시작부터 우리는 고전을 면치 못했습니다. 그러므로 미래에는 이 관계가 과학적 실험 기관부터 군참모부에 이르기까지 지휘해야 합니다."

13. 사랑하는 여러분, 인류는 새롭게 배워서 사고방식을 바꾸어야 합니다. 많은 분야에서 반드시 새로이 배워야 합니다. 현재의 물리학과 같은 분야에서 다르게 배워서 사고방식을 바꾸려는 자세가 생기면, 그러면 다른 분야에서도 그렇게 하기가 훨씬 더 쉬워집니다. 그런데 낡은 의미로 사고하는 물리학자들이 있습니다.

그들은 과학적 실험 기관과 군참모부 간의 편안한 연합에서 절대로 멀리 떨어져 있지 않을 것입니다. 많은 것이 달라져야 합니다. 우리 발도르프학교가 언제나 바로 그렇게 달라져야 할 것이 싹트는 장이 되기를 기원합니다! 이 소망과 더불어 강의를 마무리하고자 합니다.

부록

루돌프 슈타이너가
자연 과학 강의와 병행해서 남긴
비망록

루돌프 슈타이너는
이 강의에 직결되는 내용으로 두 권의 수첩을 채웠다.
그 대부분은 강의한 것에 대한 학계의 지식을 요약한 것이다.
이 책의 부록으로 첨부한 내용은
이 강의에서 처음으로 이야기하는 것들이다.
더러 원문과 그림이 불분명하다 해도
이 비망록은
슈타이너가 의도한 바를 이해하는 데 도움으로 삼을 수 있다.

Einteilung

Ursachenerkenntnis

Gesetze.

Einteilung: Art = Gattungsbegriffe
Das wesentliche oder unwesentliche
der Einteilungsmerkmale.

Ursachenerkenntnis: stellvertretend etc.
Im Bewußtsein ~ Begriffe.

Gesetze - Integralgesetze ~ die zugehörigen
Differentialgesetze. –

Bedeutung der Mathematik für die
Naturwissenschaft. —

Quantität —

Gleichung umkehrbar.

Die Formel enthält die Wiedergabe eines
isolierten Zustandes, nicht das
Wandelbild. —

Arithmetik
Geometrie
Phoronomie
Mechanik —

Ist im Bewußtsein etwas, was als Masse
im Sinne der Mechanik bezeichnet werden
kann. —

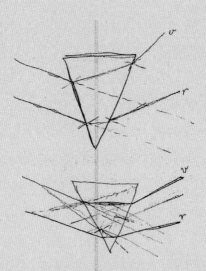

v = es wird durch den Querschein
das Vollfelle durchdrungen

r = es wird ~~durch~~ der abgelenkte
Querschein von dem Vollfelle
durchdrungen.

Schatten, der beleuchtet wird:

dunkel	hell
hell	dunkel
viol	gelb

helles Licht, das dunkeres in sich auf.
nimmt: violett.
dunkles licht: das helleres in sich aufnimmt:
rot

Der Boden eines Gefäßes erscheint
höher =

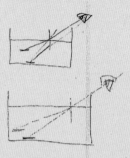

Das Auge fühlt das dichtere Medium
und hebt das Bild des Gegenstandes_

Ein Körper der rot erscheint = er wirkt
stärker auf das Auge als dieses auf
ihn = so dass der Körper wie hell
durch dunkel gelesen wird —

Ein Körper, der blau erscheint =
er wirkt bläulich als das Auge
auf ihn —

aether = Saugwirkung.

24. Dez. 1919 Stuttgart
Schreibt man in einer phys. Formel

$$m \sin = ps = \frac{mv^2}{2}$$

so bedeutet dies = das Auffangen der
Kraft, die im Bewußtsein sich entfaltet.

Aether ist ein „erfüllendes" Element -
Das Bewußtsein nimmt ihn auf -
er hat die entgegengesetzten Eigenschaften
der Materie -

Auftrieb in Flüssigkeiten -
Eingespanntsein in die Schwerkraft beim
Menschen: Willensbewußtsein -
Auftrieb im Gehirn (dieses wäre ohne
den Auftrieb 1350 gr. schwer, so mir
20 gr Druck auf den Boden der
Schädelhöhle); bewirkt Vereinigung

der im Bewußtsein entfalteten Kraft mit
der dem Gewicht entgegenwirkenden.

Mit dem Licht vereinigt sich die im
Bewußtsein entfaltete Kraft — (Willenskraft)

<u>Rot</u> : das hellere Licht durchflutet das
     dunklere = der ~~und~~ obere Mensch fühlt
     sich als übertönend den unteren.

<u>Blau</u> : das dunklere Licht durchflutet
     dämpfend das hellere : A.
     der untere Mensch fühlt sich als
     Träger ~~der obere~~ hineinwirkend
     in den oberen. B.

  A = die phys. Leiblichkeit übertönt die
     aetherische.

  B: die aeth. Leiblichkeit übertönt die
     physische.

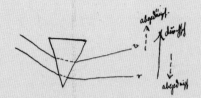

Auf der blauen Seite: das im Prisma
gedämpfte Licht greift über das erhellte
hinüber (hinaufscheinend ist das abgedämpfte
gleichlaufend mit dem durchscheinenden)
Auf der gelben Seite: das durchscheinende
helle Licht greift über das abgedämpfte
hinüber. (hinabscheinend, dem durch-
scheinenden sich in den Weg stellend ist
das abgedämpfte).

das helle über das
dunkle geschoben :

hell über dunkel

dunkel über hell

자연 과학적 기본 개념 중
몇 가지의 본질에 관한
6가지 질문에 대한 대답

이것은

슈투트가르트의

헤르베르크 박사Dr. Georg Herberg의 질문에 대한

루돌프 슈타이너의 대답이다.

질문 자체는

문장으로 남아 있지 않은데,

대답에서

대충 그 내용을 짐작할 수 있다.

몇 가지 자연 과학적 기본 개념에 관하여

1) **원자**는 관념적 공간 내용으로 이해해야 한다. 그 내용에
해당하는 것은 서로 충돌하는 힘들의 방향에서 나오는
결과라는 의미이다. 예를 들어 아래의 그림을 보면 힘
a, b, c가 공간 속에서 세 방향으로 작용한다. 이 힘들이
충돌함으로써 사면체적 성격을 지닌 원자로서
작용하는 결과를 야기한다.

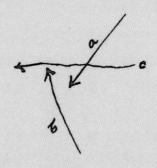

요소는 힘의 특정한 충돌의 표현이다. 즉 요소가 그런 것으로서 드러나는 이유는 하나의 힘이 다른 힘과 충돌할 때 한 가지 작용을 불러일으키는 반면에 다른 힘의 작용은 서로 간에 아무 효과를 내지 않기 때문이다.

결정체는 힘들이 복합적으로 충돌해서 나오는 결과다. 원자는 단순한 충돌의 결과다.

비결정질의 덩어리는 힘의 방향이 중성화되기 때문에 생긴다.

2) **힘**은 정신의 현시를 일방적, 공간적으로 관찰한 것이다. 물질은 서로 만나는 힘 줄기의 작용의 배열일 뿐이라 힘이 물질에 작용한다고 말할 수 없다. 한 가지 에너지 형태는 절대로 다른 것으로 바뀌지 않는다. 달리 말해 한 인간의 활동이 다른 인간의 활동으로 되지 않는 것과 같은 이치다. 바뀌는 것은 수학적 척도의 표현일 뿐이다. "기계적 에너지가 열 에너지로 바뀐다."고 한다면, 그것은 실재적인 과정이다. 이는,

특정 양의 기계적 에너지가 열로서 현시되는 정신 존재 속에서 이 현시의 특정 양을 촉진하는 상태에 있다는 말이다. (이것이 마이에르의 경우에는 아직 건강한 방식으로 존재한다. 열량 보존의 법칙은 헬름홀츠에 이르러서 비로소 뿌리내리기 시작했다)

3) 질주하는 말의 발걸음의 합이 말 자체가 아닌 바와 마찬가지로 소리, 열, 빛, 전기는 진동이 아니다. 예를 들어서 음향은 본질적인 특질이고, 공기를 통과할 때의 이 본질적 특질의 효과가 바로 진동이다. 감지하는 인간을 위해 이 진동은 내면에서 이 특질을 모방하는 계기가 된다. 달리 말해 바로 그렇게 모방하는 데에 음향의 지각이 근거한다는 것이다. 빛 등 다른 것에 있어서도 이와 유사하다.

4) 빛은 지각되는 그대로의 **것이다.**(괴테 색채학에 내가 쓴 도입문을 참조하라) 진동은 에테르 속에서의 빛의 현시다.

빛의 굴절은 빛의 방향에 대한 힘의 특정 방향의
효과에 기인한다. 뉴턴의 색환, 빛의 간섭 현상은
광선(에테르 속에서의 빛의 효과)의 결과이며 빛이 가는
길에 놓인 다른 (약화된, 어떤 단계에서 약화된) 힘의
작용이다. 양극 현상 역시 이와 같다. 양극 형태는 빛의
특질의 구조에서가 아니라 빛이 가는 길에 세우는
매개의 구조에서 찾아야 한다.

5) 빛을 전기의 기능으로 고찰해서는 안 된다. 빛을
전달하는 일종의 신체적 운반자가 전기라고 간주해야
한다.

충전된 물질 특정 힘의 축적이 전기로 드러나는 힘의
축적을 고수하는 것이다.

6) **수학**은 공간 속에서 작용하는 힘의 추상적 합이다.
"수학적 문장은 연역적으로 정당하다."라고 말한다면,
이는 인간이 다른 존재와 똑같은 역선 그 안에 들어
있으면서도 다른 모든 것에서 공간 **도형** 등이 아닌 것을
추상화해 낼 수 있다는 데에 기인한다.

<u>**1861**</u>   2월 27일 오스트리아 남부 철도청 소속 공무원의 아들로
크랄예베치(지금은 크로아티에 속함)에서 태어남.
오스트리아 동북부 출신의 부모 밑에서 오스트리아의 여러
지방에서 유년기와 청소년기를 보냄

<u>**1872**</u>   비너 노이슈타트 실업계 학교에 입학해 1879년 대학 입학
전까지 수학

<u>**1879**</u>   빈 공과 대학에 입학. 수학과 자연 과학을 비롯하여 문학,
철학, 역사를 공부하고 괴테에 관한 기초 연구 시작

<u>**1882**</u>   최초의 저술 활동 시작

<u>**1882~1897**</u> 요세프 퀴르쉬너가 주도하는 〈독일 민족 문학〉에서 괴테의
자연 과학 논문에 서문과 주해를 덧붙이는 일을 맡아
『도입문, 주해를 단 괴테의 자연 과학 논설문』 5권
(GA1a~e) 발간

<u>**1884~1890**</u> 빈의 한 가정에서 가정 교사로 생활

<u>**1886**</u>   바이마르 '소피'판 괴테 작품집 발간에 공동 작업자로 초빙.
『실러를 각별히 고려한 괴테 세계관의 인식론 기본 노선들』
(GA2)

<u>**1888**</u>   빈에서 〈독일 주간지〉 발간. 빈의 괴테 회에서 강연
『인지학의 방법론적 근거: 철학, 자연 과학, 미학과
영혼학에 관한 논설집』(GA30)

1890~1897 바이마르에 체류하면서 괴테/실러 문서실에서 공동
작업. 괴테의 자연 과학 저작물 발간

1891 로스토크 대학에서 철학 박사 학위를 취득하고 이듬해에
박사 학위 논문 증보판 출판. 〈진실과 과학:『자유의 철학』
서곡〉(GA3)

1894 『자유의 철학: 현대 세계관의 근본 특징, 자연 과학적
방법에 따른 영적인 관찰 결과』(GA4)

1895 『프리드리히 니체, 시대에 저항한 전사』(GA5)

1897 『괴테의 세계관』(GA6) 베를린으로 거주지를 옮기고
오토 에리히 하르트레벤과 함께 <문학 잡지>와
〈극 전문지〉(GA29~32) 발행. '자유 문학 협회',
'기오르다노 브루노 연맹', '미래인' 등에서 활동

1899~1904 빌헬름 리프크네히트가 세운 베를린 '노동자 양성 학교'
에서 교사로 활동

1900~1901 『19세기의 세계관과 인생관』 집필.(1914년
확장판으로 『철학사 내부에서 윤곽으로 그린 철학의
수수께끼』(GA18) 발표) 베를린 신지학 협회
초대로 〈인지학〉 강의 『근대 정신생활 여명기의 신비학,
그리고 현대 세계관에 대한 그 관계』(GA7)

1902~1912 〈인지학〉을 수립하고 정기적인 공개 강연(베를린)
과 유럽 전역을 대상으로 하는 강의 활동 시작. 지속적인
협력자로 마리 폰 지버스(1914년 슈타이너와 결혼, 이후
마리 슈타이너)를 만남

1902 『신비적 사실로서 기독교와 고대의 신비 성지』(GA8)

1903 잡지 〈루시퍼〉(GA34, 나중에 〈루시퍼-그노시스〉로 바꿈) 창간

1904 『신지학: 초감각적 세계 인식과 인간 규정성에 관하여』(GA9)

1904~1905 『고차 세계의 인식으로 가는 길』(GA10),
『아카샤 연대기에서』(GA11),
『고차 인식의 단계』(GA12)

1909 『윤곽으로 그린 신비학』(GA13)

1901~1913 뮌헨에서 『네 편의 신비극』(GA14) 초연

1911 『인간과 인류의 정신적 인도』(GA15)

1912 『진실의 힘으로 빚어 낸 말들』(GA40)
『인간 자아 인식으로 가는 하나의 길』(GA16)

1913 신지학 협회와 결별. 인지학 협회 창립. 『정신세계의 문지방』(GA17)

1913~1922 첫 번째 괴테아눔(목재로 된 이중 돔형 건축물로 스위스 도르나흐에 있는 인지학 본부) 건축

1914~1923 도르나흐와 베를린에 체류하면서 유럽 전역을 순회하며 강의 및 강좌 활동. 이를 통해 예술, 교육, 자연 과학, 사회생활, 의학, 신학 등 수많은 영역에서 쇄신이 일어나도록 자극. 동작 예술 오이리트미(Eurythmie, 1912 년 마리 슈타이너와 함께 만듦)를 발전시키고 교육

1914 『인간의 수수께끼에 관하여』(GA20)
『영혼의 수수께끼에 관하여』(GA21)
『〈파우스트〉와 〈초록뱀과 아름다운 백합〉을 통해 드러나는 괴테의 정신성』(GA22)

1919 남부 독일 지역에서 논문과 강의를 통해 '사회 유기체의
삼지적 구조' 사상을 주장. 『현재와 미래 생활의 불가피한
사항에 있어서 사회 문제의 핵심』(GA23),
『사회 유기체의 삼지성과 시대 상황(1915~1921)에
대한 논설』(GA24). 같은 해 10월에 슈투트가르트에 죽을
때까지 이끌어 가는 '자유 발도르프학교' 세움

1920 제1차 인지학 대학 강좌 시작. 아직 완성되지 않은
괴테아눔에서 예술과 강의 등 행사를 정기적으로 개최

1921 본인의 논문과 기고문을 정기적으로 싣는 주간지
〈괴테아눔〉(GA36) 창간

1922 『우주론, 종교 그리고 철학』(GA25). 12월 31일 방화로
괴테아눔 소실(이후 콘크리트로 다시 지을 두 번째
괴테아눔의 외부 형태 설계)

1923 지속적인 강의와 강의 여행. 성탄절에 '인지학 협회'를
'일반 인지학 협회'로 재창립

1923~1925 미완의 자서전 『내 삶의 발자취』(GA28) 및
『인지학적 기본 원칙』(GA26) 그리고 이타 베그만 박사와
함께 『정신과학적 인식에 따른 의술 확장을 위한 기초』
(GA27)를 집필

1924 강의 활동을 늘리면서 수많은 강좌 개설. 유럽에서 마지막
강의 여행. 9월 28일 회원들에게 마지막 강의. 병상 생활
시작

1925 3월 30일 도르나흐에 있는 괴테아눔 작업실에서 눈을 감다.

『물리학 발달을 위한 정신과학적 자극』이라는 표제하에 광학을 다룬 이 연속 강의는 첫 번째 발도르프학교인 슈투트가르트 교사진의 요청에 따라 1919년 12월 말부터 1920년 1월 초까지 교사들과 물리학에 관련하는 외부 인사 몇 명만 참석한 가운데 행해졌다. 그 후 1920년 3월에 열역학을, 1921년 1월에 천문학을 다룸으로써 총 3부의 자연 과학 강의가 완성되었다.

옮긴이처럼 자연 과학에 문외한인 사람이 그 분야의 연구 방식에 관해 보통 알고 있는 것은 무엇인가? 우리가 감각 기관을 통해 알아보는 것은 주관적인 것이고 현상으로 드러나는 객체는 허상이며 실재는 그 배후에 있다는 가정하에 전자, 양성자, 중성자 등으로 이루어진 원자 '모형'에 이르기까지 잘게 쪼개고 그 모든 과정을 수학적으로 투명하게 증명한다는 것이다. 그런데 이미 이 책 첫 번째 강의에서 자연 과학의 수학적 해명은 단 1g짜리라 해도 덩어리, 즉 질량이 있는 것에는 절대 적용될 수 없다는 것이 운동 평행사변과 힘의 평행사변의 비교로 설명된다. 그리고 자연 과학은 이 난관을 극복하지 못한다는 것이 '동역학에서는 덩어리의 크기를 부피가 없고 질량이 모여 있는 하나의 점으로 생각하고 운동을 기술한다'는 감수자의 해설[1]로 더 명확해진다.

루돌프 슈타이너는 대상을 파고들려 하지 말고 표면에서, 즉 눈에 보이는 현상에서 사고를 정화하고 심화해서 '원초 현상'에 도달하는 괴테의 '현상주의'가 일단은 자연 과학의 연구 방법이 되어야 하며, 더 나아가 인간과 자연이 주체와 객체로 분리되어 있다는 사고방식을 털어 내고 인간이 그 존재 구성체를 통해 자연과 상호 작용하는 양식을 인지학적 정신과학의 인간상에 따라 밝혀낼 때만 자연 과학이 인류 사회에 유익한 방향으로 더 진보할 수 있다고 말한다.

오늘날 사회 문제는 지난 수백 년 동안 자연 과학적 개념이 그 분야에 한정되어 머물지 않고 신학, 사회학, 심리학 등 인간과 관련하는 학문과 생활 자체를 파고들어 지배한다는 데에, 즉 인간 사회에 인간적 개념이 부재한다는 데에 기인한다.[2] 이것을 인정하기 위해서라면 다윈의 자연 과학적 이론이 다윈주의로 사회화되었다는 사실을 들먹일 필요도 없다. 앞에 말한 대로 표면의 현상을 신뢰하지 못하고 언제나 배후를 캐서 증명해야

---

1   이 책 81쪽 각주3을 참조하라.

2   『자연 인식의 한계와 그 극복』(GA322) 첫 번째 강의를 참조하라.

한다고 믿는 정서가 사람들 사이에 기본적으로 깔려 있다는 것만 보면 된다. 그 배후를 스스로 캘 수 없으니 그런 능력이 있는 이른바 전문 과학자의 실험 결과를 전적으로 믿는다는 것, 이는 지난 몇 년 동안 인류 전체가, 특히 산업화로 부유하게 되었고 학식이 높아졌다고 자부하는 나라의 시민들이 여지없이 보여 준 자세가 아닌가? 치명적인 병원체가 돈다니 정말로 그런지 주변을 '살펴보기'보다는 매스 미디어에 초대된 특정 과학자의 권위에 의지했고, 그 병을 예방하는 것이라니 정말로 예방해 주는지 '살펴보기'보다는 정부가 지정한 특정 과학자의 말을 믿고 그 성분도 정확하게 밝혀지지 않은 물질을 너도나도 맞지 않았던가? 그것도 대단히 감사하는 마음으로 말이다. 건강한 상식을 가지고 차분하게 '살펴보고 생각하는 정서'가 사회의 주된 흐름이라면, 오늘날 대다수가 옳다고 하지만 실은 비인간적이고 반사회적인 수많은 것이 일어나지 않을 것이다.

한 가지 주의해야 할 사항이 있다. 루돌프 슈타이너는 이 강의 내용을 발도르프학교 자연 과학 교과 과정으로 만들려는 의도가 전혀 없었다는 것이다. 심지어 마지막 강의에서 아이들에게 이 내용을 그대로 가르치는 것은 '광신적'이라고 말하기까지 했다. 이 강의는 인지학을 하는 사람, 특히 발도르프학교 교사가 배후를 '깊이' 파고들기보다는 표면에서 점화한 생각을 '깊이' 파고드는 정서를 함양하는 계기가 되어야 한다. 성인은 인지학을 연구해 삶의 내용으로 만들어 세간의 생각에 병행시키는 이중적인 생활을 할 수 있고, 이렇게 하는 게 중요한 수련 방법 중에 하나이기도 하다. 하지만 청소년에게 이런 것을 직접적으로 가르치는 것은 일종의 지성적 폭력이 될 수 있다. 왜냐하면 나/Ich가 완전히 태어나지 않은 청소년은 이런 내용과 현사회에서 인정되는 것 사이의 괴리를 조화시킬 힘이 아직 없기 때문이다. 발도르프학교 교사가 진정한 의미에서 '교육 예술가'라면 한편으로는 루돌프 슈타이너의 가르침을 소화해서 자신의 삶으로 만들 수 있고, 다른 한편으로는 통상적 내용을 가르치면서도 아이들이 그런 것에 뭔가가 빠진 것 같다고 의식적, 무의식적으로 감지할 수 있도록 수업을 구성할 상상력이 분명 있을 것이다.

자연 과학 용어가 옮긴이에게는 낯설기 때문에 광주의 자연 과학 교사 안상묵 선생님께 감수를 부탁드렸다. 번역 초고를 꼼꼼하게 읽어 보시고 용어 교정 외에도 현재 과학적 관점을 설명해 주신 선생님께 진심으로 감사한다. 선생님의 설명 중 몇 가지는 '감수자'로 표시하고 각주로 달았다. 루돌프 슈타이너가 이 강의를 한 이래 100년도 더 지났기에 그때와는 달라진 부분을 보충할 필요가 있다고 생각해서다. 다만 그때나 지금이나 자연 과학의 기본관은 전혀 변함이 없어 보이니, 이는 옮긴이의 짧은 생각일 수도 있겠지만 1920년대 이래 물리학에 변혁적 발견은 없다고 한 어느 독일 물리학자의 의견[3]이 어쩐지 신빙성 있어 보인다.

오래전에 번역한 책이 마침내 나온다니 반갑기도 하고, 상황이 허락한다면 자연 과학 2부 열역학과 3부 천문학뿐 아니라 이 분야의 다른 책들도 번역해야 한다는 생각이다. 푸른씨앗 식구들과 교정을 봐 주신 백미경 님께 수고했다는 말을 전하고 싶다. 내 진심 어린 고마움은 언제나 그렇듯 '루돌프 슈타이너 원서 번역 후원회' 회원님들 앞으로 이 책과 함께 송달될 것이다.

독일 에르푸르트에서

최혜경

---

[3] 알렉산더 운칙커Alexander Unzicker의 『아인슈타인의 악몽Einsteins Albtraum』(Westend Verlag, 2022)

함께 읽으면 좋은 ——

푸른씨앗 책

7~14세를 위한 교육 예술

루돌프 슈타이너 강의 | 최혜경 옮김

 루돌프 슈타이너의 생애 마지막 교육 강의. 최초의 발도르프학교 전반을 조망한 경험을 바탕으로, 7~14세 아이의 발달 변화에 맞춘 혁신적 수업 방법을 제시한다. 생생한 수업 예시와 다양한 방법으로 교육 예술의 개념을 발전시켰다. 전 세계 발도르프학교 교사들의 필독서이자 발도르프 교육에 대한 최고의 소개서

127×188 | 280쪽 | 20,000원

청소년을 위한 교육 예술

루돌프 슈타이너 강의 | 최혜경 옮김

 14, 15세 무렵 아이들에게 나타나기 시작하는 전형적인 특성의 원인을 인지학적 정신과학으로 고찰하고, 지금까지와는 다른 수업 방식을 찾아야 한다고 역설한다. 모든 감각이 세상을 향해 열려 있는 청소년에게는, 의미 있고 삶을 제대로 파악할 수 있는 내용을 아이들 내면에 활기찬 느낌이 가득 차도록 수업을 해야 한다고 강조하고 있다.

127×188 | 268쪽 | 20,000원

신지학_ 초감각적 세계 인식과 인간 규정성에 관하여

루돌프 슈타이너 저술 | 최혜경 옮김

 인지학을 이해하는 기본서로 꼽힌다. "감각에 드러나는 것만 인정하는 사람은 이 설명을 본질이 없는 공상에서 나온 창작으로 여길것이다. 하지만 감각 세계를 벗어나는 길을 찾는 사람은, 인간 삶이 다른 세계를 인식할 때만 가치와 의미를 얻는 다는 것을 머지않아 이해하도록 배운다."_책 속에서

127×188 | 304쪽 | 20,000원

청소년을 위한 발도르프학교의 문학 수업_ 자아를 향한 여정

데이비드 슬론 지음 | 하주현 옮김

 청소년들이 완전히 달라졌다고 생각하지만 이들의 내면은 본질적으로 별로 달라지지 않았다. 청소년기에 내면에서 죽고 태어나는 것은 무엇인가? 9~12학년까지 극적인 의식 변화의 특징을 소개하며, 사춘기의 고뇌와 소외감에서 벗어나 자아 탐색의 여정에 들어설 수 있도록 힘을 주는 문학 작품을 소개한다.

150×192 | 288쪽 | 20,000원

청소년을 위한 발도르프학교의 연극 수업

데이비드 슬론 지음 | 이은서·하주현 옮김

 연극은 청소년들의 상상력을 살아 움직이게 한다. 또한 연극을 만드는 과정은 예술 작업인 동시에 진정한 공동체를 향한 사회성 훈련이기도 하다. 연극 수업뿐 아니라 어떤 배움을 시작하든 학생들이 수업에 몰입할 수 있도록 도와주는 교육 활동 73가지를 담았다.

150×193 | 308쪽 | 18,000원

파르치팔과 성배 찾기

찰스 코박스 지음 | 정홍섭 옮김

 18살 시절 나는 무엇을 하고 있었나? 내가 누구인지, 이 세상에서 해야 할 일이 무엇인지 알고자 나는 무엇을 하고 있었던가? 1960년대 중반 에든버러의 발도르프학교에서, 자아가 완성되어 가는 길목의 학생들에게 '파르치팔' 이야기를 문학 수업으로 재현한 이야기

150×220 | 232쪽 | 14,000원

e북 오디오북

발도르프학교의 미술 수업_ 1학년에서 12학년까지
마그리트 위네만 · 프리츠 바이트만 지음 | 하주현 옮김

독일 발도르프학교 연합 미술 교사 세미나에서 30년에 걸쳐 연구한 교과 과정 안내서. 담임 과정(1~8학년)을 위한 회화와 조소, 상급 과정(9~12학년)을 위한 흑백 드로잉과 회화에 대한 설명과 예술 작품, 괴테의 색채론을 발전시킨 루돌프 슈타이너의 색채 연구를 만날 수 있다.

188×235 | 272쪽 | 30,000원

발도르프학교의 수학_ 수학을 배우는 진정한 이유
론 자만 지음 | 하주현 옮김

아라비아 숫자보다 로마 숫자로 산술 수업을 시작하는 것이 좋다. 사칙 연산을 통해 도덕을 가르친다. 사춘기 시작과 일차 방정식은 무슨 상관이 있을까? 40년 동안 발도르프학교에서 수학을 가르친 저자가 수학의 재미를 찾아 주는, 통찰력 있고 유쾌한 수학 지침서

165×230 | 400쪽 | 25,000원
e북

살아있는 지성을 키우는 발도르프학교의 공예 수업
패트리샤 리빙스턴 · 데이비드 미첼 지음 | 하주현 옮김

공예 수업은 '의지를 부드럽게 깨우는 교육'이다. '의지'는 사고와 연결된다. 공예 수업을 통해 아이들은 명확하면서 상상력이 풍부한 사고를 키울 수 있다. 30년 가까이 공예 수업을 한 교사의 통찰을 바탕으로 발도르프학교의 1~12학년 공예 수업을 만날 수 있는 책

150×193 | 308쪽 | 25,000원

인생의 씨실과 날실
베티 스텔리 지음 | 하주현 옮김

너의 참모습이 아닌 다른 존재가 되려고 애쓰지 마라. 한 인간의 개성을 구성하는 요소인 4가지 기질, 영혼 특성, 영혼 원형을 이해하고 인생 주기에서 나만의 문명으로 직조하는 방법을 모색해 본다. 미국 발도르프 교육 기관에서 30년 넘게 아이들을 만나 온 저자의 베스트셀러

150×193 | 336쪽 | 25,000원

12감각_ 루돌프 슈타이너의 인지학 입문
알베르트 수스만 강의 | 서유경 옮김

인간의 감각을 신체, 영혼, 정신 감각으로 나누고 12감각으로 분류한 루돌프 슈타이너의 감각론을 네덜란드 의사인 알베르트 수스만이 쉽게 설명한 6일 간의 강의. 감각을 건강하게 발달시키지 못한 오늘날 아이들과 알 수 없는 고통과 어려움에 시달리는 어른들을 위한 해답을 찾을 수 있다.

150×193 | 392쪽 | 28,000원
e북

푸른꽃
노발리스 지음 | 이용준 옮김

유럽 문학사에 큰 영향을 준 이 작품은 음유 시인 하인리히 폰 오프터딩겐이 시인이 되기까지의 여정을, 동화라는 형식을 통해 표현한 작품으로 시와 전래 동화의 초감각적 의미를 밝히고 있다. 세월을 뛰어넘는 상상력의 소유자, 노발리스 탄생 250주년에 『푸른꽃』 원전에 충실한 번역으로 펴냈다.

140×210 | 280쪽 | 16,000원
e북

최혜경 www.liilachoi.com

본업은 조형 예술가인데 지난 20년간 인지학을 공부하면서 루돌프 슈타이너의 책을 번역하고 있다. 쓸데없는 것에 관심이 많은 사람이라 그림 그리고 번역하는 사이사이에 정통 동종 요법을 공부해 왔다.

번역서_ 『자유의 철학』, 『발도르프학교와 그 정신』, 『교육 예술 1, 인간에 대한 보편적인 앎』, 『교육 예술 2, 발도르프 교육 방법론적 고찰』, 『교육 예술 3, 세미나 논의와 교과 과정 강의』, 『발도르프 특수 교육학 강의』, 『사회 문제의 핵심』, 『사고의 실용적인 형성』, 『인간과 인류의 정신적 인도』, 『젊은이여, 앎을 삶이 되도록 일깨우라!』 밝은누리

『천사는 우리의 아스트랄체 속에서 무엇을 하는가?』, 『어떻게 그리스도를 발견하는가?』, 『죽음, 이는 곧 삶의 변화이니!』, 『인간 자아 인식으로 가는 하나의 길』, 『꿀벌과 인간』, 『신지학』, 『내 삶의 발자취』, 『7~14세를 위한 교육 예술』, 『청소년을 위한 교육 예술』 도서출판 푸른씨앗

저 서_ 『유럽의 대체 의학, 정통 동종 요법』 북피아

재생 종이로 만든 책

푸른씨앗은 친환경 종이에 콩기름 잉크로 인쇄하여 책을 만듭니다.

겉지   한솔제지 인스퍼에코 210g/m²
속지   전주 페이퍼 Green-Light 80g/m²
인쇄   (주) 도담프린팅 | 031-945-8894
글꼴   윤서체_ 윤명조 700_ 10.3pt
책 크기   127×188

이 책의 표지에는 〈Yoon 윤명조 700, Yoon 윤고딕 700, 나눔바른고딕, DX시인과 나, DX별과그대〉
내지에는 〈DX시인과 나, Kozuka Gothic Pro, Minion Pro, Yoon 윤명조 700, DX명조, Yoon 윤고딕 700
나눔고딕, 나눔바른고딕〉 서체를 사용했습니다.